私募股权基金

价值、挑战与职业发展

PRIVATE EQUITY FUND

VALUES, CHALLENGES, AND CAREER DEVELOPMENT

深圳市特许金融分析师协会／编著

中国石化出版社 HTTP://WWW.SINOPEC-PRESS.COM
中国经济出版社 CHINA ECONOMIC PUBLISHING HOUSE
·北京·

图书在版编目(CIP)数据

私募股权基金 : 价值、挑战与职业发展 / 深圳市特许金融分析师协会编著 . —北京 : 中国石化出版社, 2025. 4. —ISBN 978-7-5114-7923-5

Ⅰ. F830. 59

中国国家版本馆 CIP 数据核字第 2025JC7649 号

中国石化出版社出版发行

地址:北京市东城区安定门外大街 58 号
邮编:100011 电话:(010)57512500
发行部电话:(010)57512575
http://www. sinopec-press. com
E-mail:press@ sinopec. com
宝蕾元仁浩(天津)印刷有限公司印刷
全国各地新华书店经销

*

710 毫米×1000 毫米 16 开本 14. 75 印张 210 千字
2025 年 4 月第 1 版 2025 年 4 月第 1 次印刷
定价:69. 00 元

编委会

主　　编：夏礼灿　李昀臻　田野　王穗

副主编：王训　杨菁华　于博　苏梓潮　陆绮清　朱泳轩　蒋逸　王晗　许悦

编写作者（按姓氏拼音排列）：

蔡海峰　陈冬俊　陈子弦　付兆琪
龚鹏程　洪广昭　黄洁珍　黄凯斌
梁杨　刘楠星　刘威　刘玮瑜
刘植　钱宇秋　王浩伟　王可欣
王湉　吴琳琳　张梦媛　周玥

校　　对：蔡海峰　刘楠星

序言.

《职业发展指南》是深圳市特许金融分析师协会（以下简称“CFA深圳协会”）组织撰写的系列丛书。CFA深圳协会致力于通过组织和协办CFA持证人的各类专业活动，促进高素质金融人才的培养与引进；在组织活动的过程中，我们发现很多金融从业者都会关注所在行业和相关行业的职业发展，但很难了解到行业和机构的全貌。因此，我们希望通过系统研究和整理，给从业者和感兴趣进入这一行业的人，提供机构内部前中后台所有岗位的任职条件、职业发展路径和就业建议，甚至包括薪酬区间。有了这份指南，大家能够切实了解自己所憧憬的岗位，进而更加清晰地规划自己的职业发展路径。

2023年12月，在王穗理事的主持下，CFA深圳协会首先发布了针对公募基金行业的《公募基金行业职业发展指南》，取得了良好的市场反响。《私募股权基金：价值、挑战与职业发展》是CFA深圳协会《职业发展指南》丛书的第二本，专门针对私募股权基金行业。

本书的落脚点是个人的职业发展。实际上，本书首先对私募股权基金行业进行了系统梳理和深入探讨，因为有行业发展才有个人职业发展。应该说，我们这本书写在中国私募股权基金发展的关键节点上：中国科技创新蓬勃发展，创投领域新的激励和疏导政策不断涌现，但行业仍存在期限短、退出难等问题。我们为这个阶段中国私募股权基金的发展选取了两个关键词：价值与挑战。

价值——私募股权基金的投资风格默认都是价值投资的，因其投资决策一般是基于对产业的深入理解以及长周期地持有股权。但在过去七八年的实践中，因为国有投资机构作为出资人的占比越来越高以及地方返投和产业招商的目标指引，创投机构增加了很多目标函数，渐渐偏离了价值投资的工作方法。因此，无论是国有投资机构还是市场化的创投机构，都需要寻找可持续投资、可持续退出的策略，回归到价值的本源上。

所以，这也是私募股权基金行业面临的挑战。本书选取了私募股权基金行业的十个热门专题(包括国有机构的容错容亏机制、耐心资本、投后管理、对赌条款的触发和执行等)进行专题研究；针对创投行业正在面临的挑战，尝试提出来自行业一线从业者的解决方案。

另外，在与国外的私募股权基金发展进行对比时我们发现，无论是整体创投行业还是S基金、并购基金等新的市场机会，我国的创投行业仍处于萌芽阶段，方兴未艾；尤其是我国不断涌现的科技发展成果，让我们在资产端还有很多有待发掘和重新定价的机会。我们认为，在行业低谷的时候，坚持深入产业、坚持发现资产的价值、坚持价值投资方法的机构和投资人，都将得到市场的奖励；待行业走出低谷之后，个人职业生涯一定会迎来更好的发展。

愿以此书献给推动私募股权基金行业回归价值、正视行业挑战、真正关心创业者的事业、关心从业者职业发展的笃行者！

夏礼灿

目录.

第一章 私募股权基金行业概述

私募股权基金，是指通过非公开方式向特定合格投资者募集资金，对非上市企业进行权益性投资，并通过被投资企业上市、并购或管理层回购等方式，出售其所持股权获利的投资基金。

私募股权基金实际上是根据其投资对象（即非上市企业的股权）来定义的；只要投资的目标是非上市企业的股权，都可以被认作私募股权基金。私募股权基金在业界有清晰的业务归类，但中文关于“私募股权基金”的翻译变成了强调资金来源，而不是投资目标，实际上是错译，资金来源是私募还是公募并不是区分是否是“私募股权基金”的标准。[1]

对于中国市场而言，私募基金行业与美国及其他国家有所不同，我国并未具有制度上私募股权基金、创投基金及政府引导基金等投资工具的定义划分，而业界在使用此类措辞时也存在混用以及互用的情况，为了表述清晰，笔者在本书中将以上三类基金组织模式统称为“私募股权基金”（需进行特殊区别的除外）。

[1] 编者注：关于“私募股权基金”中文的错译，太盟基金创始人单伟建先生在《金钱博弈》一书中有同样的见解。

一、私募股权基金行业概述

（一）私募股权基金行业起源与发展

“风险投资”一词最早出现于杜邦公司总裁拉莫特·杜邦（Lammot du Pont）1938年在美国参议院调查失业和救济委员会的发言：“‘风险投资’指的是投资于企业，不期望马上获得回报，主要着眼于最终回报的资本。”旧金山的投资银行家琼·威特（Jean Witter）在1939年向美国投资银行家协会发表演讲时也使用了“风险投资”一词。1946年，世界上第一个私募股权投资公司——美国研究与发展公司（ARD）成立，揭开了真正意义上组织化、专业化的私募股权投资发展的序幕。1959年，加州硅谷成立了美国第一个有限合伙组织结构的创投基金DGA（Draper, Gaither & Anderson）。在随后的几年中，硅谷的沙丘路（Sandhill Road）也逐渐成为风险投资机构云集的地方，被视为硅谷发展的引擎，至此，“风险投资”一词得到广泛使用。

硅谷位于美国的西海岸，与美国当时最繁华的东海岸相去甚远，同时也不靠近当时已经相当繁华的工业化城市，包括金融中心、生产中心、钢铁中心、汽车中心。为什么硅谷的沙丘路会成为风险投资的起源地？有些人认为是由于1951年，斯坦福大学工程学院院长弗雷德·特曼（Fred Terman）在这里创建了斯坦福工业园区。还有人认为主要是1956年，半导体之父威廉·肖克利（William Shockley）离开东海岸，在特曼的斯坦福工业园区创办公司，第一次把硅带到硅谷。但最令人信服、最能说明硅谷为何拥有如此独特力量的起源故事始于1957年夏天，当时肖克利公司的8名年轻博士研究员奋起反抗，集体出走[1]。一种被称为“冒险资本”的新金融形式促成了这次背叛行为。这种新金融形式可以支持那些太过冒险和贫穷而无法获得传统银行贷款的技术人员，以换取巨大回报的机会。在冒险资本的支持下仙童半导体公司在当年成立，并于1958年3月26日顺利完成了第一笔交易——以150美元每只的价格向IBM销售了100只晶体管。每只晶体管

[1] 塞巴斯蒂安·马拉比．风险投资史［M］．杭州：浙江教育出版社，2022：19-20.

的材料成本为 2~3 美分，加上价值大约 10 美分的劳动力，利润非常可观。在接下来的 10 年里，冒险资本造就的两个新进展塑造了现代风险投资行业。一是科技投资人接受了只进行有限时间内投资、到期退出的构想；二是设计出一种适合风险投资组合特点的新管理方式，同时投资大型上市公司和小企业。现代风险投资行业得到快速发展，凯鹏华盈（KPCB）、红杉资本、恩颐投资（NEA）都是沙丘路上最早的投资机构之一。风险资本对美国 20 世纪 80 年代芯片、半导体等行业的蓬勃发展起到了至关重要的作用。

随着美国风险投资行业的发展成熟，到了 20 世纪 90 年代，风险投资行业开始拥抱互联网时代，也就是芯片、半导体等技术创新所带来的数字化应用开始井喷的时代。私募股权投资进入新一轮上升通道，出现规模超过 50 亿美元的巨额基金，行业巨头开始向多资产类别、全球化发展。中国私募股权基金行业在这时迎来了爆发式的增长。

（二）中国私募股权行业发展历程

中国私募股权基金起步较晚，在其发展初期，政府起了主导作用，一系列以促进科技进步为目的的政策，同时推动了中国创业投资行业的发展。1985 年 3 月，中共中央出台《关于科学技术体制改革的决定》，指出“对于变化迅速、风险较大的高技术开发工作，可以设立创业投资给予支持”。这一决定使得中国高技术创业投资的发展第一次有了国家级政策层面的依据和保证。6 个月后，国家科委和财政部联合设立中国新技术创业投资公司，职责只有一个，就是对国家科技产业进行创业投资。中创公司成立不久，这样的模式开始大规模地在全国范围复制，20 世纪 90 年代，大量拥有政府背景的创业投资机构诞生，资金主要来自财政科技拨款❶。

中国庞大的互联网应用市场吸引了一股市场化的投资力量。1992 年，第一家外资投资机构美国国际数据集团（IDG）进入中国。1995 年通过的《设立境外中国产业投资基金管理办法》鼓励大批外资投资机构进入，捷足先登者包括 AIG、

---

❶ PEdaily. 中国创投简史[M]. 北京：人民邮电出版社，2017：3-4.

富达、GIC、PAMA、高盛、华登等。代表性投资案例发生在 1998 年，AIG 基金以 2.8 亿美元投资了中国海油。同时中国第一批最重要的互联网公司几乎全部诞生在 1998—1999 年，中国的私募股权投资者在此时开始活跃。1998 年 2 月 25 日，爱特信公司正式推出品牌网站搜狐网。爱特信是中国首家以创业投资基金建立的互联网公司，同年 4 月获得了第二笔创业投资，同时更名为搜狐。1998 年 2 月，网易创造了中国第一个全中文界面的免费邮箱系统，1998 年曾在 CNNIC 的年度最佳网站中排名第一，成为中文互联网排名第一的网站。网易创始人后来回忆说："这之后，华尔街的投资人就在我们门口排队了，他们抢着要给我们钱。"1998 年，四通利方收购台湾华渊资讯网，推出"新浪网"。2000 年初腾讯获得了 IDG、盈科联合投资 220 美元。至此，称霸互联网的四大门户网站已经建齐，中国互联网正式进入门户时代❶。此后两年成立的阿里、盛大、360、百度都在风险投资基金的支持下发展，这一时期美元基金占绝对主导地位。

当境外投资机构在中国互联网创业大潮中大展拳脚的时候，国内本土投资机构却刚刚经历了一波倒闭潮，整体市场发展几乎陷入停滞。1998 年，中国第一家投资机构中国新技术创业投资公司注销。也是在这一年，全国人大常委会副委员长、民建中央主席，在全国政协九届一次会议上，提交了《关于尽快发展我国风险投资事业的提案》。这就是后来被认为引发了一场高科技产业新高潮的"一号提案"，而这一提案也开启了长达 10 年的在中国设立创业板的起起伏伏的征程。成思危也由此被尊称为"中国风险投资之父"。1999 年 12 月，全国人大常委会修正《中华人民共和国公司法》，高新技术企业可以按照国务院新颁布的标准在国内股票市场上市，同时，决定建立一个单独的高科技股票交易系统。

2000 年 5 月，国务院同意证监会的提议，将二板市场定名为创业板市场。9 月，深圳证券交易所建立了创业板市场的基本组织体系。10 月，深圳证券交易所组织全部会员单位完成了创业板技术系统的全网测试。此时，深圳市政府早已

❶ PEdaily. 中国创投简史［M］. 北京：人民邮电出版社，2017：5-14.

推荐了 23 家预选企业上新三板。数据显示，其中超过 8 成的企业由创业投资机构注资。

这期间，在创业板的召唤下，大量创投机构应运而生。最早的一家是 1996 年由厉伟创立的深港产学研创业投资有限公司（以下简称“深港产学研”），注册资本为 1.5 亿元。1999 年，深圳政府斥资 5 亿元成立深圳创新科技投资有限公司（以下简称“深创投”），并任命与管金生、张国庆并称为中国证券业三大教父的阚治东出任第一任总裁。一时间，大量人才与资本涌向创业板的大本营深圳。2000 年，达晨创投成立，同创伟业成立，此时我国第一批按市场化运作设立的本土创投机构如雨后春笋般地诞生了[1]。

2004 年 5 月，经国务院批准，中国证监会批复同意深圳证券交易所在主板市场内设立中小企业板块。

2005 年 4 月 29 日，中国证监会发布《关于上市公司股权分置改革试点有关问题的通知》，宣布启动股权分置改革试点，这就是载入中国资本历史的“股改全流通”。

2006 年《新合伙企业法》通过，使得国际私募股权基金普遍采用的有限合伙组织形式得以实现，大力推动了行业的发展。同年 6 月 27 日，A 股首次公开募股（Initial Public Offering，IPO）重启，通州电子成为第一批全流通发行上市的公司，在深交所中小板挂牌上市。这标志着中国本土创业投资在国内资本市场迎来首个整体意义上的退出。

2009 年 10 月 30 日，伴随着创业板开市钟声的敲响，证监会耗时 10 年磨砺打造的中国“纳斯达克”——创业板火热出炉。当日创业板首批 28 家公司集体上市，平均涨幅达到 106%。这一时期，本土投资机构获得了前所未有的高速发展。

2013 年《中央编办明确私募股权基金管理职责分工》和 2014 年《私募投资基金管理人登记和基金备案办法（试行）》等一系列法规出台，明确了私募股权投资的监管制度，基金的发展逐步规范化。

---

[1] PEdaily. 中国创投简史[M]. 北京：人民邮电出版社，2017：18-19.

2015 年，随着移动互联网、人工智能等新兴技术崛起，受政府主导的“大众创业、万众创新”的鼓舞，资金面流动性充裕，促成了私募股权市场爆发式增长，基金募集规模、募集数量大幅上升。

2019 年 7 月，上海证券交易所科创板正式开板，为国内尚未实现盈利的科技公司引入了新的融资渠道，标志着中国的经济转型朝正确方向又迈出了新的一步。

2020 年初出台的转板上市制度、推行创业板注册制等资本市场改革工作安排利好“投资—退出—再投资”良性循环的形成，发挥股权投资市场对中小企业、科创企业的支持作用，体现了监管层对长期投资、价值投资的差异化监管与针对性扶持。

2021 年 9 月 3 日北京证券交易所（以下简称“北交所”）注册成立，它是经国务院批准设立的中国第一家公司制证券交易所，并受到中国证监会的监督管理。北交所的成立旨在深化新三板改革，支持中小企业创新发展，打造服务创新型中小企业的主阵地。随后，北交所于 2021 年 11 月 15 日正式开市，首批共有 81 家公司在北交所上市交易。至此，中国多层次资本市场已完善。

自 1985 年中基协登记管理人开始，在 39 年里中国的私募股权和创业投资管理人一路狂飙突进。截至 2023 年 12 月 31 日，中基协存量私募股权、创业投资基金管理人数为 1.28 万家，管理总规模达到 27.1 万亿元，平均每家管理人的管理规模为 21.08 亿元。1.28 万家管理人的背后是 1.09 万个 GP 品牌，持有基金数量前十的管理人，以财富、母基金和基础设施类为主。1.28 万家管理人共有 10.9 万名全职员工，9.29 万名取得基金从业资格证书的员工，平均每个管理人拥有 8.5 名全职员工，拥有 7.3 名取得基金从业资格证书的员工。

（三）私募股权基金行业参与者

私募股权基金行业在中国经历了从自发生长到逐步规范的发展过程，现已成为资本市场的重要组成部分，对支持企业直接融资、激发市场活力，以及服务科技创新和实体经济高质量发展具有重要作用。私募股权基金行业主要涉及资金的筹集、投资以及投资退出等环节。

1. 有限合伙人(私募股权基金投资人)

主要为资金的提供者，以有限合伙人(LP)的身份参与到合伙企业中。在中国私募股权基金领域，代表性的LP有限合伙人涵盖了多种背景和类型。以下是一些代表性的有限合伙人。

跨国机构与主权基金：中投公司作为全球最大的主权财富基金之一，参与了大规模的海外投资和竞标。亚投行则专注于亚洲基础设施投资，注册资本1000亿美元，现已有100个国家或地区加入。

政府引导基金：这类LP通常由政府设立，目的是引导和促进特定行业或区域的经济发展。例如，北京市政府投资引导基金在2024年7月出资规模居首位，认缴资本约198亿元，参与了多只备案基金的投资。

企业投资者：一些大型企业通过设立投资基金参与私募股权投资，以实现资本增值和产业布局。如海尔集团、世纪金源集团、伊利股份等实业企业探索设立或联合设立母基金参与股权投资市场。

市场化母基金：这类基金以专业研究能力和投资策略进行资产配置，覆盖多个热门赛道，分散投资风险。市场化母基金在我国起步较晚，但已经展现出较高的投资专业度和活跃度，如国家级母基金、省级母基金、市级母基金。

金融机构：包括银行、保险公司、信托公司等，金融机构通常具有雄厚的资金实力和专业的投资管理团队，如工银金融资产投资有限公司、平安人寿、厦门国际信托等。

全国社保基金：作为国内重要的机构投资者，全国社保基金在股权投资方面出资谨慎，通常单笔投资额较大(10亿元起投)，其投资选择往往代表着较高的市场地位和信誉。

美元个人投资者：包括高净值个人、企业家、家族办公室成员等，他们通常具有一定的财务自由度和投资经验，如俞敏洪、雷军等。

这些代表性LP在中国私募股权基金市场中扮演着重要角色，不仅为基金提供资金支持，也为被投资企业提供了宝贵的资源和网络。通过这些LP的参与，私募股权基金能够更好地服务于实体经济，推动科技创新和产业升级。

2. 普通合伙人(一般也是基金管理人)

在中国私募股权基金管理人领域，代表性的投资机构包括但不限于以下几家。

红杉中国：红杉中国是一家专注于科技、医疗健康、消费三大领域的私募股权投资机构。2005 年成立以来，红杉中国已经投资了超过 1500 家企业，其中超过 160 家成员企业成功上市。红杉中国致力于帮助创业者成就伟大公司，并为成员企业带来丰富的全球资源和宝贵的历史经验。

高瓴资本：作为业内知名的私募股权投资机构，高瓴资本在多个行业领域进行投资，尤其在医疗健康、消费、TMT 和先进制造等领域有显著的投资成果和影响力。

中金资本：中金资本运营有限公司是中国国际金融股份有限公司全资设立的私募投资管理子公司，已成为中国先进的私募投资管理机构之一，管理着大规模的资金，并在多个行业领域进行投资。

基石资本：作为业内知名的私募股权投资机构，基石资本在投资领域有着丰富的经验和卓越的业绩。

招商局资本：作为历史悠久的国有资本投资运营平台，招商局资本在私募股权投资领域发挥着重要作用。

深创投：深圳市创新投资集团有限公司是 1999 年由深圳市政府出资设立的公司，以创业投资为核心业务的综合性投资集团。公司致力于成为创新价值的发掘者和培育者，以发现并成就伟大企业为使命。

近年来，中国私募股权基金管理人行业呈现政府资金主导作用加强、资金投向新质生产力赛道、监管加强等趋势：中国私募股权基金管理人在政策引导、市场变化中适应转型，拥抱面向未来发展的机遇和挑战。

二、私募股权基金管理人

（一）私募基金管理人基本情况

1. 私募基金管理人 2024 年最新数据统计

受宏观经济背景下的市场环境变化以及金融行业新政等影响，2024 年私募基金管理人数量整体有所下降。中国证券投资基金业协会“私募基金管理人登记及产品备案月报(12 月)”显示，截至 2024 年 12 月，中国证券投资基金业协会登记存续私募基金管理人 20376 家，管理基金数量 145735 只，管理基金规模 19. 90 万亿元。其中，私募证券投资基金管理人 8035 家；私募股权、创业投资基金管理人 12120 家；私募资产配置类基金管理人 7 家；其他私募投资基金管理人 214 家(图 1-1)。

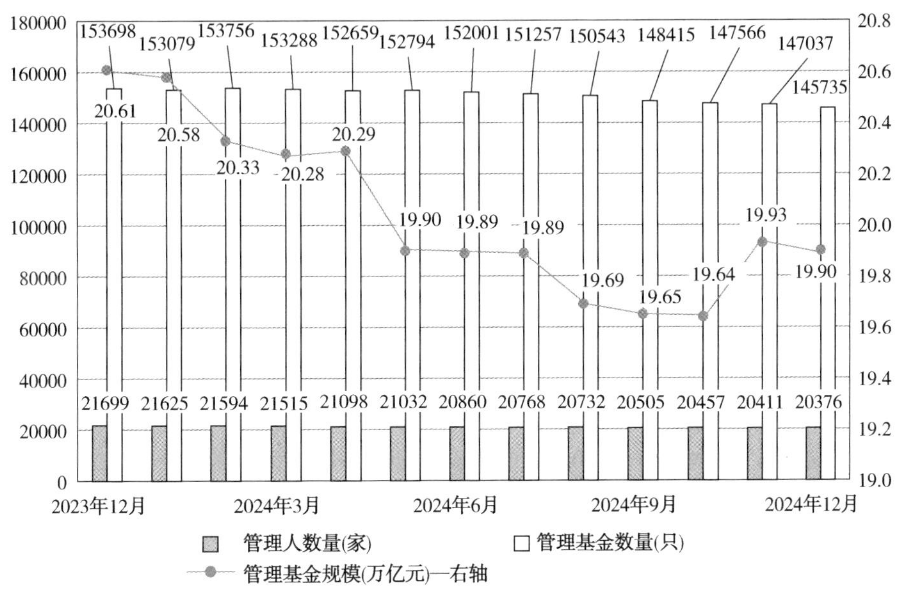

图 1-1　私募基金管理人存续情况变化趋势

资料来源：中国证券投资基金业协会。

2. 管理人管理基金产品数量及规模分布情况

中国证券投资基金业协会资产管理业务综合报送平台(AMBERS 系统)，以“2024 年 11 月 3 日”与“2024 年 7 月 20 日”公示信息作为季度参考数据进行对比显示，截至 2024 年第三季度，在私募基金中，小型私募基金管理人以及基金产品数量仍占绝对多数。管理基金规模在 5 亿元及以下的私募基金管理人数量为 6913 家，管理基金产品的数量为 461 只，占比达 44%；管理基金规模在 100 亿元及以上的私募基金管理人数量为 89 家，管理基金产品的数量为 155 只，占比达

13%(图 1-2)。

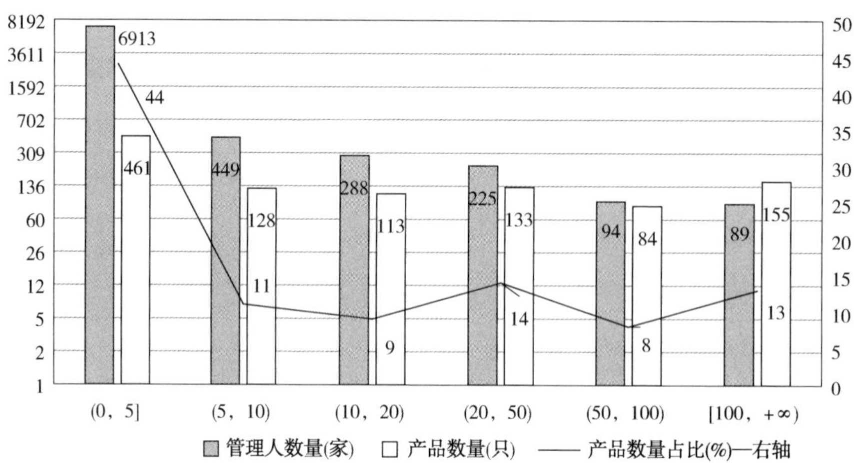

图 1-2　2024 年私募基金管理人管理基金规模分布

资料来源：中国证券投资基金业协会。

(二) 管理人成立时间及注册/实收资本情况

1. 管理人成立时间分布

中国证券投资基金业协会发布的《中国证券投资基金业年报(2024)》显示，从成立时间来看，成立时间在 6~10 年的私募股权、创业投资基金管理人数量最多，为 7516 家，占比达 58.30%，成立时间在 1 年以下的管理人数量为 95 家，占比最低，为 0.74%(图 1-3)。由上述管理人成立的时间分布情况可见，相比海外成熟的私募市场，中国私募股权、创业投资基金管理人的成立时间整体较短，行业还存在巨大的发展空间。

2. 管理人注册资本分布

中国证券投资基金业协会发布的《中国证券投资基金业年报(2024)》显示，从管理人注册资本来看，私募股权、创业投资基金管理人的注册资本集中在 1000 万元至 2000 万元(不含)，管理人数量为 6490 家，占比 50.34%；注册资本在 2000 万元及以上管理人数量为 4598 家，占比为 35.66%(图 1-4)。

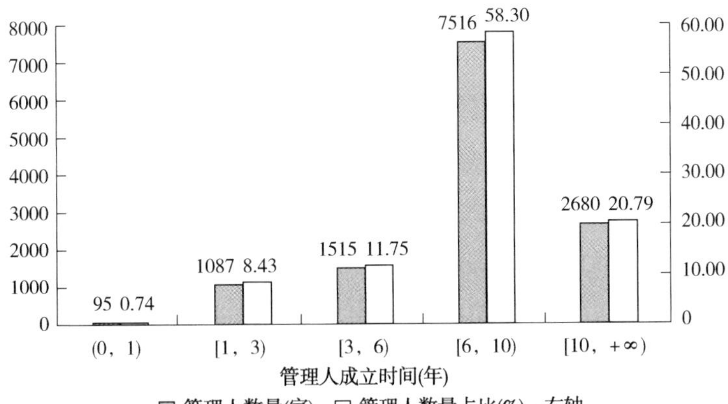

图 1-3　私募基金管理人成立时间分布情况

资料来源：中国证券投资基金业协会。

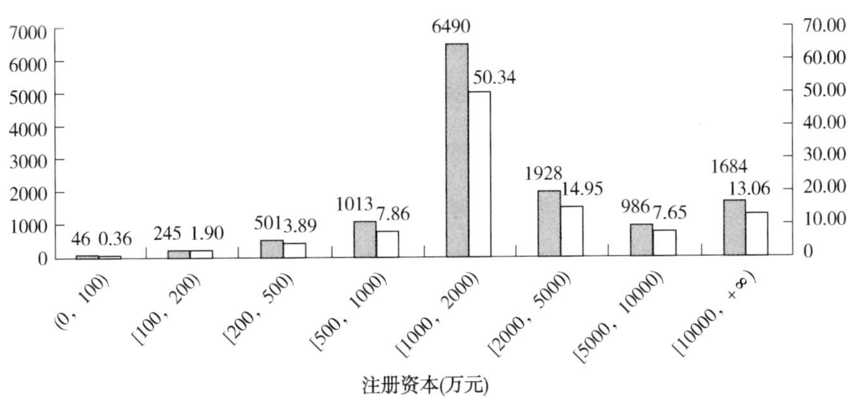

图 1-4　私募基金管理人资本注册分布情况

资料来源：中国证券投资基金业协会。

3. 管理人实收资本分布

中国证券投资基金业协会发布的《中国证券投资基金业年报(2024)》显示，从管理人实收资本来看，96.04%的私募股权、创业投资基金管理人实收资本在200万元及以上。其中，实收资本在200万元至500万元(不含)、1000万元至2000万元(不含)的管理人数量较为集中(图1-5)。

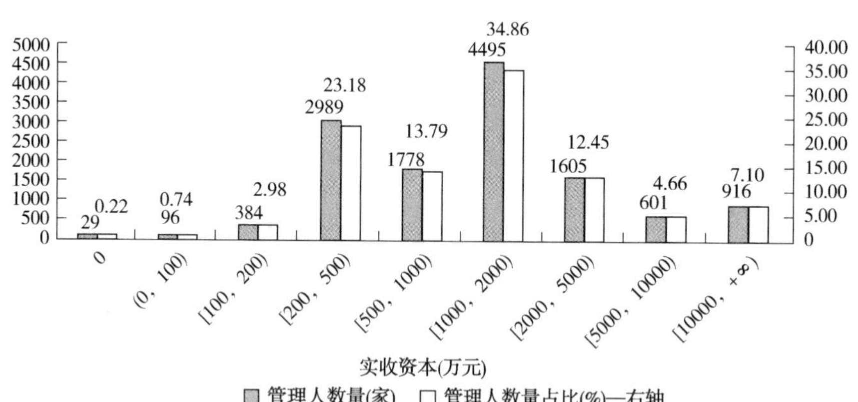

图 1-5　私募基金管理人实收资本分布情况

资料来源：中国证券投资基金业协会。

（三）管理人股权性质及控股类型情况

1. 管理人股权性质

从管理人股权中外性质来看，私募股权、创业投资基金管理人的主要股权性质仍然是内资，中国证券投资基金业协会发布的《中国证券投资基金业年报（2024）》显示，管理人数量和管理基金规模分别为 14024 家和 13.61 万亿元，占比分别达 98.05%和 97.22%，中外合资管理人平均管理规模最大，达 14.79 亿元（图 1-6）。

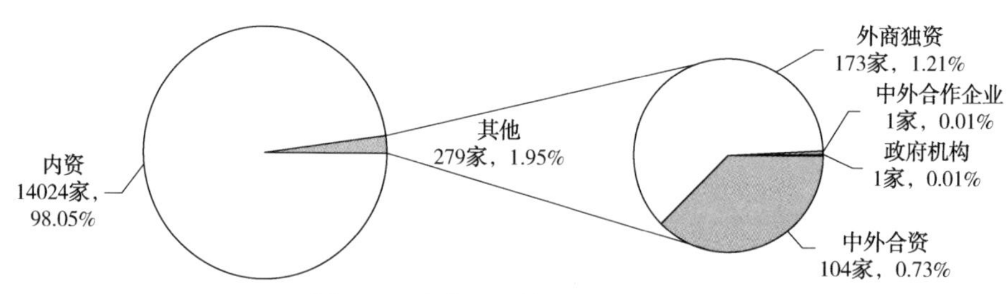

图 1-6　私募基金管理人股权性质

资料来源：中国证券投资基金业协会。

中国证券投资基金业协会发布的《中国证券投资基金业年报（2024）》显示，2023 年末登记私募股权基金管理人主要股权性质仍然是内资，达 702 家，占比 96.30%。此外中外合资企业 15 家，外商独资管理人 12 家。

2. 管理人控股类型分布

中国证券投资基金业协会资产管理业务综合报送平台(AMBERS 系统)显示,从控股类型来看,在私募股权、创业投资基金管理人中,自然人及其所控制民营企业控股的管理人数量最多,有 10959 家,占比 77.13%;国有控股管理人平均管理规模最大,为 23.09 亿元(图 1-7)。

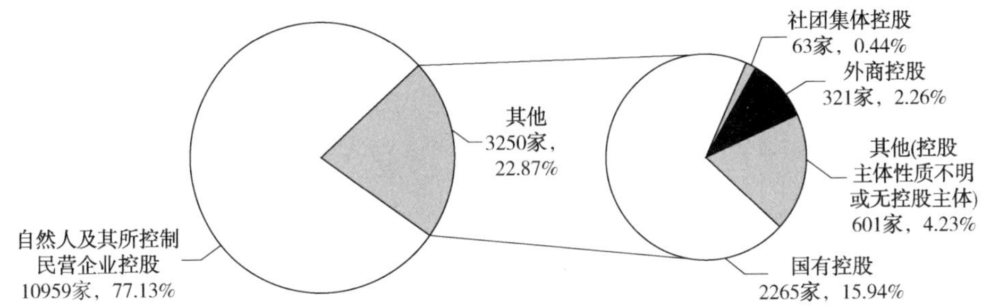

图 1-7 私募股权、创业投资基金管理人控股类型分布

资料来源:中国证券投资基金业协会。

2023 年登记的私募股权基金管理人,控股类型主要为自然人及其所控制民营企业控股,达 495 家,占比 67.90%。此外,控股类型为国有控股的管理人 176 家,外商控股管理人 27 家,社团集体控股私募基金管理人 2 家,其他(控股主体性质不明或无控股主体)管理人 29 家(图 1-8)。

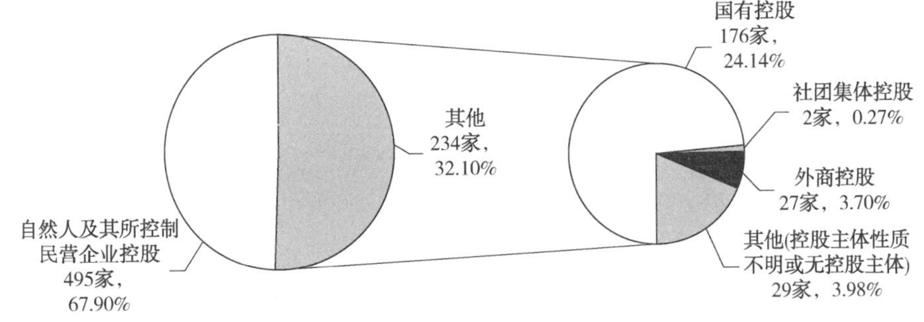

图 1-8 私募股权、创业投资基金管理人控股类型分布

资料来源:中国证券投资基金业协会。

(四) 私募基金管理人区域分布情况

1. 管理人注册区域主要集中在东部省市

中国证券投资基金业协会发布的《中国证券投资基金业年报(2024)》显示,

在私募股权、创业投资基金管理人中，办公地在北京、上海和深圳三大辖区的管理人数量合计 7901 家，占全国总数的 55. 24%；办公地在北京、上海、深圳、浙江、江苏五大辖区的管理人数量合计 9765 家，占比 68. 27%；管理人数量排名前 10 的辖区合计有 11836 家私募股权、创业投资基金管理人，占比 82. 75%(图 1-9)。

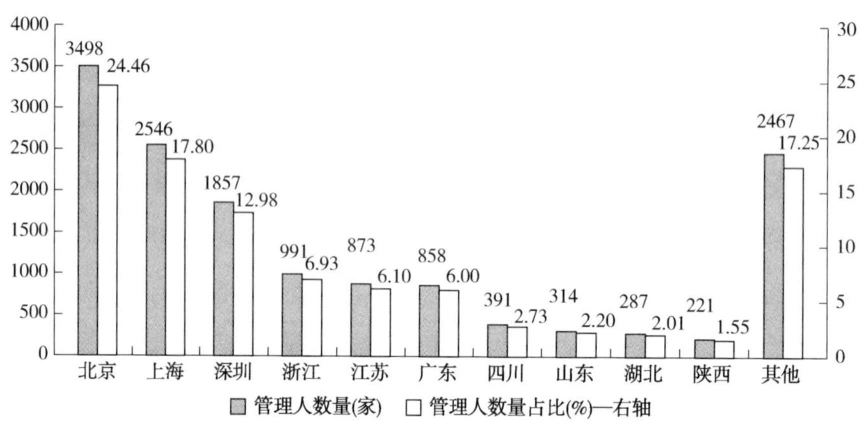

图 1-9　管理人注册区域分布

资料来源：中国证券投资基金业协会。

2023 年登记的私募股权、创业投资基金管理人，办公地在北京、上海和江苏三大辖区的管理人数量合计 309 家，占全国总数的 42. 39%；办公地在北京、上海、江苏、深圳和广东五大辖区的管理人数量合计 427 家，占 58. 57%；管理人数量排名前 10 的辖区合计有 570 家私募股权、创业投资基金管理人，占比 78. 19%。中国证券投资基金业协会发布的《中国证券投资基金业年报(2024)》显示，2023 年新登记的私募股权、创业投资基金管理人办公地同样主要集中于经济发达地区(图 1-10)。

2. 私募股权基金管理人从业人员

中国证券投资基金业协会发布的《中国证券投资基金业年报(2024)》显示，截至 2023 年末，私募股权、创业投资基金管理人在从业人员管理平台完成注册的全职员工总人数为 10. 86 万人，其中，具有基金从业资格的员工为 9. 27 万人，占比 85. 36%。私募股权、创业投资基金管理人高管总数为 3. 70 万人，具有基金从业资格的高管为 3. 45 万人，占比达 93. 24%。

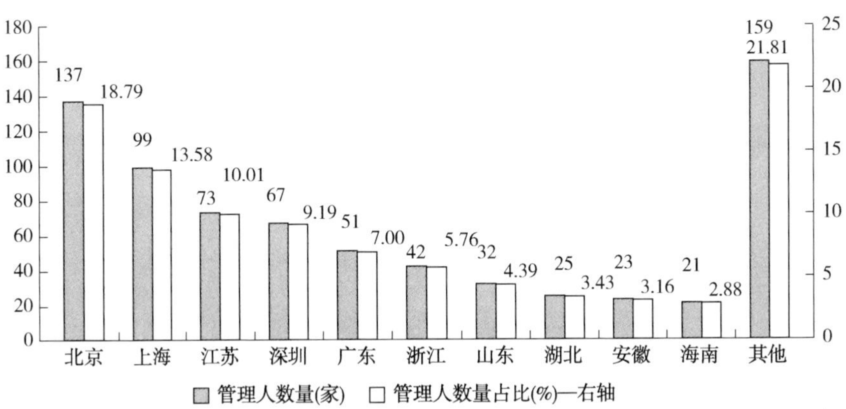

图 1-10 2023 年登记私募股权、创业投资基金管理人数量按办公地分布

资料来源：中国证券投资基金业协会。

2023 年登记并在从业人员管理平台完成注册的私募股权、创业投资基金管理人的员工人数为 4180 人，其中具有基金从业资格的员工为 3301 人，占比 78.97%；私募股权、创业投资基金管理人高管为 2061 人，其中具有基金从业资格的高管为 1795 人，占比达 87.09%。

中国证券投资基金业协会发布的《中国证券投资基金业年报(2024)》显示，截至 2023 年末，大多数私募股权、创业投资基金管理人具有 5 名及以上员工，其中，半数以上管理人的员工数量在 5(含)~10 人。从整体来看，私募股权、创业投资基金管理人平均具有 9 名员工(图 1-11)。

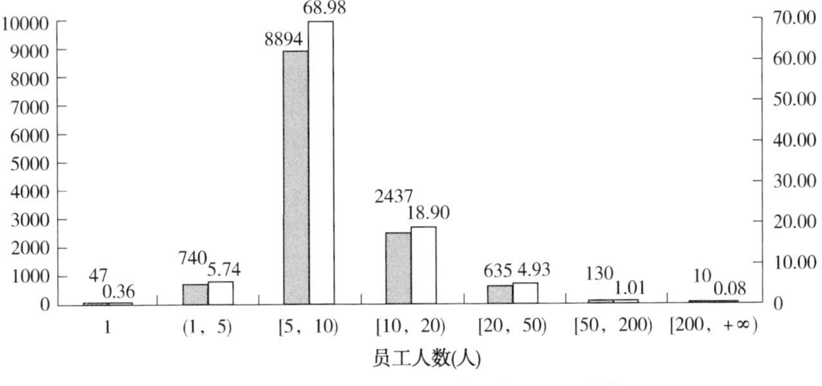

图 1-11 私募股权、创业投资基金管理人从业人员数量分布(按家数统计)

资料来源：中国证券投资基金业协会。

三、私募股权基金投资人

（一）私募股权基金投资人概况

私募股权基金作为连接初创企业(资产端/资金需求方)与长期投资者(资金端/资金供给方)的桥梁，通过一级股权投资满足初创企业的融资需求。基金通过非公开募集方式，向不同类型的投资者募集资金，并通过对一级市场企业项目进行股权投资、管理和最终退出，来满足长期投资者的资金增值需求。这些长期投资者即为私募股权基金的投资人。私募股权基金一般采用合伙人制度，由有限合伙人(Limited Partner，LP)和一般合伙人(General Partner，GP)组成。一般来说，基金通常由GP发起和设立，募集来自LP的资金。因此在制度和架构层面，LP即私募基金的投资人，下文对投资人的阐述遵循此逻辑。

然而需要注意的是，私募股权基金的投资人(LP)和管理人(GP)之间的界限并不总是清晰明确的。很大一部分投资人(或投资主体)，都有能力在不同的场景下担任这两个角色。通常来说，根据投资主体的需求，可以选择不同的投资方式(如直接投资或通过基金投资)参与到私募股权市场中。投资方式的变化使得他们在交易中的角色随之变化。因此，同一投资主体常在不同的项目中，因需担任投资人或基金管理人。

一般来说，私募股权基金的投资期限较长，投资人具有较高的风险偏好，对回报的期望也较高。这类资金通常属于投资人投资组合中风险较高的部分，同时回报周期较长。然而，在国内目前国资主导的市场环境下，一级市场中大量资金存在风险错配的情况。

1. LP投资私募股权基金的方式

投资人可以通过直接出资、投资母基金或共同投资来投资私募股权基金。在直接出资中，LP直接向私募股权基金出资，成为基金的有限合伙人，按约定比例分配收益；在母基金(Fund of Funds，FOF)中，投资人可以通过投资其筛选过的母基金，间接持有多个私募基金的份额，分散风险；投资人除了通过基金投资外，还可以选择与基金平台一起直接对特定项目进行共同投资(跟投)，享有直接的股权收益。

GP 常规出资比例为 1%~2%，同时负责基金的日常管理和投资决策，对基金的债务和义务负有无限连带责任，同时需要透明和及时地向 LP 汇报基金运营情况。LP 不参加基金的日常决策和管理，但享有基金收益的分配权，并有权对基金重大事项提出意见和建议。同时 LP 承担有限责任，即以其出资额为限对基金的债务和义务承担责任，需要按约定及时出资。因此，基金的所有权和管理权是分离的，以保证 GP 能够独立地、不受外界干扰地进行投资。另外，为了监督 GP 的商业操作和财务状况、降低投资风险，基金要聘请独立的财务审计顾问和律师，并设立董事会或者顾问委员会。

2. LP 的性质和构成的变化

根据访谈，我国私募股权投资的募资分为三个阶段。募资 1.0(2007—2014 年)：主要依靠业绩吸引高净值个人投资。募资 2.0(2015 年以后)：行业蓬勃发展，LP 趋向机构化，开始与更多大型机构交流，包括银行和保险资金。募资 3.0(2020 年以后)：资管新规发布以后，银行不能作为 LP，地方政府和国资出资平台作为主要的出资力量，需要对接 LP 的各类诉求。有些机构出现全员募资的情况，小型机构投资和募资的角色重叠更加明显。

随着私募股权基金行业的整体性周期变化，叠加地缘政治风险频出、美元加息等因素，在国内私募股权基金的 LP 中，外资背景 LP 出资数量及规模呈收缩态势，国资背景 LP 逐渐强化了市场主力的地位。

根据清科研究中心数据，2023 年我国股权投资市场有近 6980 只基金完成募集，数量与 2021 年、2022 年基本持平；募资规模为 18244.71 亿元，相比 2021 年、2022 年分别下降 17.39%、15.47%。2024 年上半年，我国股权投资市场新募集基金数量及募集金额均大幅下降，新募集数量为 1817 只，同比下降 49.20%，新募集金额为 6229.39 亿元，同比下降 22.60%(图 1-12)。

募资金额的币种分布层面，根据清科研究中心数据，2014 年至 2023 年人民币基金募集资金趋势保持稳定，2023 年募资 17156.01 亿元，相比 2021 年、2022

年分别下降 9.80%、10.11%；2024 年上半年降幅明显，共计 1800 只人民币基金完成募集，募集数量同比下降 49.20%，募集金额为 6098.51 亿元，同比下降 20.30%；外币基金在 2021 年募集金额到达顶峰 3065.84 亿元后逐年收缩，2022 年、2023 年、2024 年上半年分别募资 2496.06 亿元、1088.70 亿元、130.87 亿元(图 1-13)。

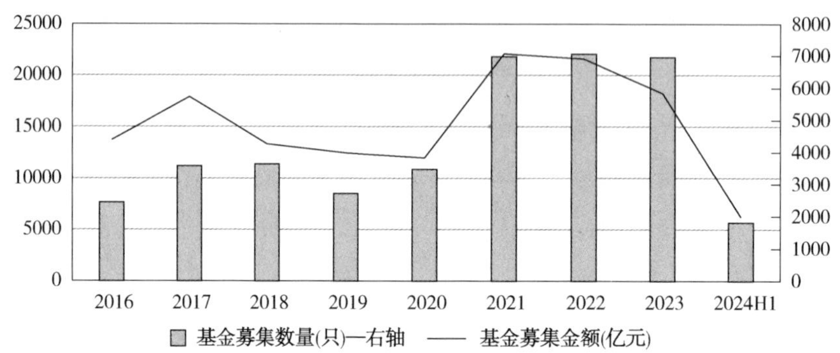

图 1-12　2016—2024H1 中国私募股权基金募集情况

资料来源：清科研究中心，股权投资市场研究报告，2024.08.07。

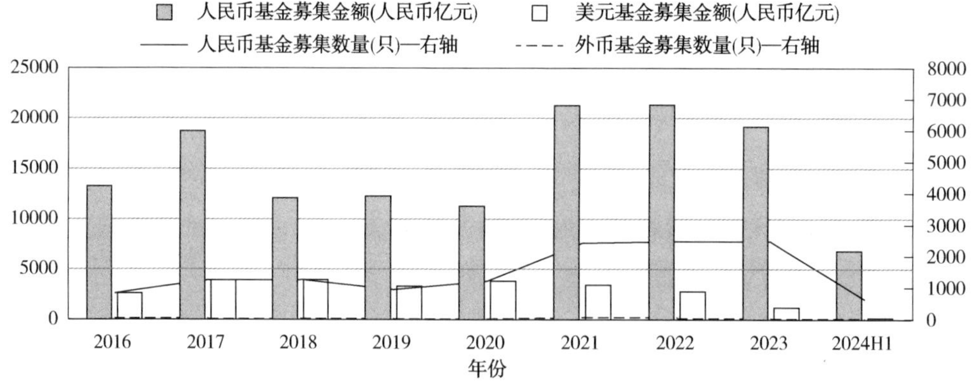

图 1-13　2016—2024H1 中国股权投资市场基金募集币种分布

资料来源：清科研究中心，股权投资市场研究报告，2024.08.07。

根据清科研究中心数据，2024 年上半年中国股权投资市场新募集基金仍以小规模基金为主，新募集规模不足 1 亿元人民币的基金数量占比达到 54.5%；总募资规模不足 400 亿元人民币，占比 5.6%，相较 2023 年同期下降了 3.8%。大额基金的设立与募集仍保持稳定，上半年共有 19 只基金的新募集规模在 50 亿元及以上，合计募资规模为 1634.03 亿元人民币，占比超过全市场募资总规模的 1/4。国资背景管理人的募资规模仍保持优势。除金额不足 1 亿元人民币的小规模基金外，在其余各规模区间的新募集人民币基金中，国资背景管理人所管基金的新募集金额占比均超过五成。2024 年上半年新募集金额在 30 亿元及以上的人民币基金中，这一比例均在 80%以上。

根据清科研究中心统计的 2023 年具有工商注册实体的人民币基金的 LP 数据（不含契约制基金），2023 年我国股权投资市场新募人民币基金的 LP 披露认缴出资总规模超 1.5 万亿元，其中占比最高的是政府机构/政府出资平台/政府引导基金类型，2023 年认缴出资 6200 亿元人民币，占比 40.6%，比 2022 年增长了 6.7%；占比次高的是产业资本，2023 年披露的认缴出资金额占比 26.7%；个人及家族基金 2023 年披露的认缴出资金额占比 10.5%，但认缴出资次数占比 73.5%，显示出单笔规模较小的特点；金融机构及险资 LP 在 2023 年披露的认缴出资金额合计超 1600 亿元，占比 10.8%，相较 2022 年微增了 0.1%。国资背景的 LP 是出资金额大、笔数少、单笔金额大的重要力量，2023 年国有控股和国有参股 LP 的合计披露出资金额占比 77.8%，相较 2022 年增长了 4.6%（图 1-14、图 1-15）。

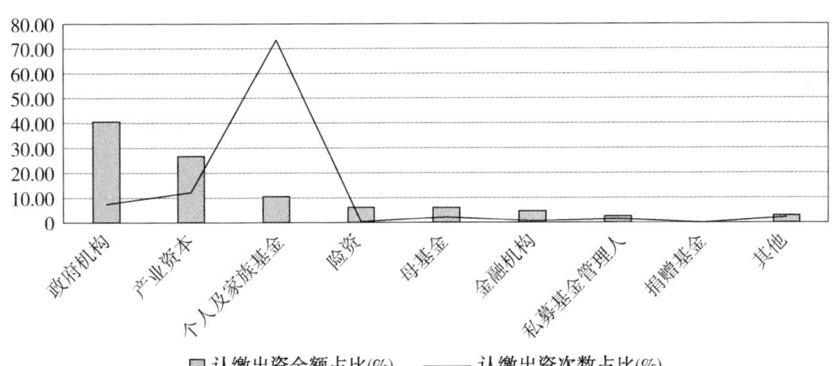

图 1-14 2023 年中国股权投资市场人民币基金 LP 类型分布

资料来源：清科研究中心，股权投资市场研究报告，2024.08.07。

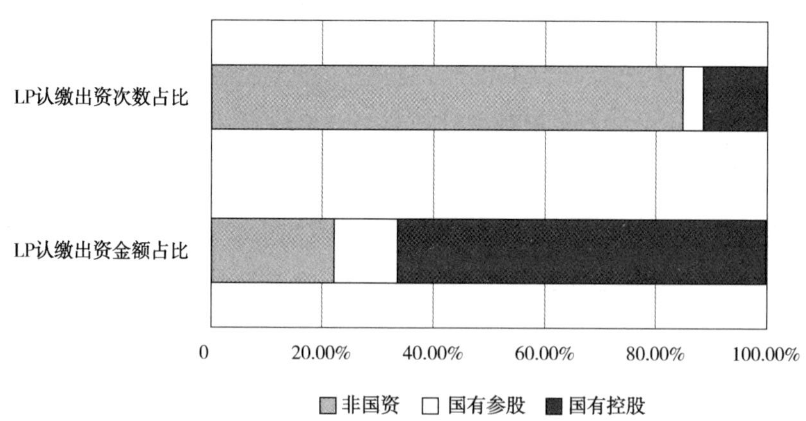

图 1-15　2023 年新募人民币基金 LP 国资属性

资料来源：清科研究中心，股权投资市场研究报告，2024. 08. 07。

国资背景 LP 的主导地位在 2024 年上半年趋于增强。据清科研究中心统计数据，2024 年上半年国有控股和国有参股 LP 的合计披露出资金额占比达 81. 2%。

3. LP 募资趋势

（1）LP 对行业的影响

随着私募募资端的收紧，美元等国际资本的逐步退出，LP 在私募股权基金中的地位逐渐提升。特别是在投后管理方面，LP 对 GP 提出了更高的要求。国有资本的 LP 对风险承受能力的低容忍度和防止国有资产流失的需求，迫使 GP 重新考虑项目筛选、合同条款、免责条款以及整体的风险管理策略。高强度、高频次的投后审计，以及高压的巡查审核，使 GP 在项目选择时要承受更高的压力，在项目筛选时更加谨慎，并在合同中更加注重保护性条款。这影响了整个行业的风险控制逻辑，使得回购等兜底性条款在投资标的中已经逐渐成为一个常规性条款。但该类条款天然就与风险投资这一行业的投资逻辑相悖。

（2）管理的精细化与数字化

虽无具体数据，但根据访谈得知，私募股权基金的管理正朝着精细化和数字化的方向发展。LP 对透明度和可控性的要求提升，推动了 GP 在管理过程中引入更多的数据分析和技术工具，为 LP 提供了更大的保障。

(3) 其他趋势

随着险资和S基金(私募股权二级基金)的逐步进入，私募股权基金的资金来源更加多样化。这些新型资金来源为私募股权基金提供了更多的资本，同时也带来了更高的投资要求和风控标准。私募股权基金的退出渠道逐渐丰富，不仅包括传统的IPO和并购，还涉及S基金和海外IPO等方式。这为LP提供了更多的流动性选择，也增强了基金的整体回报能力。

宏观经济环境也对私募股权募资端产生较大影响。一方面，长期的低利率环境大大降低了投资人的投资热情。另一方面，受中国房地产发展放缓、股市增长放缓的环境影响，投资人的未来预期也逐步偏悲观，以保守策略为主。因此，数据层面体现出来的流动性的增加似乎并没有反映在私募股权募资市场端，经济信心和IPO等退出渠道的收紧给投资人蒙上阴影。同时，随着全球金融市场的发展，其他金融资产和投资市场的回报变化也在影响境内私募股权基金的吸引力。虽然投资限制、地缘政治风险仍然影响着投资人对于境外金融产品的投资热情，但较高的回报率使投资人对回报预期形成了心理层面的估算，也在一定程度上阻碍了私募股权基金募资端的发展。

(二) 各类型私募股权基金投资人

LP的类型各式各样。不同类型的LP，其资金/投资规模、投资期限、募资渠道、投资逻辑及风格特点/人才偏好也各异。我国私募股权基金投资人呈现出以国资LP为主，多种类型LP共同发展的态势。投中网发布的2024年度中国最佳私募股权投资领域有限合伙人TOP30榜单(表1-1)展现了这种态势。

表1-1　2024年度中国最佳私募股权投资领域有限合伙人TOP30榜单

单位：亿元

LP名称(按音序排列)	管理规模	类型
北京国有资本运营管理有限公司	2000	国有
博华资本	约300	民营
财通资本	900	金融机构-证券

续表

LP 名称(按音序排列)	管理规模	类型
策源资本	1976	国有
长城人寿保险股份有限公司	约 900	险资
长春市股权投资基金管理有限公司	约 48	国资
大家投资控股有限责任公司	超 250	险资
广州产投资本	1300	国资
广州开发区基金集团	296	国资
杭州产投集团	1041	国资
合肥创新投资	120	国资
湖州产业投资	超 470	国资
江西国控集团	2470	国资
绿金投资	885	国资
南沙产投基金	180	国资
山东高速	600	国资
上海国投孚腾资本	300	国资
深创投集团	超 4800	国资
太保资本	760	险资
太平创新投资管理有限公司	约 22	险资
泰珑投资	200	产业资本
新尚资本	约 70	国资
兴泰资本	约 825	国资
兴证资本	超 262	金融机构-证券
阳光融汇资本	300	险资
亦庄国投	超 10000	国资
越秀产业基金	超 1000	国资
浙江金控	450	国资
中航信托股份有限公司	超 6000	金融机构-信托
中金资本	超 5500	金融机构-证券

资料来源：投中信息，2024 年度中国最佳私募股权投资领域有限合伙人 TOP30 榜单，2024. 11. 22。

根据一般规律，不同类型的 LP 有以下特点(表 1-2)。

表 1-2　各类型 LP 的特点分析

序号	类型	资金规模	投资期限	募资渠道	投资逻辑	人才偏好
1	(政策型)国有资本	2024 年总规模占比超 46%，接近市场半数	7~10 年	以地方财政为主，社会资本募集困难	政策导向，支持地方产业	对政策敏感度和风控要求有着极高的偏好
2	产业资本(上市企业等)	小额出资(1500 万元以下)	7~10 年	主要自有，少量市场化募集	以产业协同为主，以财务回报为辅	产业背景
3	险资	大额(5 亿元起)	10~12 年	自有	以财务回报为主	金融背景
4	VC/PE 机构	占市场主体比例的 30%以上	7~10 年	市场化募集	以财务回报为主	私募股权行业经历
5	金融资管机构	较大额(1 亿元起)	7~10 年	主要自有，少量市场化募集	获取强资源/产业项目	金融背景
6	美元基金	2024 年上半年约 130.87 亿元人民币，占比约 1%	7~10 年	市场化募集	财务回报	国际化+金融背景
7	个人投资者	2024 年约占市场的 10.5%，单笔规模较小	投资周期偏好更短	个人自有资金	财务回报	无

1. 国有资本

根据投中研究院发布的《2023 年政府引导基金专题研究报告》，国资 LP 可定义为实控人为国资委、政府机构的国资 GP 管理的私募基金以及政府引导基金。国资 LP 按照投资目的，可以分为市场导向类与政策引导类(实践中存在一家管理人兼具双重身份的情况)。其中，市场导向类多以“主业发展、寻找利润增长点”等为投资目标；政策引导类多以“特定区域、特定产业发展”等为投资目标。

由于投资目的不同，投资决策的考量维度出现差异。市场导向的国资基金与其他同类基金在投资 GP 时会以回报为主要考虑因素，类似其他产业资本，但可能在决策程序、风格上稍有差异。此类 LP 在其他类别中已经进行探讨，在此不赘述。我们在国资基金板块主要关注政策导向型 LP，如引导基金等，并探讨其投资特点。

（1）资金规模

根据企名片数据，截至 2024 年 Q3，政府引导基金和政府机构作为出资平台的合计披露出资金额占比达到 24.29%，国资背景 LP 已经占据我国募资市场近 1/4 的份额。

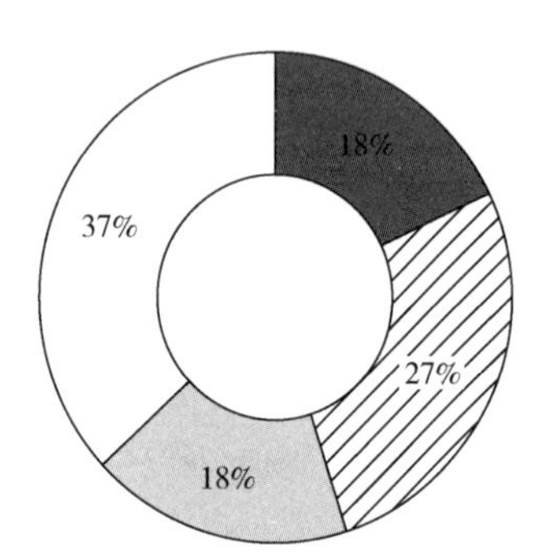

图 1-16　各类型基金存续期

资料来源：投中研究院，2023 年政府引导基金专题研究报告，2023.12.05。

（2）投资/存续期限

以政府引导基金为例，根据投中信息，在 2023 年 Q1～Q3 出台或更新管理办法的政府引导基金中，63%的政府引导基金规定了对于参股子基金存续期的要求。其中占比最高的为“规定参股子基金存续期原则上不得超过 10 年”，占全体总数的 27%（图 1-16）；而在 2022 年及以前，占比最高的是参股子基金存续期不超过 7 年，相比之下，存续期有进一步延长的趋势。

（3）募资渠道

一般来说，国资背景 LP，如地方引导基金，受性质影响，其资金来源以地方财政为主，如市、区级财政或地方国资委。近年来，一方面，由于地方财政承压，对基金支持有限，存在财政资金到位不及时等问题。另一方面，由于基金的政策性导向，普遍存在项目质量和投资决策难以得到市场认可，对市场化资金吸引力弱的情况。尤其是部分欠发达地区或者县级政府所设立的政府投资基金，通常存在吸引力不足、认可度较低等问题，叠加行政审批环节较为烦琐、激励不足等，社会资本募集困难。

（4）投资逻辑

从投向领域看，政府引导 LP 通常以招商为目的，因此对于基金的投资地域有

较严格的限制，通常为出资方所在的省、市或开发区域。此外，产业方面也有偏好，主要围绕当地产业规划进行投资，比如深圳"20+8"产业基金群等，其中新能源、新材料等新兴产业各地较为青睐；同时，部分地区也会针对不同领域，分别设立文化旅游、前沿科技、天使类等多种类基金，专注于某一行业或者某一阶段的投资。总体来说，国资背景LP以地方性产业战略优先，着重关注地方产业招引指标的比重，同时风险敏感度高，对GP风险把控能力要求高，偏好回购、兜底条款。

(5) 风格特点

地方国资LP在投资私募股权时，对政策敏感度和风控要求有着极高的偏好，投后管理流程也相对复杂。这也反映在其人才偏好上，此类基金需要专业人才对政府政策敏感度高，能够解读政策并给出相应理解。同时国资政策类LP对于风控人才需求旺盛。

然而，国资政策类LP类型繁多，区县级引导基金在吸引专业人才方面存在明显劣势，专业人才稀缺是一个突出问题。政府投资基金对能够充分理解市场和政策的专业化人才需求旺盛，但由于区县级基金的薪酬水平、激励机制难以完全实现市场化，难以吸引和留住专业人才，特别是在政策解读和市场化运营双重要求的背景下，专业人才多流向北京、上海、广州、深圳地区。

(6) 国有资本的创新转变

2025年1月7日，国务院办公厅发布《关于促进政府投资基金高质量发展的指导意见》(国办发〔2025〕1号，以下简称《政府投资指导意见》)，这是自2015年12月财政部发布《政府投资基金暂行管理办法》以后以"政府投资基金"为主要对象的第一部国家级重要文件。《政府投资指导意见》直面政府投资基金目前存在的所有核心问题，并有针对性地提出解决方案。部分关键内容包括：将政府引导基金分类为产业投资基金和创业投资基金；严格控制区县政府设立政府投资基金；推动存量基金整合优化；鼓励创业投资类基金采取母子基金方式；建立健全容错机制，不简单地以单个项目或单一年度盈亏作为考核依据；不以招商引资为目的设立政府投资基金，鼓励取消政府投资基金及管理人注册地限制；拓宽基金退出渠道，包括区域性股权市场、S基金、并购基金等。

政府投资基金是当前很多基金的主要出资人，有关政府投资基金的内容都是业界非常关心的问题。《政府投资指导意见》为政府投资基金的持续、长效、科学发展指明了方向。

2. VC/PE 机构

一般来说，VC/PE 机构通常会作为 GP，直接负责募集资金，管理基金并投资项目。但随着市场的发展，VC/PE 机构作为 LP 投资私募股权基金的占比在逐渐增加。VC/PE 机构采用此类投资策略的目的有风险分散、进入某些特定的市场、与其他 GP 建立联系和合作、获取更多的市场信息和资源等。市场环境的复杂化、赛道的繁杂让公司传统的 VC/PE 机构也担任 LP 投资 GP。其投资方式可以是成立母基金或直接投资 GP。

（1）资金规模

根据企名片数据，截至 2024 年 9 月末，VC/PE 机构作为 LP 出资占比约 13.85%，是私募股权投资基金 LP 中的中坚力量。以红杉中国为例，根据企名片数据，红杉中国目前管理基金规模超过 3000 亿元，其作为 LP 投资 GP 超过 182 起，其合作的 GP 类型涵盖从“德邦物流”到“博纳影视”等各行业，基金规模从数亿元到十数亿元不等(图 1-17)。

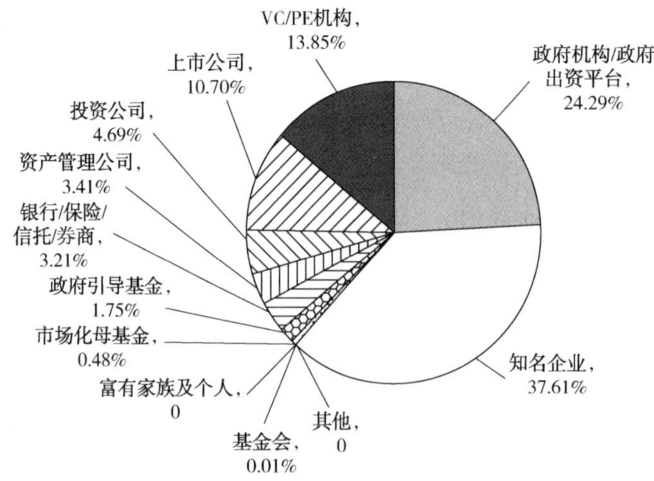

图 1-17　截至 2024 年 9 月末各类 LP 出资占比图

资料来源：企名片数据库。

(2) 其他投资特点

在投资期限上，VC/PE 机构作为 LP 投资于其他 GP 管理的基金时，主要投资于市场化基金，其退出期限与行业常规退出期限类似，面临较长的投资期限。典型的股权投资基金的存续期为 7~10 年。

在投资逻辑上，VC/PE 作为 LP 投资 GP 时，主要从以下四个方面考虑投资标的。

① 风险分散：通过投资多个 GP 管理的基金，VC/PE 机构可以分散其投资组合中的风险。即使某些直投项目表现不佳，通过 LP 投资的回报也可能弥补部分损失。

② 市场进入：对于某些特定的市场或领域，VC/PE 机构可能缺乏足够的专业知识或资源。通过投资于专注该领域的 GP，VC/PE 机构能够间接进入这些市场，获得投资机会。

③ 资源共享与合作：通过 LP 投资，VC/PE 机构能够与其他 GP 建立联系和合作，获取更多的市场信息和资源，增强其投资能力和网络。

④ 管理资源的有限性：大型 VC/PE 机构可能管理多个基金，涉及众多直投项目。通过 LP 投资，他们可以更有效地配置内部资源，而不必承担全部管理工作。

在募资渠道上，VC/PE 机构既作为私募股权基金 GP，又作为私募股权基金 LP，两种投资方式不同，但其募资渠道一致。因此其主要募资来源基本等于我们在此章节描述的其他投资人类型的总和，如养老基金、保险公司、主权财富基金、家族办公室等。

3. 美元基金及境外资本

以美元机构为代表的境外资本在参与中国境内的股权私募基金行业时，通常通过设立独立的子基金，专注于中国市场的投资。通过本地团队更好地了解当地市场，同时拥有更多的管理权。此外，美元机构等境外机构也与本地的人民币基金联合投资，以共享风险、资源和专业知识。

在投资逻辑上，境外资本通常关注高成长行业，如科技、医疗健康、消费升级等领域，中国在这些领域具备全球竞争力，成为境外资本投资中国、设立子基金或投资中国 GP 的核心动力。但近两年美元基金面临两方面的问题：一是在地缘政治背景下，部分投资领域存在争议；二是中国企业跨境 IPO 的监管要求在过去两年发生较大调整，部分企业的跨境上市前景变得更不清晰，这也影响到了美元基金的退出计划。因此境外资本呈现退缩的趋势。

清科创新数据显示，2024 年上半年外币基金募资低迷，仅 17 只外币基金完成新一轮募集，同比下降 48.5%，募资规模约为 130.87 亿元人民币，同比降幅达到67.0%。外币基金募资规模仅为2023 年同期的1/3。虽外币募资市场不完全等于境外资本作为 LP 投资中国市场的数据，但两者高度关联，有较高的代表程度。

在人才偏好上，除对常规专业人才专业能力的要求外，境外资本更倾向于对资金流转、管控有充足经验的人才，以及具备国际视野、跨文化沟通能力的人才。但随着境外资本的逐渐退缩，行业整体对于人才的此类偏好有所回调。

4. 产业资本(上市公司等)

产业资本(Corporate Venture Capital，CVC)，即“企业风险投资”，是风险投资的一种特殊形式，起源于20 世纪60 年代的美国。近年来，产业资本逐步扩大作为 LP 投资的比重，以期在控制风险的同时更大范围地延伸产业链的触角。我国的产业资本主要来源于上市企业、非上市企业、企业投资平台等。

我国的产业资本起源于20 世纪90 年代，主力也由外资背景产业资本经过互联网背景产业资本的过渡，逐步发展为多元背景的产业资本，呈快速成长并共同发展的态势。不同的产业资本的投资策略不同，包括以财务目标为导向(境外产业资本如英特尔、西门子等)、以战略协同为导向(互联网企业如腾讯、阿里巴巴、美团等)、以生态构建为导向(如华为、小米等)。

根据 FOFWEEKLY 数据，在产业资本中，上市公司占据压倒性优势，且与2022 年相比，2023 年的这种主导地位仍在增强，上市公司的投资数量及金额在产业资本中的占比均在 85%~90%。同时随着互联网热潮有所减退，产业资本主力军由互联网企业转变为制造领域的公司，其中传统制造、先进制造及材料行业合计占比 37%（图 1-18）。

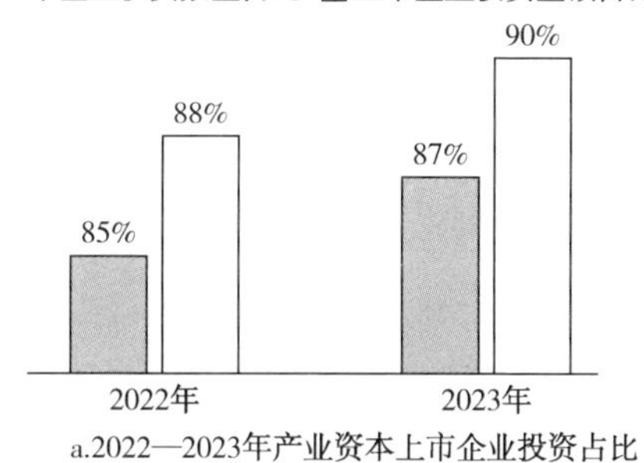

a.2022—2023年产业资本上市企业投资占比

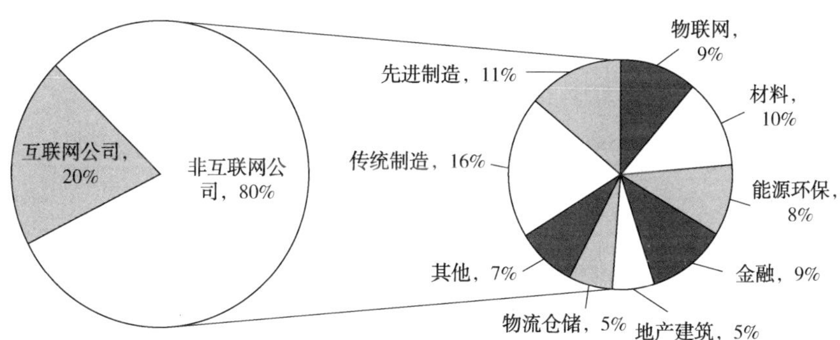

b.2022—2023年产业资本所处行业分布

图 1-18　2022—2023 年产业资本上市企业投资占比及所处行业分布

资料来源：FOFWEEKLY，《中国 CVC 影响力报告》，2024. 03. 22。

（1）资金规模

根据清科研究中心统计，2024 年上半年，在我国股权投资市场新募人民币基金的 LP 披露认缴出资中，产业资本的披露认缴出资金额超过 1200 亿元人民币，占比达 22. 1%，是我国私募股权投资基金募资市场的重要力量。

从单笔投资规模来看，根据 FOFWEEKLY 数据，2022—2023 年产业资本作为 LP 出资以小额出资（1500 万元以下）为主，但与 2022 年相比，2023 年大额出资数量明显增加（图 1-19）。

（2）投资/存续期限

在产业资本作 LP 的情况中，上市公司是典型的 LP 代表。根据 FOFWEEKLY

数据，上市公司 LP 合作最多的类型是市场化机构，其次是国资 GP 和产业资本。因此可以推断出产业资本作 LP 时的投资期限为典型的股权投资基金的存续期，即 7~10 年(图 1-20)。

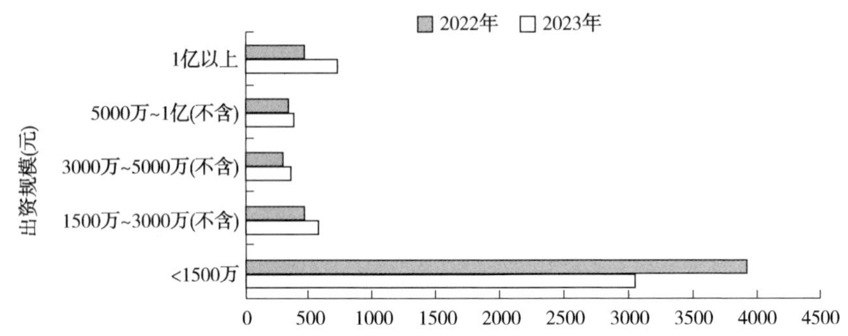

图 1-19　2022—2023 年产业资本作为 LP 出资数量变化

资料来源：FOFWEEKLY，《中国 CVC 影响力报告》，2024. 03. 22。

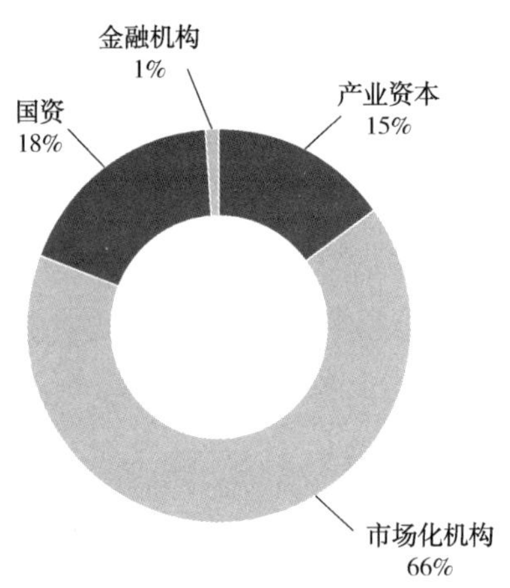

图 1-20　上市公司 LP 合作 GP 类型分布

资料来源：FOFWEEKLY，《中国 CVC 影响力报告》，2024. 03. 22。

同时，产业资本 LP 来源于各行各业，出于战略协同的投资目的，其投资期限也会根据不同的行业特性呈现不同的特点。以新能源汽车行业的长安汽车为例，2023 年 10 月，为建立新能源汽车产业生态，长安汽车作为 LP 参股设立私募股权投资基金，与重庆产业母基金等多个 LP 共同投资设立重庆长富私募股权投资基金。合伙企业投资期为自首次交割日起 4 年，退出期为自投资期届满之日

起 4 年。经特定程序，合伙企业的退出期可延长 1 次，延长期不超过 1 年。

（3）募资渠道

产业资本 LP 的主体主要为企业，包括上市公司、非上市公司和投资平台，因此资金主要来源于企业，同时也进行市场化募资。

（4）投资逻辑

清科研究中心认为，产业资本参与股权投资的动因可分为业务与财务两个方面。业务动因方面：①产业资本参与私募股权投资可以横向拓展和纵向延伸，横向的产业扩张是企业通过投资来扩大市场影响力，拓宽获客渠道，发展潜在客户，培育新市场的有力手段；纵向的产业延伸是指产业资本通过投资产业链上下游企业建立紧密的联动性，从而建立起服务主业增长的生态圈。②产业资本选择通过股权投资进行前瞻性、战略性布局，以解决企业发展后劲不足、面临周期性风险的问题，再造自身增长引擎，同时产业资本也可以关注非关联性产业，以在主业受到周期性风险时实现对冲。财务动因方面：①投资能通过股权关系将上下游企业紧密联系起来，打造利益共同体进而削减研发、生产等成本。②企业通过产业资本利用企业资金投资能够提升资金或运作效率，增加企业收益。

目前，实业企业通过直接/间接出资股权投资基金，以 LP 的形式进入股权投资市场，已愈加成为一种通用方式。该路径下，实业企业通过与专业投资机构的合作更广泛地布局各个领域，在获得相对稳定的投资收益的同时，也能逐渐建立对股权投资市场的认知，以及投资策略的沉淀。同时在单笔投资规模较小的情况下，企业以 LP 的形式参与私募股权投资可以以更小的风险更大范围地延伸产业链的触角，来达到风险分散的目的。

5. 保险资金

2024 年 8 月 21 日，在国新办举行的“推动高质量发展”系列主题新闻发布会上，国家金融监督管理总局（以下简称“总局”）法规司司长在回答记者提出的有关促进科技金融发展相关措施的问题时表示，总局认真贯彻落实高层会议精神，强化监管引领，进一步优化了科技金融服务机制，引导银行保险机构对不同行业、不同成长阶段的科技型企业提供差异化、定制化的金融服务；同时，研究促进银行保险机构加大对科技型企业的投入，着力培养耐心资本、长期资本。发布会上，总局发言人表示，科技型企业在初创期可能需要股权投入，在成长期需要贷款投入，进入成长期后可能需要保险对冲不确定性，总局支持和鼓励银行保险机构积极创新金融产品，规范发展“贷款+外部直投”、科技保险、供应链金融等专属金融产品。支持破除原来保险资金开展股权投资、风险投资存在的一些政策障碍，一些大型保险公司积极参与各类基金和股权投资。会上表示据不完全统计，截至 2024 年 7 月末，保险资金长期股权投资金额达 2.7 万亿元，接近保险资金运用余额的 9%。针对下一步工作，总局将进一步推动科技金融政策走深走实，研究提高保险资金投资创业投资基金比例，鼓励更多的保险资金作为长期资本、耐心资本投入科技领域。

政策鼓励保险资金加大在私募股权市场的投资，源于私募股权基金与保险资金的双向奔赴。一方面，保险资金的大规模、长期限与私募股权投资的特性高度匹配，是 GP 渴求的耐心资本。另一方面，国内利率长期下行、二级权益市场的波动让保险资金配置的压力加大，因此私募股权基金可作为保险资金配置的重要力量，以缓解保险资金的利差损风险。

（1）资金规模

根据清科研究中心数据，2023 年我国股权投资市场新募人民币基金的 LP 披露认缴出资总规模超 1.5 万亿元，其中险资认缴出资金额占比 6.2%，约 950 亿元；认缴出资次数占比 0.3%，约 155 次；次均认缴出资约 6.3 亿元。

根据投中数据，截至 2024 年 7 月 30 日，37 家险资共有 63 起出资事件，投向 45 只基金，出资金额高达 1025 亿元，高于 2023 年同期。从出资金额来看，位居 2024 年最活跃险资 LP 前四的分别是新华保险、中国人寿、中国平安和人保资本。从出资次数来看，中国平安、国华人寿、大家人寿、中意人寿均有 3 次出资。

（2）投资/存续期限

据统计，当前市场上一半以上私募股权投资基金募集的存续期为 7～8 年，“5+2”“5+3”等期限设置最为常见，这一特性有利于保险资金发挥长期投资的优

势。在各类型的 LP 中，保险资金是投资期限最长的资金来源之一。

保险资金以 LP 身份认购 LP 份额或与基金管理人合作成立基金时，投资期限一般为 10~12 年，其中投资期 5 年、退出期 5 年，视情况可延长。以 2024 年 8 月签约的平安重大基金项目为例，该基金目标规模为 100 亿元，平安创赢资本任管理人，由平安人寿、深圳市引导基金、龙岗区引导基金等多方共同出资参与，落户深圳市龙岗区，采用“直投+母基金”策略，基金存续期为 12 年，可为深圳项目提供长期稳定的资金支持，充分体现耐心资本的底色。

（3）募资渠道

险资以 LP 身份投资私募股权基金的资金来源为寿险公司的自有资金。

（4）投资逻辑

保险机构做私募股权投资，多是围绕政策引导、自身集团战略和新产业进行投资，健康养老、新能源、消费、高端制造、科创、基础设施等是保险系投资的主要领域，总体上保险资金是偏市场化的资金，财务回报是险资机构参与私募股权投资市场的核心诉求。

在投资方式上，保险机构既做直投，也以 LP 形式参与市场。在选择 GP 上，保险公司因其强监管背景及严格的风控要求，对管理人的选择也有较高要求。保险资金对基金的管理规模、过往业绩、退出项目数量等都有明确的最低要求，各家险资因其股东背景、规模大小等差异对 GP 的策略、团队、合规性、过往业绩均有各自的要求，同时也更青睐过往募集资金大部分来源于机构投资者的 GP。如《中国保监会关于保险资金投资创业投资基金有关事项的通知》(保监发〔2014〕101 号)要求，保险资金投资创业投资基金的基金管理机构应当符合下列条件：依法设立，公司治理、内控机制和管理制度健全有效，具有 5 年以上创业投资管理经验，历史业绩优秀，累计管理创业投资资产规模不低于 10 亿元。保险资金投资的创业投资基金，应当不是基金管理机构管理的首只创业投资基金。《保险资金投资股权暂行办法》(保监发〔2010〕79 号)要求保险公司投资股权投资基金，发起设立并管理该基金的投资机构应当符合下列条件：具有完善的公司治理与管理制度、决策流程和内控机制；具有稳定的管理团队，拥有不少于 10 名具有股权投资和相关经验的专业人员，已完成退出项目不少于3个，其中具有5年以上相关经验的专业人员不少于2名，具有3年以上相关经验的专业人员不少于3名，且高级管理人员中，具有8年以上相关经验的专业人员不少于1名；拥有不少于3名熟悉企业运营、财务管理、项目融资的专业人员；具有丰富的股权投资经验，管理资产余额不低于30亿元，且历史业绩优秀，商业信誉良好。

6. 金融机构

金融机构也是重要的LP之一，其中证券公司及其子公司更为活跃。券商参与私募股权市场得益于其投行业务天然与私募股权投资联系更密切，同时投行业务也为私募股权投资提供了退出路径（包括IPO及上市公司并购等）。券商参与私募股权投资一开始主要是作为GP，近几年，券商有转为LP的趋势。

根据《资管大时代·中国资管市场未来改革与发展趋势》介绍，在国际上，证券公司作为机构投资者投资私募基金并不罕见。早在1987年，日本排名第二的日兴证券就参与投资了黑石的首期基金，共1亿美元。在日兴证券投资后，其幕后的大客户，如三菱集团等也先后对黑石进行投资，奠定了黑石首期基金募集成功的基础。国内证券公司大多具有强大的股东背景和客户资源，在资金募集方面有得天独厚的优势。不过目前国内证券公司大多数愿意自己做GP，而不安于担任LP，头部券商纷纷开始利用多种方式组建自身的买方团队，设立私募子公司，涉足母基金或直接投资等私募业务。在团队方面，投资银行业务本身训练了一批专业的卖方团队和行研能手，近年来随着业务竞争的加剧，头部券商的私募子公司也加快了由卖方角色向买方角色转变的步伐，在这一背景下，“券商母基金”应运而生。国内头部券商，如中金公司、华泰证券、国泰君安、申万宏源、国都证券等，都发行了由自己管理的私募股权投资基金或“券商母基金”，一部分通过参股市场化私募股权投资基金的方式，利用私募机构的力量，加强自身在直接投资领域的业务能力，加速自身转型；另一部分则谋求转型为专业的机构投资者之一[1]。

[1] 吴晓灵，邓寰乐．资管大时代［M］．北京：中信出版社，2020（8）：655-656.

（1）资金规模

根据清科研究中心数据，2023 年我国股权投资市场新募人民币基金的 LP 披露认缴出资总规模超 1.5 万亿元，其中金融机构认缴出资 4.6%，约 700 亿元；认缴出资次数占比 0.6%，约 310 次；次均认缴出资约 2.2 亿元。2024 年上半年，我国股权投资市场新募人民币基金的 LP 披露认缴出资总规模超过 5500 亿元，其中金融机构认缴出资金额趋势上涨，占比 9.6%，为 542 亿元左右；认购出资次数占比 0.9%，约 102 次；次均认缴出资约 5 亿元。

（2）投资/存续期限

在我国，金融机构一般股东背景强，资金实力雄厚，因此投资期限也通常较长，为 7~10 年。

（3）募资渠道

在金融机构中，券商以 LP 身份投资私募股权基金的资金来源主要为公司的自有资金。同时，与证券公司建立长期合作关系的上市公司、国有企业等，在券商体系的共同推动下，也可为组建母基金提供多元化的资金来源，为 GP 带来多元的资金渠道。

（4）投资逻辑

券商通过 LP 角色参与私募股权投资市场，是其作为 GP 角色的一个重要补充，主要有以下目标：

① 通过与市场化 GP 合作切入早期投资领域。券商在早期投资领域，受限于风险偏好、过往业务能力等方面的因素，一直是薄弱项。在中后期投资市场价格战愈演愈烈的背景下，机构的投资活动均在不断“向前一步”“投早一点”。

② 联合强产业背景的 GP，切入作为券商系 GP 难以进入或深入研究的产业领域。

③ 联合国资 GP，结合地区发展政策和战略布局、合作省市的私募股权市场和招商需求，通过“母基金+子基金”的形式，围绕合作省市主打产业持续发力，协助地区产业集团布局产业链。

以 2024 年 7 月成立的上海三大先导产业母基金为例，上海三大先导产业母基金的形式为有限合伙企业，分别对应集成电路、生物医药和人工智能三大重点方向，上海国投先导私募基金管理有限公司作为基金管理人(实控人为上海市国资委)，基金期限为15年。其中，集成电路母基金、生物医药母基金在上海浦东新区注册，人工智能母基金在上海徐汇区注册。从出资方来看，三只基金的LP包括上海市国资机构、上海汽车工业及国泰君安和海通证券的全资子公司。

7. 个人投资者

投资私募股权投资基金的个人LP主要包含高净值人群和专业投资者等拥有充足现金流的个人。其资金来源以个人财富积累、企业所得或出售企业获得的收益、家族传承财富等为主。

根据清科研究中心数据，2023年新募人民币基金，个人及家族基金披露的认缴出资金额占比10.5%，约1603亿元人民币。同时，其交易次数占比却超过73.5%，显示出单笔规模较小的特点。2023年12月颁布的《私募投资基金监督管理办法(征求意见稿)》中对于个人投资者门槛做了明确规定。其中"私募基金管理人将单只私募基金80%以上基金财产投向单一标的的(专项基金)，要求实缴规模不低于2000万元，自然人投资者实缴规模不低于1000万元"，同时"单个投资者投资于单只私募股权投资基金的实缴金额不低于300万元"。随着个人投资者门槛的提升，预计个人LP总投资额未来会有减少的趋势。

在投资逻辑上，个人LP选择参与私募股权投资基金主要原因有以下几点：

高回报潜力：私募股权的投资组合以高成长潜力的公司为主，回报极高，当然也伴随着高风险。因此这部分资金属于个人投资者投资组合中风险最高的部分。

风险分散：个人LP投资基金能够分散其投资组合，减少投资单一公司或行业的风险。

专业管理经验：私募股权基金由具备丰富的行业知识、投资经验和资源网络GP管理。个人投资者选择作为LP参与其中，能够受益于GP的专业管理，获得优质投资机会。

（三）私募股权基金投资人的创新转变

1. LP 的容错容亏机制

作为私募基金领域里一种特殊的创业投资形式，“政府引导基金”并没有出现在任何中央层面制度规则的定义中，市场上对此有着不同看法。然而在实务中，该概念已被广泛接受，业内一般认为包含中央或地方政府出资且服务于发展力巨大的未上市创业企业的基金为政府引导基金。政府意志的体现、市场化运作、对经济社会发展重点领域和薄弱环节的引导性，是目前各类政府引导基金的共同特点。

随着全球经济格局的深刻调整和科技革命的加速推进，我国经济正处于从高速增长向高质量发展转型的关键时期。创新成为推动经济持续增长和提升国家竞争力的核心动力。在这一背景下，政府引导基金作为国有资本参与市场投资的重要载体，被赋予了支持创新型企业发展、推动产业升级和培育新兴产业的重要使命。然而，创新活动往往伴随着高风险和不确定性，许多创新型项目在初期可能面临技术不成熟、市场认可度低、商业模式不清晰等问题，导致投资回报周期长甚至出现亏损。这就要求政府引导基金在运营的过程中，需要有一套适应创新投资特点的机制，以鼓励资本积极参与创新投资，同时合理应对可能出现的风险和亏损。

传统上，国有资产的保值增值是政府引导基金管理的首要任务，但在追求保值增值的过程中，不能因过于保守而错失创新发展的机遇。传统的国资管理模式往往强调风险控制和短期业绩，对投资亏损的容忍度较低，这可能导致基金管理人在投资决策时过于谨慎，倾向于选择成熟、低风险的项目，而忽视了具有高成长潜力的创新项目。

然而，在当前快速变化的市场环境下，仅仅追求低风险的投资策略难以满足经济转型和创新驱动的需求。在资本市场中，各类投资机构竞争激烈。民营资本和外资机构在创新投资领域具有较强的灵活性和市场敏感性，敢于尝试高风险高回报的投资项目。为了提升政府引导基金的市场竞争力，使其在创新投资领域发挥更大作用，需要借鉴国际先进经验和市场通行做法，建立容错容亏机制，为基金管理人创造相对宽松的投资环境，激发其创新活力和投资积极性。同时，国家政策也在积极引导国有资本加大对创新领域的投入，鼓励探索创新投资模式。例如，国家出台了一系列政策支持战略性新兴产业发展，鼓励政府引导基金参与创新创业投资，这为容错容亏机制的建立提供了政策导向和支持。

因此，如何在保障国有资产安全的前提下，建立一种能够平衡风险与收益、鼓励创新投资的机制，成为政府引导基金管理面临的重要课题。

(1) 政府引导基金的创新促进作用之学术探讨

与民营创投基金相比，政府引导基金对投资企业的筛选更为严格，失败容忍率更低，对被投企业创新和生产力的促进作用较为有限。主要原因包括但不限于：

国有资产所有权的代理问题可能削弱创业基金对创新的促进作用(左志刚等，2017)，减弱其履行引导职能的动力，而目标管理不足和资源支持不当是导致该问题的重要因素；而非国企创业基金的目标相对明确，为投资者创造财务价值，被投企业需要与创业基金协同努力，确保创业投资成功，因此代理问题相对较小(Arthurs and Busenitz，2003)。

从引导性的角度来看，国有机构大多兼具政府职能，或有较强的政治联系，在这类机构管理下的引导基金的资金投向选择在一定程度上类似于传统计划性、导向型的分配方式(如创新补贴)，以增强正外部性的形式，令相关企业分享溢出收益(Buzzacchi et al.，2014)。与国有机构相比，市场化运作的、非国有机构管理下的引导基金具有更强的引导效应，且随着时间的增长呈现逐渐增强的态势(边思凯等，2020)。

如上所述，政府引导基金的目标包含正外部性，而该类指标通常更加模糊、多样，同时包含财务和政治指标，例如提升地方发展水平、就业水平或创业文化水平，实现招商引资目标、促进产业结构调整等(Cummings，2014；Lerner，1999)。根据审计署发布的《国务院关于2022年度中央预算执行和其他财政收支的审计工作报告》，从审计情况看，中央财政至2022年底已设立24只政府投资

基金，共募集资金 11148.89 亿元。其中，7 只未按政策要求聚焦解决中小企业融资难问题，投资的 876 户企业中有 118 户属于银行信贷优质客户，31 户为主板上市企业。另外 6 只政府投资基金重复投向 50 户企业，其中 11 家获得 3 只以上基金投资。这一现象表明，政府风险投资机构未完全解决中小企业切实问题，而处于种子期和初创期的投资失败概率更高，不投这些企业或可避免更多失败，但也违背了"风险投资""创投引导"的内在含义。

缺少投资经验及相关人才，会削弱其对被投企业的创新作用，而被投公司的业绩表现、财务回报在很大程度上取决于创投机构高管团队的受教育程度、行业经验以及创业经验等，相较非国有机构，国有机构在吸纳投资专业人才方面处于弱势地位（Jääskeläinen et al.，2007），故在投资中更容易出现风险厌恶偏好。Knockaert 等（2010）发现，与非政府基金相比，政府引导基金的投资经理提供的增值活动更少，在专业化程度高的投资活动中参与程度更低，对企业创新水平和财务回报的促进更有限。根据《政府引导基金高质量发展报告》（2023—2024 年版）的统计，截至 2022 年底，政府引导基金之管理人约有 2/3 为政府全资或控股，表明其市场化程度亟待提高（表 1-3）。

表 1-3　政府引导基金管理人所有制分布

所有制性质	基金管理人数量/家	占比/%
国有	463	64.28
民营	258	35.72

综上，受国有资产所有权的代理问题影响，政府引导基金的引导效应、目标设立、人才专业化水平和投资经验均较非政府创投基金低，其市场化水平仍有待提高。做到容错容亏，正是政府引导基金实践市场化运作，向非国有创投基金对标的重要体现。

（2）容错机制影响学术探讨

容错机制最初为一工程术语，指某种系统控制在一定范围内的一种允许或包容犯错情况发生的现象。2016 年 1 月，习近平总书记在省部级领导干部学习贯彻十八届五中全会精神专题研讨班上，公开强调“三个区分开来”的指导原则。此后容错纠错机制开始自上而下从中央到地方推广。2019 年中共中央和国资委印发《国企集团公司三个区分开来容错纠错机制实施办法》，标志着国有企业层面容错纠错机制的最终成熟。

有许多研究表明，容错机制对于企业的创新起到了重要激励作用。Manso（2011）指出，激励创新的最佳方案为极大地容忍（奖励）早期失败和长期成功，在创新难度较大的行业里，创新所需时间更长、所需资源更多，成功的机会更低，因此在该类领域，失败的容忍度对于企业创新的影响巨大（Tian and Wang，2014）。对于国有企业的改革，针对犯错的担忧会影响国企管理人员全身心投入本职工作。

国企的容错机制可与非国企的董监高责任险（“D&O 保险”）相对比，后者旨在保护董事和高级管理人员免受因在日常职责范围内所做决定而引起的经济索赔。D&O 保险有助于提升公司管理人员的风险偏好，缓解潜在的外部诉讼问题（Boyer and Tennyson，2015），从而促进创新（Wang et al.，2020；Han et al.，2024）。在实践中，国企对于购买 D&O 保险并不积极，一方面，现行 D&O 保险针对公司董监高人士是否故意违反“忠实勤勉”义务存在法律争议，存在不同的司法实践。例如，对于“公司高管是否违反法律法规、公司章程”的形式审查，或从“一般审慎人应尽合理义务”进行的实体审查，将得到不同的结论。此外，根据 Jia 等（2019）针对 A 股上市公司的实证研究，与各级政府机构之间的政治关系对 D&O 保险有着明显替代作用，而国企管理者能凭先天内嵌的政治关系，避免应诉风险和追责。

“怕而不为”往往成为阻碍国有企业发展的重要原因，容错机制为国有企业管理人员预留充足的试错空间，有助于打破不敢创新、不愿创新的困境。根据杨天宇和朱光（2022）的实证研究，容错机制对处于竞争性行业和管理人员平均年龄较低的国有企业的高风险创新有明显促进作用，能够提高企业决策的市场化水平，包括决策的不确定性、预期的企业风险承担水平，有助于国有企业的高风险创新。

与国有企业的研究相似，政府引导基金建立容错机制，可理解为基金对 GP 和投资团队决策失误的私人成本之包容，其主要特点是具“兜底”作用，可免除政府引导基金投资团队因投资决策失败被追责的私人成本，降低投资决策所导致的收入风险，在逻辑上将缓解吴延兵(2012)提出的国有企业制度不利于创新的问题。

在国际上，一些发达国家的主权财富基金和风险投资机构在长期的实践中积累了丰富的经验。例如，新加坡的淡马锡控股公司在投资决策中注重长期价值投资，对一些新兴产业和创新项目的投资保持相对较长的投资周期，并对投资过程中的短期波动和亏损有一定的容忍度。其通过完善的公司治理结构、科学的风险评估体系和合理的激励机制，实现了国有资产的保值增值和对创新经济的有效支持。美国的风险投资机构在支持科技创新企业发展方面也采取了类似的策略，通过容忍早期投资的亏损，培育了众多知名的高科技企业，如苹果、谷歌等。这些国际经验为我国国资基金容错机制的建立提供了有益的借鉴。

（3）政府引导基金容错机制细节和差异比较

2019 年以前，鉴于国有资本“保值增值”“不容有失”的工作要求，国有创投、政府引导基金投资难以突破制度约束，构建政府引导基金的绩效免责和容错机制。如上述讨论所言，国有创投、政府引导基金从业人员敢于担当、勇于作为的制度障碍，在一定程度上制约了国有创投和政府引导基金产业扶持作用的发挥。为了突破当前政府引导基金发展的制度困境，针对创投行业，国家在政府引导基金尽职免责层面，先后出台一系列文件：2016 年，国务院发布《国务院关于促进创业投资持续健康发展的若干意见》(国发 53 号文)，提出健全符合创业投资行业特点和发展规律的国有创业投资管理体制，完善国有创业投资企业的监督考核、激励约束机制和股权转让方式，形成鼓励创业、宽容失败的国有创业投资生态环境。《国务院办公厅关于推广第二批支持创新相关改革举措的通知》(国办发〔2018〕126 号)要求，完善政府股权基金投向种子期、初创期企业的容错机制，即推动地方股权基金中的种子基金、风险投资基金设置不同比例的容错率，推动种子基金、风险投资基金投资企业发展。《国务院办公厅关于促进创业投资高质量发展的若干政策措施》(国办发〔2024〕31 号)强调，优化政府出资的创业投资基金管理，改革完善基金考核、容错免责机制，健全绩效评价制度。

第一，分类统计。

按照我们的统计，容错容亏机制可划分为容亏型、容错型、混合型、特殊型（表1-4）。

表1-4 容错容亏机制条款小结

类　型	主要条款小结
容亏型	严格遵循投决流程、合规合法、履职尽责，但由于客观条件发生不可抗力情形，或无失职行为导致单个项目或整体遭受损失，但未超过约定亏损率且个人无私利或重大过失的，不予追责
容错型	严格遵循投决流程、合规合法、履职尽责，但由于客观条件发生不可抗力情形，或无失职行为导致损失，且个人无私利或重大过失的，针对主管机构、决策机构和基金管理人： 1. 职务上予以免责或从轻处理； 2. 绩效考核不作负面评价
混合型	容错+容亏
特殊型	视条款而定，部分变相包含容亏比率上限

根据公开资料，截至2024年10月，我们收集到了合计27份关于政府引导基金的容错机制文件，其中9份以政府规章形式直接发出（未明确约束特定基金），其余来自各地的政府背景之引导基金、创投基金和天使投资基金公布的基金管理办法。从时间上看，政府引导基金之容错机制早在2021年已存在，并集中在2022年和2024年发布，尤其是国务院2024年6月发布《促进创业投资高质量发展的若干政策措施》的通知（以下简称“国务院31号文”）后，已有8份新的容错机制条款发布（图1-21）。

一方面，从容错机制种类来看，容错型和混合型为主力，分别有14份和7份，其次依次为容亏型（4份）和特殊型（2份）（表1-5）；多数地方对容错机制的构建停留在原则性层面，少数地方（如苏州、成都、合肥等）在容亏比例和免责条件等方面有分类详细、可操作性较强的政策。另一方面，观察机制公布地的行政级别，可见市级和以下地方政府对机制的反馈更加积极，呈现自下而上的推动

趋势(表 1-6)。例如，江苏省、四川省迄今暂无省级层面的引导基金和容错容亏机制出现，但下辖的苏州市(2021 年 8 月)、无锡市(2021 年 10 月)和成都高新区(2024 年 7 月)已先于上级政府公布相关机制文件。

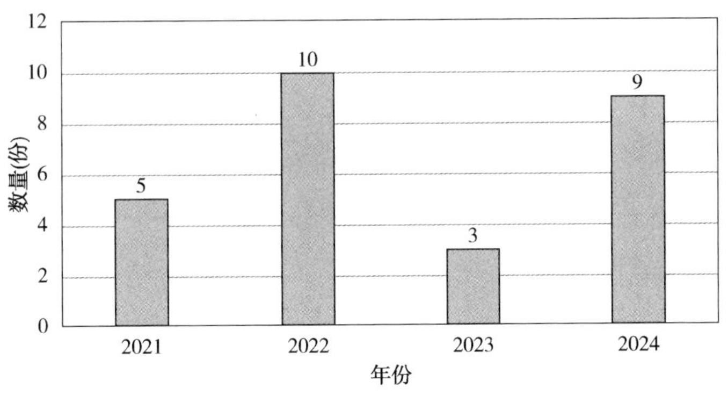

图 1-21　容错机制发布年份统计

表 1-5　容错容亏机制种类小计

种类	2021 年	2022 年	2023 年	2024 年	合计
容错型	3	7	1	3	14
容亏型	1	0	1	2	4
混合型(容错+容亏)	1	2	1	3	7
特殊型	0	1	0	1	2
小计	5	10	3	9	27

表 1-6　容错机制公布地小计

公布地行政级别	2021 年	2022 年	2023 年	2024 年	合计
省/直辖市/自治区	3	4	1	4	12
市	2	5	2	4	13
区	0	1	0	1	2
小计	5	10	3	9	27

针对公开披露的容错机制条款，我们也统计了公布的容错上限，并注意到 2023 年前的容错上限普遍在 20%至 40%，但 2024 年后该上限有很大提升，最高达到了 80%。且我们注意到，所有的容错机制均注明“不再以单一子基金的亏损

纳入容亏机制”，表明未来容错机制绩效考核将更加注重整体表现（表 1-7）。

表 1-7　容错机制上限统计

容错上限（%）	2021 年	2022 年	2023 年	2024 年	合计
20	1	1	0	0	2
40	1	1	1	0	3
50	0	0	0	2	2
80	0	0	1	3	4
合计	2	2	2	5	11

第二，细节比较。

表 1-8 为广东省、佛山市、成都高新区和湖北省的容错容亏机制对比，我们可看到：四地的政策均在国务院 31 号文后发布，反映了地方政府先行先试，自下而上传导至中央后再推而广之地积极实践。

文件类型。广东省以科技创新条例的地方规章形式确定，对省内引导基金起强制作用；其余仍以基金管理办法或政策文件呼吁政府引导基金贯彻实施；这符合我们对容错容亏机制的观察——大多数时候政府机构仅有居中调节和呼吁之作用，机制制定的决策权交给基金的利益攸关方。

条款类型。“容错条款”已成默认选项，尽管仍以原则性条款居多；“容亏条款”仍在推广中，且百分比取决于多重因素——政策发布地的经济水平、财政实力、对招商引资的偏好，以及政策制定者的风险偏好等，相关因素仍有待进一步研究。但不可否认的是，政府引导基金设立容亏条款，将打破国有资本的“保值增值”之绩效考核目标，让管理人放手投资、被投方放手创新业内，加速推进其市场化运作，缓解国企的代理人问题。

（4）政府引导基金容错容亏的案例分析

第一，成功案例及反思。

案例一：某政府引导基金对新能源汽车企业的投资

背景：在新能源汽车产业发展初期，技术尚未成熟，市场需求不稳定，投资风险较大。某政府引导基金基于对新能源汽车产业未来发展前景的看好，决定投

资一家处于初创期的新能源汽车企业。

投资过程：基金管理人在投资前进行了充分的市场调研和技术分析，认为企业具有自主研发的核心技术、创新的商业模式及较大的发展潜力。然而在投资后的几年里，由于新能源汽车市场竞争激烈，企业在技术研发、产品推广和市场拓展等方面遇到了诸多困难，导致业绩不佳，出现了亏损。

根据容错容亏机制，基金管理人对投资项目进行了全面的复盘和评估，认为亏损主要是由于行业发展的阶段性困难和不可预见的市场因素导致的，而非基金管理人的故意失职或违规操作。在经过严格的审核程序后，认定该投资项目符合容错容亏条件。基金管理人没有因为短期的亏损而受到严厉的处罚，政府引导基金在后续的投资管理中，继续支持企业进行技术创新和市场拓展。

结果：随着新能源汽车产业的逐渐成熟和市场需求的爆发式增长，该企业的技术优势逐渐显现，产品市场份额不断扩大，最终实现盈利并成功上市。政府引导基金通过该投资项目获得了丰厚的回报，不仅实现了国有资产的保值增值，还为推动我国新能源汽车产业的发展做出了重要贡献。

案例二：某政府引导基金对科技初创企业的天使投资

背景：某科技初创企业专注于研发一种新型的人工智能技术，但在创业初期面临资金短缺、技术研发难度大等问题。某政府引导基金看好该企业的技术团队和创新理念，决定对其进行天使投资。

投资过程：基金管理人在投资过程中，充分发挥了自身的专业优势，为企业提供了战略规划、资源对接等增值服务。然而，由于技术研发的不确定性和市场验证的周期较长，企业在短期内未能实现盈利，且资金消耗较快，导致投资项目出现亏损。

机制的应用：政府引导基金的容错容亏机制规定，对于天使投资项目，在一定期限内允许出现亏损，只要基金管理人在投资决策和后续管理中履行了必要的职责，如进行了充分的尽职调查、合理的投资估值、积极的投后管理等，可适用容错容亏政策。在对该投资项目进行评估后，认定基金管理人在整个过程中工作尽责，符合容错容亏条件。

结果：经过几年的研发和市场培育，该企业的技术取得了重大突破，并成功应用于多个领域，获得了市场的广泛认可和大量订单。企业的估值大幅提升，政府引导基金在后续的融资轮次中逐步退出，实现了较高的投资回报率。同时，该企业的发展也带动了相关产业链的发展，产生了良好的社会效益。

第二，失败案例及反思。

案例一：某政府引导基金对传统制造业企业的转型投资失败

背景：某传统制造业企业为了适应市场变化，计划向高端智能制造领域转型。某政府引导基金认为该企业具有一定的产业基础和市场资源，决定对其进行投资，支持其转型发展。

投资过程：基金管理人在投资前对企业的转型计划进行了评估，但由于对行业技术变革的趋势判断不准确，对企业的技术研发能力和市场适应能力过高估计，导致投资决策存在一定的失误。在投资后，企业在技术研发和新产品推广方面遇到了较大困难，未能按计划实现转型目标，业绩持续下滑，最终陷入困境，投资项目出现严重亏损。

机制的应用判定：在该案例中，虽然政府引导基金有容错容亏机制，但在对该投资项目进行审核时，发现基金管理人在投资决策过程中存在一些明显的疏忽和不当操作。例如，没有充分考虑到行业竞争的激烈程度和技术替代的风险，对企业的尽调不够深入，未准确评估企业的核心竞争力和转型风险。因此，最终认定该投资项目不符合容错容亏条件，基金管理人承担了相应的责任。

反思：容错容亏机制并不是对所有亏损都无条件包容，基金管理人在投资过程中必须履行必要的职责，进行科学的决策和风险管理。在面对传统企业转型等复杂投资项目时，要更加谨慎地评估风险，充分了解行业动态和企业实际情况，避免盲目投资。同时，政府引导基金管理机构也应加强对投资决策过程的监督和指导，提高投资决策的质量和科学性。

案例二：某政府引导基金对互联网金融项目的盲目投资失败

背景：在互联网金融热潮兴起时期，某政府引导基金受到市场氛围的影响，盲目跟风投资了一个互联网金融项目。基金管理人对该项目的商业模式和风险缺

乏深入了解，仅基于表面的市场热度和高收益预期便进行了投资决策。

投资过程：在投资后不久，随着互联网金融行业监管政策的收紧和市场环境的变化，该项目出现了诸多问题，如资金链断裂、违规经营等，导致投资项目迅速亏损并面临法律风险。

机制的应用判定：在该案例中，由于基金管理人在投资过程中严重违反了投决程序和风控原则，未进行充分的尽职调查和风险评估，属于明显的违规操作和失职行为。因此，该投资项目不适用容错容亏机制，并对国有资产造成了一定的损失，基金管理人受到了严厉的处罚。

反思：政府引导基金在投资过程中必须保持理性和冷静，不能盲目追逐市场热点。要建立严格的风险控制体系和投资决策程序，加强对新兴行业和项目的研究分析，提高对风险的识别和防范能力。同时，容错容亏机制不能成为鼓励盲目投资和违规操作的借口，必须明确界定容错容亏的边界和条件，确保国有资产的安全和合理使用。

从以上案例中可看出，政府引导基金容错容亏机制在鼓励创新投资、平衡风险与收益方面具有积极作用，但在实际应用中需要严格把握条件和标准，加强对投资决策和管理过程的监督和评估，确保机制的科学合理实施，以实现国有资产的保值增值和对经济创新发展的有效支持。

（5）容错机制的进一步思考

第一，尽管当前仍有多方博弈，但毫无疑问，设立容错机制已成为推进政府引导基金完善市场化机制的行业共识。根据 LP 智库和中国投资协会创业投资专业委员会针对 109 家国有投资机构市场调研后发布的《国有投资企业激励和容错机制 2022 调研报告》(以下简称《调研报告》)，截至 2023 年已有 67 家机构(占比 61.47%)设立容错容亏机制。

第二，容错机制愈加注重整体评价原则，未来的引导基金和母基金不再以单一年度、单一子基金、单一项目等单一要素对基金进行定性，更加注重长期导向、结果导向和整体导向，符合耐心资本的要求，这在《调研报告》内有充分反映。受访机构认为排前三位的分别是："严格遵循投决流程，因不可抗力导致或无失职行为的，免予追责"(77.98%)；"国有创投及政府引导基金绩效评定按照整个基金生命周期进行，单个项目造成的投资损失，免予追责"(68.81%)；"开展探索性创新，明确对投资未达到预期效果或产生亏损的，免予追责"(47.71%)和"制定激励和容错政策，要根据基金类型和投资方向，采取差异化政策"(47.71%)并列第三位。

第三，容亏机制和容错机制两大方向正在快速分化。从《调研报告》亦窥测端倪：有50家投资机构(占45.87%)表示，不应通过设立比例的形式来确定可接受损失的心理预期，而在接受容亏比例的投资机构中，大部分受访者表示可接受的亏损幅度在20%至40%。如前文讨论，政府引导基金有追求正外部性的模糊性财务、政治指标的天然属性，在政绩亮点工程的引导下，市场上突破数字天花板的赛马行为一浪高过一浪，这与国企近年来普遍出现的"问责泛化"现象一脉相承。一方面，从法律角度看，无论以什么口径计算盈亏，当前容亏指标的衡量不考察主观条件，更确切地说，故意、过失、放任、滥用还是勤勉尽责、尽到最大义务等，区分并不大。不考虑市场风险等客观规律，不给行为人举证机会，则为结果犯和有罪推定。另一方面，容错机制着重考察主观条件，如是否拥有足够的履职能力和记录，证明自己尽职尽责。这样也给了行为人举证机会，是无罪推定原则的运用，也符合现代法治文明社会的基本要义：罪刑法定，无罪推定。

第四，即使免责文件和政策再完美，其效力均待定。尤其是涉及审计部门、纪委等权力机关的认可，有待更多实证检验。根据《调研报告》，受访机构普遍反映的问题位列前三的分别是：政府相关部门对容错机制认同比较低，缺乏共识(84家，77.06%)；纪检监察部门对容错机制缺乏认同(69家，63.3%)；缺乏独立而权威的第三方绩效评价机构对容错机制进行科学设计以及进行系统性的评价(57家，52.29%)。其他存在的问题还有申报程序复杂、与现有制度冲突等。此处凸显了容错容亏机制贯彻执行的三方面问题：

灵活适度与尺度把握的矛盾。多数地区政府引导基金尽职免责政策为原则

性表述，虽然有较大的执行灵活度，但不同部门对政策的理解和把握难免存在差异，且独立权威的第三方尽调机构参与较少，在实际责任认定上存在模糊地带，因此确定基金管理人是否尽职免责，在实践中充满了复杂性和主观性。例如，在对一个高科技企业的投资中，基金管理人进行了市场调研、技术评估等尽职调查工作，但仍然可能因不可预见的技术突破或市场突变而导致投资亏损，故很难判断基金管理人是否已尽责、应免责。当投资项目出现亏损时，需要平衡对基金管理人的责任追究和对创新投资的鼓励。若责任追究过严，会打击基金管理人的积极性；反之则可能导致国资流失和投资决策的随意性。

分业监管与统筹协调的矛盾。政府引导基金主管或监管部门众多，出资方面有国资、财政部门，行业方面有中央、地方金融监管部门，此外有审计、纪检、巡察等部门介入，缺乏真正意义上的统筹，容易出现“越位”“缺位”问题。

考核机制的困境。国资基金的考核通常与国有资产的保值增值指标挂钩。现有的考核体系侧重于短期的财务指标，如投资回报率、资产增值率等。容错容亏机制下的投资项目可能在短期内出现亏损，这会对基金的考核结果产生负面影响，进而影响基金管理人的绩效评估和薪酬待遇。例如，一个投资于新兴科技企业的国资基金项目，由于企业处于研发投入阶段，在初期出现了亏损。但从长期看，该企业有很大的发展潜力。然而，在以年度为考核周期的现有考核机制下，这种亏损可能导致基金管理人受到惩罚，即使该项目符合容错容亏的条件。国资保值和市场盈亏的矛盾，也是国有资本代理权问题的体现。

（6）建议与意见

除上文提及的以外，完善政府引导基金的容错容亏机制，还可考虑以下建议。

第一，需体现政策权威性，进一步细化免责范围并提升实操性，如以政府部门规章、地方性法规条例的形式，规定免责范围，实现整体免责或全链条免责，真正贯彻“罪刑法定，无罪推定”。浙江省于2022年公布的省产业基金尽职免责机制具有参考意义，这是内地第一份公布详细尽职免责机制的政府引导基金的工作指引，当中规定了 9 项容错免责条款，具有很强的实操性；安徽以省政府名义、济南以市府办名义明确尽职免责具体要求。建议参考相关省市做法，提高尽职免责相关政策的发文层级并明确责任认定标准(包括但不限于职责范围、权限级别、规范流程、尽责认定、评价周期等)，探索实行追责行为负面清单制，更好地调动基金管理主体的主观积极性，更好地发挥政策效果。综上，对于尽职免责的认定程序，参考细则需要具备实操性，从而真正减少或免除市场化运作下投资失败导致的政治成本(绩效考核、职位晋升等)和私人成本(弥偿投资损失)。

第二，完善对监督者的监督机制，避免灯下黑。监督者在监督别人的同时要不断强化自我监督，加强内控机制建设，强化对权力的监督，核心在于内部要管住人、看住事。在监督引导基金投资的同时，促进基金投资各个利益攸关方的积极参与，提升监督管理的综合效能。

第三，实施过程中体现客观性，按照程序完备、稳妥审慎原则，引入会计、法律、咨询等第三方专业机构进行评估，做出容错容亏决定。在当前的引导基金绩效考核中，已有第三方机构独立介入对基金表现进行专项评估，包括长期创新成果、技术进步等因素，避免以单纯经济效益为唯一标准，可作为容错容亏机制的有益参考。欧美部分国家在此方面建立了相对成熟的标准化的第三方评估体系，英国 IRIS FMP 公司(全球领先的人力资源企业)的一项主要业务就是为雇主评判员工是否尽职提供标准化参考清单。

第四，容错容亏机制与税收优惠相结合：税收优惠政策可直接减少被投方的税负，从而降低投资成本和风险。例如，英国政府之“企业投资计划”(Enterprise Investment Scheme，EIS)和“种子企业投资计划”(Seed Enterprise Investment Scheme，SEIS)为私募基金所投企业提供专项税收减免，鼓励对初创企业的投资，时限长达三年。税务优惠与容错容亏机制相结合，能令投资人和被投方面对高风险项目时更有信心。

表 1-8 四地容错容亏机制对比

政策公布地行政级别	广东省	佛山市	成都高新区	湖北省
发布单位	广东省人大常委会	佛山市南海区人民政府	成都高新区管委会	政府办公厅
发布时间	2024 年 7 月	2024 年 9 月	2024 年 7 月	2024 年 8 月
文件形式	地方性条例(《广东省科技创新条例》)	政策文件(《投资基金管理办法》)	政策文件	政策文件(《湖北省科技金融质效提升行动方案》)
所管理之基金	无	佛山市南海区蓝海科创天使投资基金	无	无
条款类型	特殊型	混合型	容亏型	混合型
主要条款	县级以上人民政府可以运用多种方式，引导社会资本为创新主体提供融资支持和金融服务；鼓励设立长存续期限的天使投资基金、创业投资基金；对国有天使投资基金、创业投资基金的投资期和退出期设置不同考核指标，不以国有资本保值增值作为主要考核指标；省人民政府及其有关部门应当推动完善科技创新投资基金退出机制，支持设立私募股权二级市场基金等	在基金管理人尽职调查到位、决策程序合规、未谋取个人利益、不存在重大失职行为的前提下，对项目投资亏损不作负面评价，基金管理人及相关投资决策、投资实施人员不承担投资亏损的有关责任，但违反国家法律、法规及其他有行政效力的规范性文件规定的除外。原则上对单个项目的亏损或单个年度的亏损，不作为对基金运营情况的负面评价。不涉及违法违规和其他道德风险的，如出现亏损的，应综合考虑动机态度、客观条件、程序方法、性质程度、后果影响等情况，参照“三个区分开来”的原则，对“敢于担当、踏实做事、不谋私利”的相关主管部门、管理机构及其人员予以尽职免责。建立天使投资基金风险容忍机制，允许基金出现最高不超过 80%的亏损	种子、天使、创投、产投、并购基金等政策性基金的容亏率从 80%到 30%进行设置，市场化基金的容亏率设置为 20%	招引更多种子、天使、PE、VC、并购基金落地湖北，大力培育多元化创投机构，加快打造服务科技型企业全生命周期成长的基金体系。优化创投机构“募投管退”链条，政府投资引导基金参股区域创投母基金存续期限和投资期限放宽至 10 年，省内财政及国资出资比例上限提高到 90%；省政府投资引导基金对省内科创天使类投资根据政策目标完成情况给予最高 100%收益让渡，科创天使投资损失容忍率提高至 50%；推动保险资金等中长期资金投向创业投资。完善省政府投资引导基金和国资母基金绩效考核评价办法，实施差异化分类考核和尽职免责制度，注重整体效能评价，不对单个项目盈亏和短期收益进行考核。推进私募基金份额转让试点，落实私募股权创投基金投资企业上市后股票交易“反向挂钩”政策

2. 耐心资本和“投早投小”

（1）耐心资本对产业创新的重要意义及面临挑战

“耐心资本”这一概念在中国最早是在 2023 年 7 月由国务院国资委提出的，具体是在举办地方国资委负责人国有企业改革深化提升行动研讨班时，提出了“三个集中”“三个资本”，其中就包括“耐心资本”；到了 2023 年底，中国证券监督管理委员会根据中央经济工作会议精神提出要壮大“耐心资本”；2024 年 4 月 30 日，中共中央政治局会议再次提及“耐心资本”，强调要积极发展风险投资，壮大耐心资本；2024 年 7 月党的二十届三中全会审议通过的《中共中央关于进一步全面深化改革、推进中国式现代化的决定》强调“鼓励和规范发展天使投资、风险投资、私募股权投资，更好发挥政府投资基金作用，发展耐心资本”。“耐心资本”在多个国家层面的关键会议上多次被提及，足以彰显国家对培育和壮大耐心资本的高度重视。

随着社保基金、企业年金、保险基金、私募基金和公募基金等进入资本市场，政策与制度体系不断完善，耐心资本已成为资本市场稳定运行和推动科技创新的重要力量。但也要看到，当前我国发展耐心资本仍面临投资人“耐心不足”、相关法律法规配套不完善、耐心资本供给不足、政府引导基金效益需进一步提升等挑战。

第一，投资人“耐心不足”。

改革开放以来，中国经济高速增长，资本市场快速扩张。在这种环境下，投资者更关注企业的短期回报，倾向于高流动性机会，忽视需要长期回报的项目。此外，许多企业依赖外部融资，尤其是互联网和科技行业，依靠融资扩张而非盈利维持增长。这种现象导致市场泡沫膨胀，投资者更关心通过后续轮次估值提升退出，而不是长期陪伴企业成长。

第二，相关法律法规配套不完善。

我国股权投资面临产品单一、投退失衡、税负较高等问题，制约了耐心资本的形成。私募股权创投基金产品种类少，商业化母基金和永续型风投基金发展不足，无法满足耐心资本的需求。退出机制不成熟，导致过度依赖 IPO，受市场和

政策影响大，投资与退出比例失衡。在税收方面，个人合伙人税率高达20%或35%，部分基金还面临重复征税问题。

第三，耐心资本供给不足。

我国金融结构以间接融资为主，长期股权资金短缺。全国社保基金原副理事长陈文辉于2023年10月在上海全球财富管理论坛表示“2022年，人民币私募股权基金中仅8.32%来自养老金、社保和保险资金等长期资金”❶，2023年虽有所提升，但占比依然较低。此外，国有资本主导的资金耐心不足，投资限制较多。

第四，政府引导基金效益需进一步提升。

一些政府引导基金的实际到位资金与目标规模相差较大，资金到位后并不能及时投出去发挥效用，存在资金闲置问题。此外，由于缺乏有效的容错机制和科学的评价体系，政府引导基金的管理人可能因为害怕出错担责而不敢大胆投资，导致资金沉睡，偏离了政策目标。再者，对于参与股权投资的高净值个人而言，政策的不确定性、税收等因素也增加了他们对股权投资的顾虑。

尽管耐心资本在中国的发展仍面临诸多挑战，但它对于推动科技创新和产业升级具有不可替代的作用。随着国家层面的重视和政策支持，以及市场环境的逐步优化，我们有理由相信，耐心资本将在未来发挥更加关键的作用，为中国经济的高质量发展提供坚实的资金支持和动力。

（2）资本不耐心的原因

从历史以及各国发展水平来看，美元基金的投资周期通常为“10+2”年，国内基金则是3年至5年或5年至7年，资本不够“耐心”主要有以下几方面原因：

第一，LP（出资人）构成不同。

2022年12月，清华大学五道口金融学院副院长田轩在对话金融历史学家、两届普利策奖得主即《风险投资史》作者塞巴斯蒂安·马拉比的一场公开活动中表示，在美国基金的LP构成中，约98%是机构投资者，个人和富裕家族的比例只有2%。机构投资者运作有序，其中，约1/3是退休基金和养老基金，还有很

❶ 养老金和长期寿险资金是当前我国积累耐心资本首要途径[EB/OL]. 新浪财经，2023-10-11.

大一部分是大学捐赠基金。养老基金追求长期稳定的现金流，大学捐赠基金同样如此，追求的是几十年的稳定回报，天生是耐心"长钱"，比如耶鲁大学捐赠基金、新加坡淡马锡、挪威主权财富基金、洛克菲勒家族办公室、KKR 集团、黑石集团等。反观国内基金，绝大多数出资份额来自个人和富裕家族，个人投资者投资几千万元乃至上亿元，需等待十数年再退出，难度相对较大。投资机构"耐心"谱系图图 1-22。

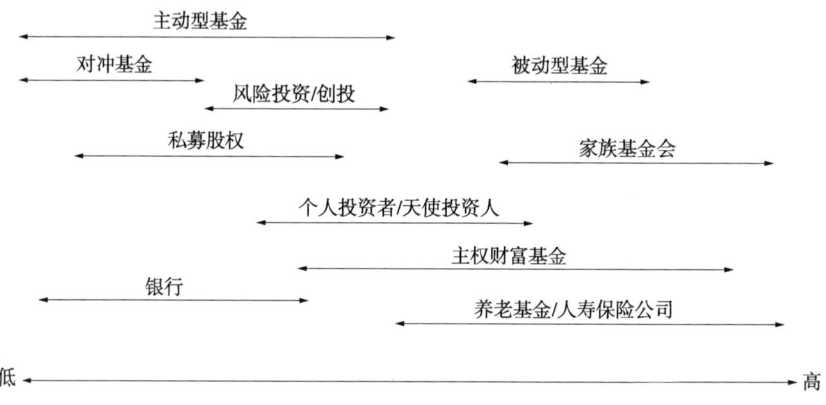

图 1-22　投资机构"耐心"谱系图

第二，长期投资收益偏低。

目前我国长期投资面临产品种类单一、投退比例不平衡、征税比例偏高等问题，导致整体收益率偏低，制约了耐心资本的形成与壮大。产品方面，私募股权创投基金产品种类较为单一，商业化母基金和永续型风投基金发展不足，难以满足各类耐心资本的配置特点和偏好。退出方面，长期投资的退出渠道有限，并购重组、S 基金市场、份额转让等机制尚不成熟，使得私募股权创投基金过度依赖 IPO 退出，受市场波动政策变化影响大；基金管理人"重投资轻投后管理"等也引发了一些投退比例失衡问题。征税方面，以私募股权创投基金为例，根据创投企业选择不同的核算方式，个人合伙人需缴纳的税率高达 20%或 35%，而美国的长期资本利得税（持有期超过一年）为 15%，部分私募股权创投基金还面临重复征税问题。管理费收取方式方面，私募股权基金"旱涝保收"的管理费收费方式，在投资收益不达预期时会进一步降低投资者收益。

第三，微观投资人观念因素。

耐心资本是坚持长期主义、深耕价值投资、能忍受一定风险波动，并获取适当投资收益的资本，而目前国内个人或者富裕家族投资者尚未从过往“短平快”的投资体验转换过来，加上目前经济发展进入转型期，退出难度增加，需要对投资者进行再教育。另外，目前国家或者地方政府的考核机制，以及风险容忍程度也需要适应新的经济增长环境。国资 LP 的风险承受能力低、考核周期短、决策流程长等，也无法适应新的环境的变化，从观念、考核、资金来源等方面均需要作进一步的改革与变化。

（3）培养股权投资“耐心资本”的建议

在金融学领域，资本的定义是用于生产的基本要素，包括资金、厂房、设备、材料等物质资源。资本的本质在于其能够为投资者带来未来收益的潜力，这是它与其他类型的资产的主要区别。而耐心资本，意味着拉长投资期限，以跨经济周期的视野进行布局。对私募股权投资而言，耐心资本“长期陪伴”初创企业，“长期扶持”新兴产业，在企业成长和行业发展的过程中出现低谷时，不因阶段性业绩压力等改变投资策略，而是作为企业发展的基石与伙伴，以资本为背书，为企业提供或寻找突破发展瓶颈的金融与非金融资源渡过难关。

近年来我国监管部门多次倡导“引导更多耐心资本投早、投小、投长期、投硬科技”，预计会对我国股权投资行业产生重大影响。

一是投资理念转变、基金期限延长。根据科布–道格拉斯生产函数，经济总产值取决于劳动力水平、投入资本和生产技术，在当前我国人口增速下降的背景下，各级政府高度鼓励科技创新，而先进技术的发展需要长期沉淀，高新技术带来的收益特点往往也是在经过长时间发展后呈现指数级的回报。耐心和时间成正比，我国大部分私募股权投资基金的期限是 5～7 年，但是一个优秀企业的生命周期往往是以“10 年”为单位计算的，基金期限过短不仅造成资金无法赚取最大回报，也会对基金管理人的投资决策、退出决策产生直接影响，因此预计未来我国私募股权投资基金期限将会逐渐延长，逐步引导投资收益和投资风险预期相匹配，基金投资人和基金管理人将以跨经济周期的视角重塑投资逻辑。

二是耐心资本供给渠道拓宽。国资、险资等长期资金将成为私募股权投资基金的主要参与者之一。在欧美成熟市场，私募股权基金投资人以社保基金、各地政府引导基金、保险资金、高校捐赠基金、企业年金、家族办公室投资等资金为主，原因是此类投资主体的风险容忍度相对较高，对应平均投资期限较长且体量较大。在我国，大型银行、保险等金融机构往往是国有控股，在国家鼓励金融服务实体经济的大背景下，上述类型资金将同步考虑财务收益和政治贡献。随着投资理念的转变、市场的更迭，我国长期资金的配置比例将调整，也将逐步成为我国私募股权的主要出资方。

三是投资条款更合理、更务实。根据数家基金管理人的反馈，若某一项目投资协议中没有设置对赌和回购条款，一旦该笔投资失败或者出现风险，基金投资人大概率会以此向管理人追责。根据启明创投创始合伙人邝子平于 2024 年 8 月 22 日发表的文章《对目前创投行业投资条款的一些看法》，投资中国企业用到回购等条款最早是在美元基金中，其实施前提是不影响公司正常运营，往往在一个企业发展多年后有成熟利润规模却又不分红不上市的情况下，投资人以此为退出渠道。而这些年我国私募股权投资行业在发展的过程中，此类条款被滥用，成为投资“标配”，同为股东的投资人和管理团队目标不一致，导致公司经营决策受到影响，对企业发展不利，甚至迫使项目破产清算或者被“贱卖”。长期资本成为基金主要投资人后，基金管理人受到的短期考核压力减弱，预计未来投资条款将更务实、更合理，以更公平的方式绑定投资人和管理团队。

四是丰富风险收益匹配的科技金融机制。深圳提出的科技种子保险机制就是很好的例子。该机制是 2024 年 11 月 15 日深圳市在第二十六届高交会上提出的：以种子基金投资的种子期企业或项目为保险标的，保险期限最长可达 15 年。在基金到期时，由专业第三方机构对科技成果转化结果进行认定；对于未能成功转化的项目，保险机构将根据约定赔偿相关方的损失，保证基金投资该项目的部分或全额本金退出。同时，建立“保投联动”模式，保险资金可以通过“优先认购权”参与种子期项目投资。这个机制引入了保险资金和保险机制，为种子期项目提供了与其风险收益相符的金融产品，能够给耐心资本“投早投小”提供较好的激励支持。

四、私募股权基金的投资领域

以经济政策、科技创新发展周期和资本市场等外部环境变化为背景分析梳理，我国私募股权投资市场可分为三个阶段，分别是萌芽期、起步期、发展期，每个阶段都有其独特特点及里程碑事件。

1. 萌芽期(1992 年至 1998 年)：以顺周期行业投资为主

在这个阶段，中国的经济体制改革逐步推进，市场经济开始萌芽。私募股权投资作为一种新兴的投资方式，也开始在中国出现。由于当时中国的经济以制造业和传统行业为主，私募股权投资的重点领域也主要集中在这些行业。例如，一些制造业企业可能会吸引私募股权投资的关注，以获得资金支持来扩大生产规模或进行技术升级。

- 重点领域：在萌芽期，私募股权投资的重点领域相对较为有限，主要集中在一些传统行业，如制造业、房地产业等。
- 政策环境：中国的私募股权投资行业在这个阶段开始萌芽，政策环境相对宽松，为行业的发展提供了一定的空间，但缺乏明确的政策支持和规范。
- 市场规模：市场规模较小，投资活动相对较少，且主要集中在一些经济发达地区，投资机构以外资机构为主，本土机构还处于起步阶段。
- 投资理念：投资理念相对简单，主要关注企业的短期盈利能力和资产规模，对企业的长期发展潜力关注较少。
- 里程碑事件：1992 年，IDG 资本进入中国，成为最早进入中国市场的外资投资机构之一，标志着中国私募股权投资行业的开端。

2. 起步期(1999 年至 2012 年)：互联网、消费领域的投资逐步兴起

随着互联网的兴起和中国经济的快速发展，私募股权投资行业进入了起步期。

- 重点领域：在起步期，科技、互联网等新兴领域逐渐成为私募股权投资的重点关注领域。

- 政策支持充足：政府开始出台一些政策支持私募股权投资行业的发展，如鼓励创业投资、设立创业投资引导基金等。

- 市场参与者增加：除了外资机构外，本土机构也逐渐崛起，市场竞争逐渐加剧。

- 投资策略多样化：投资机构开始注重企业的长期发展潜力和创新能力，投资策略更加多样化。

- 行业自律组织出现：如中国投资协会创业投资专业委员会的成立，有助于规范行业发展。

- 里程碑事件：2004 年，深圳中小企业板正式启动，为私募股权投资提供了新的退出渠道。2005 年，中国开始实施股权分置改革，为资本市场的健康发展奠定了基础。2006 年，《中华人民共和国合伙企业法》修订，为有限合伙制私募股权投资基金的发展提供了法律依据。

3. 发展期（2013 年至今）：科技领域逐步成为主要方向

在这个阶段，中国的私募股权投资行业进入了快速发展的时期，私募股权投资的重点领域更加广泛，涵盖了科技、医疗、消费、新能源、智能制造等多个新兴领域。同时，传统行业也在通过技术创新和模式创新不断转型升级，吸引私募股权投资的关注。

- 政策环境优化：政府进一步加大对私募股权投资行业的支持力度，出台了一系列政策法规，规范行业发展，优化市场环境。

- 市场规模迅速扩大：私募股权投资市场规模不断增长，投资金额和投资案例数量大幅增加。

- 行业格局多元化：投资机构类型更加多元化，包括外资机构、本土机构、国有机构、民营机构等，各机构之间的竞争与合作更加频繁，形成了多元化的竞争格局。

- 投资策略精细化：投资机构更加注重行业研究、投资项目筛选和投资策略的精细化，关注企业的核心竞争力、创新能力和成长潜力。

- 退出渠道多元化：随着资本市场的不断发展，私募股权投资的退出渠道

更加多元化，包括上市、并购、股权转让等。

• 里程碑事件：2009年，创业板正式推出，为私募股权投资提供了更多的退出渠道，促进了行业的发展。2014年，“大众创业、万众创新”政策的提出，进一步激发了市场的创新活力，吸引了更多的私募股权投资资金进入创新创业领域。2019年6月科创板正式开板，主要服务于符合国家战略、突破关键核心技术、市场认可度高的科技创新企业。

近年来，随着科技的不断进步和产业升级的加速，私募股权投资在支持科技创新、推动经济转型升级方面发挥了重要作用。从行业分布来看，私募股权投资基金的投资方向呈现出明显的投早、投小、投科技趋势。中小企业、初创科技型企业和高新技术企业成为私募股权投资基金的主要投资对象。具体来看，近几年半导体、计算机运用和资本品(包括航空航天与国防、电气设备、机械制造、环保设备等)是新增投资项目数量和规模排名靠前的行业。这些行业都是当前经济发展的热点领域，具有巨大的市场潜力和发展空间。

总体而言，我国私募股权投资行业在过去的几十年中经历了从萌芽到起步再到发展的阶段，重点领域不断拓展，投资策略和行业格局也在不断演变。在未来，随着政策环境的进一步优化和市场的不断发展，私募股权投资行业一定会继续发挥重要作用，为经济的高质量发展提供有力支持。

第二章 私募股权基金投资机构的运作模式

一、私募股权基金分类

(一) 按照投资阶段的分类

作为一种重要的资产配置工具，私募股权投资基金相比公募基金等公众投资工具具有投资期限长、流动性较低、投资后管理投入资源较多、收益波动性较高等特点，主要类型包括天使类投资基金、VC(Venture Capital，创业投资基金/风险投资基金)、PE(Private Equity，私募股权投资基金)(表 2-1)。由于资产配置的需要，可能会形成两层嵌套，组成政府引导基金常用的创投类母基金(Fund of Funds，FOF)等。

表 2-1　主要私募股权机构类型概览

类型	定　义	代表机构
天使类投资基金	专门投资于种子期、初创期企业或者创新项目的基金。由于项目投资在早期阶段，一般资金量不大，有时以天使投资人的形式出现	中科创星、真格基金、英诺天使基金等
创业投资基金/风险投资基金	向处于创业各阶段的未上市成长性企业进行股权投资的基金。全美风险投资协会给 VC 的定义是“由职业金融家投入新兴的、迅速发展的、具有巨大竞争潜力的企业中的一种权益资本”	DCM 投资、IDG 资本、北极光创投、晨兴资本、红杉资本、今日资本、经纬中国等

续表

类型	定　义	代表机构
私募股权投资基金	通过私募形式对私有企业，即非上市企业进行的权益性投资，在交易实施过程中附带考虑了将来的退出机制，即通过上市、并购或管理层回购等方式，出售持股获利。部分基金也会通过二级市场及相关场内外衍生品投资，例如涡轮及期权等	淡马锡、MBK、中信资本、软银、PAG、橡树资本、桥水基金等

(二) 按照投资策略的分类

(1) 行业主导基金

此类基金专门投资于某一特定行业或相关产业链企业。大众传播中提及某基金投资“专注于××赛道”，或称此基金为“硬科技基金”“消费升级基金”“新能源基金”等，即从行业角度对基金投资进行分类。一方面，基金管理团队通常对所投资的特定行业有深入的了解并掌握了专业知识，能够准确把握行业的发展趋势和企业的成长潜力。除了提供资金支持外，此类基金还可能为被投资企业提供战略规划、市场拓展、管理咨询等投后服务，帮助企业提升竞争力，提高企业价值。另一方面，因此类投资集中于特定行业，投资组合对行业特有的波动、周期变化、政策扰动等因素更为敏感，从而减少投资的不确定性和潜在损失。

(2) 产业投资基金

产业投资基金是一种专门针对特定产业或产业链进行投资的基金，通常由产业方主导，利用自身的行业经验和资源，来识别和投资于产业链上下游的有潜力的项目或公司。同时，产业方作为基石投资人，协助引入政府引导基金等政府及社会资本。基金投资的项目在产业方的表外进行孵化，产业投资基金通常有明确的退出路径，比如通过将投资的项目或公司装入产业方或上市公司，实现资本增值和退出。产业投资基金的投资通常具有战略性，旨在帮助产业方实现长期的战略目标，如市场扩张、技术升级、产品线丰富等。产业投资基金的运作模式有助于产业方通过资本运作来加速产业链的发展，同时也为投资者提供了参与特定产业发展的机会，并为投资者提供了较为明确的退出路径。

（3）政府引导基金

政府引导基金是指以政府出资、引导社会各类资本参与投资的形式，并以发挥财政资金的杠杆效应为宗旨，引导资金投向相关产业或促进创新创业的基金。从投向上分类，包括产业引导基金、创业投资引导基金及科技型中小企业创新基金等；从层级上分类，近年来政府引导基金呈现下沉趋势，逐渐从国家级、省市级下沉至区县，甚至街道和镇级别；从方式上分类，包括母基金投资和直投基金两大类，近年来政府纷纷成立直投平台，通过母基金模式积累经验后逐步扩展到直投模式。目前政府引导基金已经成为私募股权投资的引领力量。

（4）S 基金（Secondary Fund）

即二手份额转让基金，是指专注于私募股权二级市场的基金，其主要从其他投资者手中收购私募股权基金的资产包，包括 LP 份额或直投股权的投资组合实现投资。S 基金是股权投资重要的退出渠道之一，有助于促进基金份额流通、加快基金投资回收。近年来，Banner、Ridge、Apollo、Ardian、HarbourVest 和 Coller 等众多海外机构已启动或完成 S 基金募集，而在我国，上海、四川、安徽和陕西等多地政府也发起设立 S 基金。近十年来股权投资发展迅速，目前迎来了基金七年存续期到期潮，叠加资本市场退出渠道有限的情况，因此 S 基金应运而生。

（5）并购基金

并购基金的主要策略是收购目标公司的控制权，一般并购基金以单项目基金为主，并且会利用资金杠杆，完成收购，放大资金的使用效率，尤其是上市公司+PE模式的上市公司并购基金是一种主流模式。双方优势互补，PE 机构利用专业的资本运作与资产管理能力为并购基金提供技术支持，上市公司以良好的信誉背书为并购基金资金募集与后期退出提供便利渠道。上市公司通过并购基金进行收购属于杠杆收购，只需付出部分资金，其余资金由并购基金管理人进行募集，即可锁定并购标的。上市公司参与并购基金可以采取不同的架构，例如上市公司（或其子公司）仅作为 LP 参与，上市公司与 PE 机构共同设立并购基金管理公司等。

二、私募股权基金的基本架构

（一）纵向架构

1）基金层数：根据资管新规的要求，私募股权基金仅能嵌套一层。因此，按照投资层数来看，基金可以简单地分为母基金和直投基金，其中母基金的投资标的为直投基金，而直投基金的投资标的为各类项目。母基金与直投基金在募资、投资、尽调、退出等日常工作上差别较大，母基金的投资更多聚焦于子基金管理人的过往业绩、团队组成、投资策略等，而直投基金则需要考察各个项目的市场空间、公司架构、财务及法律状况等。由于直投基金工作涉及的内容更为复杂、需要花费更大精力，因此子基金管理机构一般也会比母基金管理机构规模更大。为了更灵活地进行投资，部分母基金也会留下一定比例(一般不超过 30%)资金进行直投。

2）标的数量：根据基金设立前是否已经明确投资标的，基金可分为专项基金和盲池基金。顾名思义，专项基金是为投资某一个或几个项目而专门设立的基金，而盲池基金则是在设立前未确定投资标的的基金。尽管如此，随着行业的不断发展，现在许多盲池基金也会提前锁定一部分储备项目作为基金的种子标的。一般而言，专项基金由于底层资产明确，募资难度较小，相应的管理费可收取的规模较小、时间较少。

（二）横向架构

平层/结构化基金：从定义上说，投资人同样的分配顺序，承担同样的风险和收益的基金架构，被称为平层基金；而存在两级(如优先、劣后)乃至多级的份额架构，各自承担不同风险和收益的基金，被称为结构化基金。在实操中，完全平层的股权基金较少见，一般会存在 LP/GP 或资金优先劣后的安排，因此“真正”的结构化基金更多指代各类出资人风险收益隔离开的情况，即风险偏好低的资金类型如理财、保险等资金作为优先级获得优先分配，风险偏好高的资金类型作为劣后级获得潜在的超额收益。

（三）管理架构

1）单管理人、单 GP：在这种架构中，基金由一个管理人和一个 GP 进行管理。GP 通常负责基金的日常运营和投资决策，对基金的债务和义务承担无限责任。

2）双 GP：双 GP 架构指的是基金由两个 GP 共同管理，但仅有一个 GP 担任基金管理人，双 GP 的权利义务通过基金有限合伙协议进行分工约定。

（四）组织形式

1）合伙企业型：合伙企业型私募股权基金通常采用有限合伙的形式。在这种结构中，GP 负责基金的管理，并对基金的运作承担兜底责任；LP 则以其出资额为限对基金的债务承担责任。有限合伙制为私募股权基金提供了灵活性，包括利润分配、管理费设置以及投资决策等方面。

2）公司型：公司型私募股权基金是以公司形式设立的，投资者成为公司的股东，基金管理人可能是公司的董事或雇员。公司型基金的结构更类似于传统公司，股东对公司债务的责任限于其缴纳的出资额。

3）契约型：契约型私募股权基金是基于一份投资合同而成立的，投资者、基金管理人和其他服务提供方的权利和义务在合同中明确规定。契约型基金不是法律实体，而是由基金管理人代表投资者持有资产。

三、私募股权基金主要条款——基金层面

（一）投资范围

投资范围是指私募股权投资基金在投资活动中可以涉足的行业、地理位置、公司发展阶段等具体领域，明确了基金可以投资的标的类型，投资范围的界定通常在基金的设立文件或招募说明书中详细列明。

私募股权基金中常见的几种投资范围条款包括：

1）投资阶段要求。种子轮（Seed）、初创轮（Early Stage）、成长轮（Growth Stage）、成熟期企业（Late Stage）、回购（Buyout）或杠杆收购（Leveraged Buyout）。

2）投资行业要求。基金可能会专注于特定行业领域，如高科技、医疗健康、消费产品等。

3）地域要求。投资目标公司所在的地理位置，如仅限于中国大陆、亚太地区、北美市场，或可以进行全球投资等。

4）投资工具要求。需明确是只允许进行一级或二级市场投资，还是允许进行一级、二级市场混合投资，以及是否允许使用衍生品或其他工具进行风险管控或投机。

明确的投资范围有助于基金保持战略一致性和投资目标的集中性，私募股权基金管理人往往具有特定的行业专长或地域优势，通过设定明确的投资范围，基金可以有效利用其专业知识和市场洞察力。然而，过于狭窄的投资范围可能会限制基金的灵活性，使其难以适应市场变化。例如，某基金仅限于投资特定区域，而该区域经济出现问题，基金的投资业绩可能受到严重影响。因此，在设定投资范围时，必须考虑市场的动态变化和潜在风险，还应避免与其他同类基金的投资策略过于重叠，以避免过度竞争。

（二）投资限制

投资限制是对私募股权基金在投资行为上的特定约束，通常涵盖交易标的、行业分布、地域分布、投资集中度以及交易规模等方面，设定这些限制是为了控制投资风险，确保投资组合的稳健性和多样性。

除了对投资范围的要求外，私募股权基金中常见的几种投资限制条款包括：

1）投资标的限制。根据《私募投资基金备案指引第 2 号——私募股权、创业投资基金》的规定，私募股权基金（不含创业投资基金）不得投资于非股权投资领域，但可转换债券等金融工具除外；基金不得为非所投资企业提供担保，如果所投资企业要求担保，则应按股份比例执行；基金不得投资于承担无限责任的企业；基金不得变相从事信贷业务、经营性民间借贷活动[1]。

---

[1] 私募投资基金备案指引第 2 号——私募股权、创业投资基金[EB/OL]. https://www.amac.org.cn/fwdt/wyb/jgdjhcpbeian/smjjglrdjhcpba/fwzn/202206/P020231129532334160697.pdf 4-6.

2）禁投行业限制。基金不得投资于从事保理、融资租赁、典当等与私募基金相冲突业务的企业股权，也不得投资于国家禁止或者限制投资以及不符合国家产业政策、环境保护政策、土地管理政策的企业股权。❶

3）投资集中度。针对单个投资标的的限制，基金可能对单一投资标的设定最高投资比例，以分散风险；针对行业集中度的限制，基金可能对特定行业的投资总额设定上限，以防止行业风险过于集中。

4）交易规模。基金可能设有最小和最大投资金额，以控制单笔投资的风险。

合理的投资限制有助于基金避免过度集中风险，以确保即使某一投资失败，基金的整体风险依然可控。但是，投资限制也可能限制基金抓住高回报机会的能力。因此，在设定投资限制时，需要充分考虑基金的风险承受能力与收益预期之间的平衡。基金在制定投资限制时，应充分考虑其整体投资策略和投资者的风险偏好，在控制风险的同时，保留一定的灵活性，以便基金可以在市场条件变化时进行调整。

（三）投资决策

投资决策是指私募股权基金选择投资标的、评估投资机会以及最终做出投资决定的过程，通常涉及一系列投资决策，并形成规范文件，主要可分为以下几个方面：

1）项目筛选。寻找潜在的投资机会，对项目进行初步筛选。

2）初步调研。对潜在投资目标进行初步调研，并编制研究报告。

3）保密协议。与目标企业签订保密协议以保护双方的信息。

4）立项评审会。组织会议对项目进行初步评估，形成初步立项报告。

5）核心条件谈判。与目标企业就关键交易条件进行谈判，达成初步意向。

6）尽职调查。对目标企业进行全面的财务、法律、市场等方面的尽职调查。

7）投资委员会审议。由投资委员会对投资项目进行最终审批。

---

❶ 中国证券监督管理委员会公告〔2020〕71 号［EB/OL］. https：//www. gov. cn/gongbao/content/2021/content_5593454. htm.

8）合同签署。完成交易文件的签署。

基金在设立投资决策机制时，应确保流程的透明度和公平性，以避免因决策不透明或权责不清而引发内部争议。此外，投资决策应与基金的整体战略目标一致，确保每项投资都能够为基金带来预期的回报。在某些情况下，还需要确保投资决策符合法律规范要求，以避免潜在的法律风险。

（四）合伙人会议机制

合伙人会议机制是指私募股权基金定期召开合伙人会议，以讨论和决策与基金运作相关的重大事项。合伙人会议是 LP 与 GP 之间沟通和协调的重要渠道[1]。

私募股权基金中常见的几种合伙人会议机制条款包括：

1）合伙人会议的召开。定期会议，基金每年至少召开一次年度合伙人会议；临时会议，根据需要，在特殊情况下可召开临时合伙人会议。

2）参会人员。明确哪些合伙人有资格参加合伙人会议，是否允许合伙人委托代理人出席并投票。

3）表决权。根据合伙协议规定，各合伙人按照其出资比例享有相应的表决权；对于特别重要事项，可能需要绝大多数的票数才能通过，例如 2/3 以上的同意。

4）表决程序。投票方式一般为现场投票、书面投票、电子投票等；规定决议形成的条件，例如是否需要达到最低出席人数（法定人数）等。

5）特别决议。包括修改合伙协议、延长基金的运营期限、决定基金解散或清算等重大事项通常需要特别决议。

合伙人会议机制是基金管理中不可或缺的一部分，确保投资者能够参与重大决策并监督基金的运作。在设计合伙人会议机制时，应明确会议的召集频率、参与者的权利和义务以及决策事项的投票规则，避免因会议过于频繁或流程烦琐而影响基金的运作效率。另外，还应该确保合伙人会议的决策与基金的长期战略目标一致，避免因短期利益驱动而做出不利于基金整体利益的决策。

---

[1] 中国证券投资基金业协会引用：中国基金业协会《私募投资基金合同指引 3 号》第六条。

（五）机构内部决策机制

1. 基金管理人对于投委成员的选拔

通常情况下投委的产生和他们本身的行政职务相关联，同时也会充分考量候选人在行业中的专业知识和经验，关注他们的判断力和决策能力。管理人也会根据基金的战略定位，确保投委会成员具备不同的专业背景，以实现多元化和全面的评估能力。

管理公司层面还可能在某一细分领域上，聘请外部专家，以弥补细分领域内可能存在的知识空白，确保减少专业疏漏和决策团队尽职免责，在内部决策之前还需要外部行业专家出具报告，行使知情权和建议权。

2. 基金投委会中的投委对于项目的考察和判断

（1）基金投委

投委会的投资团队和风控团队通常会实地考察项目，与实际控制人交流，获取一手信息，进行尽职调查以衡量机会和风险。通过实地考察，可以尽可能避免项目道德风险。

不同公司风格差异较大，部分公司在项目早期阶段由总经理或副总经理参与，与实控人交流，提前筛选出无须深入考察的项目；在最后决定前，一般公司都需要有总裁级别的决策层与被投公司决策层参与；这样在早期就可以排除没有必要深入的项目。

早期投资人通常会深入参与以更好地了解企业家，而财务投资人则倾向于保持冷静的视角，以避免与企业家产生过多共情，从而做出理智的决策，避免寻租风险。

所以在保证获取信息真实、深入的情况下，不同公司的差异化管理风格会通过市场回报率得到反馈，投委会全部成员是否需要全程参与其中，并没有对错之分。

（2）创始合伙人/投委会主席

即使是扁平化管理的公司，合伙人也会有自上而下的管理及汇报架构。

创始合伙人或资深合伙人通常具备较强的行业人脉和资源，对于行业热点敏锐度较高并能快速学习新兴领域的知识。

合伙人的价值在于对大方向的判断能力，通常不会逐步参与程序性工作或一线尽调，而是参与与项目方的定性交流。

部分公司为确保合伙人职责，有跟投机制或其他激励措施；国资背景的投资机构通常实行自愿跟投，以避免增加投资经理的负担，同时利用内部的行政性处罚机制制约不作为行为。

在国资体系内，常采用双 GP 模式(国资+市场化基金)分担责任，利用国资的政府资源和市场化基金的专业性，降低个人意志对项目的影响力。

在投资决策委员会中，投委会主席或风控是否应该拥有一票否决权，取决于基金的定位、组织结构、运作机制以及各方的利益平衡，决策体系也是决定基金风险偏好和收益特征的重要因素之一。从实践来看，投委会主席是基金的最核心关键人物，也代表了机构的整体投资偏好，一般拥有一票否决权。

(3) 风控

不同基金的风控部门职能根据基金管理人组织架构的不同可能会有差异。通常来说，风控部门独立于投资部门开展风险控制、合规检查、监督评价等工作，对投资部门提交的投资项目进行审查。风控部门提交的合规性初审意见是投资决策委员会决策的重要依据之一。风控部门还可能负责制定、审阅投资业务的相关合同、协议，确保合同的规范性和合法性。风控部门的负责人可能会作为风险控制委员会的成员参与投委会的决策过程，特别是在涉及项目合规性和风险管理的议题上。

风控以风险审视角度参与决策，旨在投资的合法合规和控制系统性风险，规避显而易见的市场风险，但是也要避免因过度关注风险而影响决策进程。所以风控团队的核心角色是发现和提示风险，与投委会其他成员享有同等权重的投票权，但不应具备一票否决权。

3. 政府方出资代表在投委会中扮演的角色

政府方出资代表在投委会中扮演的角色不能一概而论，应结合基金的 LP 构成以及基金管理人的性质综合决定。

通常来说，政府方出资代表会以观察员角色出现在市场化基金管理人管理的基金的投委会中，对项目进行监督和合规性审核，确保投资决策的合规性和合理性，而非直接参与基金管理。观察员有权列席投委会会议，旁听会议内容，但不参与决策。观察员有权对基金拟投资项目是否符合法律法规及相关规范性文件、参股基金合伙协议、公司章程或合同等进行事前或事后的合规性审核或合规性提示。对于不符合合规性要求的拟投资项目，观察员可以提出异议，对项目进行合规性提示。执行事务合伙人或基金管理人在报送投资决策委员进行决策的项目相关资料时，应同时抄送观察员，确保观察员能够及时获取相关信息。观察员有权通过通信方式表达项目是否合规的意见，或在报送投资决策委员进行决策的项目相关资料时，先报送观察员，观察员未提出异议的，方可提交投资决策委员会进行表决。

如果政府引导基金的基金管理人完全是市场化遴选的投资机构且单一 LP 或者基金出资比例比较高的 LP 享有一票否决权有其合理性，则其可能会通过一票否决权来保护其政策目标和合法权益，此举并没有法律障碍。

如因特殊情况无法在协议(或章程、补充协议)中约定一票否决权的，可以约定其他监督性条款，以确保政府方出资代表的监督职能得到落实。

目前 LP 对于基金运营愈加关注，客观上给 GP 造成了压力。一般而言 GP 会鼓励 LP 把要求写进合同，但不索要一票否决权，这样一方面降低单个 LP 对于结果承担的责任风险，另一方面也可以更好地发挥 GP 的专业决策力。

4. 基金的投资决策机制

投委会内部的意见不合与辩论是正常现象，激烈的讨论也可以是良好决策过程的表现。管理机构通常会设置“吹风会”进行会前沟通，以确保投委会成员的正式会议能够顺利进行。

在外部 LP 较多的投资机构，可能会设置双层投委会(管理公司层投委会+基金层投委会)，通过管理公司层面投委会筛选项目，再提交至基金投委会，确保决策的专业性，这在某种程度上保证了公司投委的“一票否决权”。

多数基金的投委会主席拥有一票否决权，以保障其对基金整体战略的影响力，但该机制依赖于基金的定位和管理体系的需求。

虽然不鼓励投决会流于形式，但是同样地，也不鼓励将讨论会的阶段拘泥于最后一投的形式。只要保证了投委会的责任和权力制约，除了法律确认最后一环，其他的形式可以根据公司在市场上的谈判力和管理方式而多样化。

典型的基金投委会一般由 5 人组成，包括 3～4 名管理人代表(1 名投委会主席、1 名风控、1～2 名行业合伙人)、1～2 名政府方出资代表以及 1 名社会资本出资方代表，但是有时候也可能增至 9 人甚至更多。基金投委一般设有单数票席位，普通事件需要 1/2 以上票数才可以通过；而重大事件，比如基金运作中重大的关联交易，更换、聘请会计师事务所，基金的半年度和年度报告的审阅以及其他重大事项，需要 2/3 以上票数才可以通过。

（六）利益冲突和关联交易条款

合伙制基金中的利益冲突和关联交易是基金治理和风险管理的重要组成部分。利益冲突主要指 GP 与基金或 LP 之间可能存在的利益不一致的情况，而关联交易则指基金与基金管理人的关联方之间进行的交易行为[1]。

利益冲突条款通常旨在确保 GP 的行为符合基金和 LP 的最佳利益，防止 GP 利用其职位为自己谋取私利。合伙协议中应包含关于利益冲突的披露、回避、处理机制和违约责任等条款。例如，GP 若涉及与基金利益相冲突的交易，应提前向 LP 披露并获取他们的同意或通过特定的决策程序来批准该交易。

关联交易条款则需要明确关联交易的定义、范围、决策流程和信息披露要求。根据《私募投资基金备案须知》，关联交易指私募基金与基金管理人、投资者、管理人管理的其他私募基金或有重大利害关系的关联方发生的交易行为。合伙协议应明确关联交易的特殊决策机制和回避安排，确保交易的公允性和透明度。

---

[1] 中国证券投资基金业协会引用：中国基金业协会《私募投资基金备案须知》第七页第十九条，https：//www. amac. org. cn/xwfb/tzgg/201912/t20191223_18925. html。

合理设计这些条款可以减少 GP 可能的不当行为，提高基金运作的规范性和透明度。然而，这些条款的有效性依赖于严格的执行和监督，以及信息披露的充分性。

（七）地方返投

1. 返投条款概况

返投即"返还投资"，指在基金募集中由政府引导基金或地方产业基金出资的基金，承诺将一定比例的投资回流至特定的区域或产业。例如，当一个地方政府出资设立或参与一只基金时，往往会要求该基金将一部分资金投向当地企业或特定行业，以实现地方经济、产业升级或人才集聚等政策目标。不同于单纯的财务投资，地方政府设立引导基金除了实现财务投资的目的外，也要促进本地区的经济增长、产业升级和增加就业机会，通过设立引导基金，实现如支持高新技术产业、绿色能源等重点领域的发展的政策目标。因此引导基金对于投资的区域、产业较为关注，而返投条款则顺理成章地成为最有力的抓手。同时，出于对国有资本保护的要求，地方政府需要设定条款，保障政府的"投资回报"，以应对审计和核查，因此返投条款成为引导基金中的普遍现象。

2024 年 6 月 13 日，国务院颁布了《公平竞争审查条例》(以下简称《条例》)。《条例》中对于传统的政策招商出台了明确限制，要求减少行政干预，提升市场公平性，对于返投条款可能存在较多的限制。但同时，《条例》的出台并未改变政府需要应对的招商压力和审查压力，政府仍然要求其出资成立的基金将招商等放在首位。因此如何通过资本招商，公平竞争，目前资本市场一线尚无具体的落地方法，如何在减少返投条款的基础上保证招商力度仍待观察。

2. 典型的返投条款

各地基金的返投条款各有差异，但当框架一般为地方政府或产业引导基金出资到子基金时，约定将出资金额的一定倍数在规定的时效内投入特定区域或行业，以实现地方经济和产业的拉动效应。这些条款一般在地方引导基金的管理办法或相关细则中都会有较为明确的约定；当然，在实操中，也不乏一些地方为了

促进 GP 的聚集，通过给管理办法“打补丁”的方式，实际放宽返投条款的约束。

（1）返投倍数

市面常见的返投倍数为 1.5~2 倍，即基金应将地方引导基金实缴金额的 1.5~2 倍返投至该区域，具体比例根据地方政府的经济发展需求、基金规模和投资方向而定。以某政府引导基金为例，根据其子基金设立要求，“子基金可投实缴金额中投资于在深圳注册登记的企业的比例原则上不低于天使母基金对子基金实缴出资比例的 1.75 倍”。

（2）返投区域

地方政府往往要求投资覆盖本地的特定区域，以促进区域经济发展，通常是出资方所在的省、市或县级区域，或者出资方想要发展的特定区域，例如经开区、自贸区等。需要注意的是，对符合地方政府要求的返投认定标准的区域外企业投资，也可以认作返投在该区域。

（3）返投主体

一般来说，返投主体包括基金、基金管理人、基金普通合伙人及其关联方，以及这些主体协调的关联方与非关联方等。因此，本身为平台型、下属管理多只基金的；或者本身具有产业股东背景，可以在基金之外落地更多产业资源的机构，实现返投的难度会相应减小。

（4）返投认定标准

就返投认定标准而言，可能被认定的标准包括直接投资当地企业、被投企业迁入当地、被投企业在当地设立子公司、投资于被当地企业控股的外地子公司等。但不同地区对于认定标准有较大出入，归根结底还是取决于所谓的“返投”是否能对当地的经济、产业聚集、就业起到正面作用。

（5）返投产业

返投条款通常会对投资的产业进行限定，要求基金资金用于投资符合地方产业规划的项目。比如，某些地方政府引导基金会要求投资在高科技、新能源、智能制造等战略性新兴产业，以加速这些产业在当地的发展。这种产业导向的返投条款，主要服务于地方政府和基金公司共同推动区域产业升级的目标。

(6) 返投时限

返投条款还可能对返投完成期限做出约定。例如，要求在基金设立的前2~3年内累计完成约定比例的返投；抑或是要求在每一期实缴前，都必须完成对应比例的返投任务，否则无法启动下一期缴款。这就要求管理人在项目层面动态管理返投比例。若在期限内未能达到返投要求，基金管理人可能会面临违约责任，需要返还政府的引导基金出资，或承担一定的违约罚款。

3. 返投对基金运营的影响

在越来越多地方政府和国资企业成为人民币基金出资人的前提下，返投也成为GP避不开的话题和任务。然而，返投往往也会成为GP执行投资任务时的枷锁；为满足地方政府对产业和阶段的要求，GP往往需要将一部分乃至大部分资金投向特定区域，限制资金投向更有利可图的项目或地区，导致资金无法实现最优配置。

当前返投呈现两极分化的态势：经济发达地区，产业资源更丰富，企业落地的意愿更强，完成返投的难度也更小，投资效率更高；经济欠发达地区则恰恰相反，在当地投资标的有限的情况下，招引落地的难度也更大，相应地会影响到基金对投资项目的选择和投资节奏。如果GP为满足返投要求，不得不投资于一些不符合投资策略或难以达到风险回报预期的项目，则可能导致基金的整体收益率下滑乃至颗粒无收。

对于GP来说更困难的是，越来越多的地方出资人会对返投进行更为严苛的界定和审查，比如返投要求与基金管理费用和超额收益分配挂钩，未完成返投要求可能会影响管理费用的收取和超额收益的分配；对返投进度定期进行考核，未完成阶段任务的不再实缴乃至强行退出；不断调整返投要求的具体内容和执行力度；甚至在基金设立之前，就要求GP完成一部分返投等。这些都让不少GP成为地方的"招商二部"，造成GP可能无暇顾及基金业绩的潜在负面效应。

4. 基金管理人的应对措施

尽管艰难，但为了应对新的募资和市场环境，GP仍然不断调整自身策略，实现业务的持续发展。GP需要从基金整体框架上进行设置，确定募集带返投资

金的比例，并考量自身的产业属性与地方的匹配程度，是否能够完成返投要求。事实上，现在大多数地方引导基金会要求子基金 GP 在申请的时候就带着符合返投要求的储备项目。而在基金设立后，地方政府也会每年对其返投完成情况进行考核，许多大机构近些年甚至会专门设置招商部门，负责落实各地政府部门的考核和要求。为了便于在当地发掘项目抑或为了跟地方各政府部门打好交道让项目更顺畅地落地，不少大机构甚至会在异地招聘，或让投资团队成员不少于一定时间驻扎当地。

5. 投后资源整合与政府合作

在投后管理过程中，GP 需要与地方政府保持密切沟通，以确保资金使用与当地经济政策一致。GP 不仅提供资金支持，还扮演着资源协调者的角色，需有效运用政府提供的政策和资源。具体如下：

1）与地方政府相关部门沟通，确保项目进展符合地方政策和要求。

2）协助企业享受地方政府提供的优惠政策，如税收减免、场地优惠、技术创新支持等。

3）在企业发展遇到阻力时，协助其与政府部门协调解决，包括审批流程、监管合规等。

这些任务需要较强的协调能力，有时也会由 GP 当地分公司来承担。上述每一条投后管理要求都直接指向地方政府引导基金的核心目标，即促进地方产业发展、吸引社会资本、带动地方经济增长。投后部门不仅需要完成常规的财务管理，还要兼顾地方政策与社会效益，这使得投后管理成为一项多维度、复杂的任务。

（八）LP 的权利与义务

在合伙制基金中，LP 的权利和义务是依据《中华人民共和国合伙企业法》（以下简称《合伙企业法》）及《合伙协议》来确定的。以下是一些主要权利和义务。

1. 权利

1）参与决策：LP 可以参加合伙人会议，行使表决权，但通常不涉及日常经营管理。

2）信息获取：LP 有权了解和监督基金的经营状况，包括获取经审计的财务会计报告。

3）收益分配：LP 有权按照合伙协议获得投资收益的分配。

4）查阅权：LP 有权查阅会议记录、审计财务会计报表及其他经营资料。

5）出资转让权：LP 有权将其合伙企业中的财产份额转让给第三方。

6）监督权：LP 有权监督基金管理人的业绩表现，并在必要时提出异议或采取行动。

2. 义务

1）出资义务：LP 有义务按照合伙协议约定的条件和方式如期足额缴付出资。

2）有限责任：LP 对合伙企业的责任以其认缴的出资额为限，不承担超出该额度的责任。

3）保密义务：LP 应保守合伙企业的商业秘密，不得泄露给第三方或用于与合伙企业无关的商业活动。

4）不干预经营：除非合伙协议有其他规定，LP 通常不得参与及干预合伙企业的正常经营管理。

5）遵守协议：LP 应遵守合伙协议中的所有约定，包括在必要时配合执行事务合伙人的要求。

在商业实践中，不少 LP 在保护自身利益时发现自身所处的位置微妙。LP 对合伙企业债务承担有限责任，作为对价就是其不参与合伙企业的经营管理。而当甩手掌柜，又面临经营中无法保障自身权益，事后追责又效果不佳的困扰。

对此，《合伙企业法》在有限合伙企业一章中特别规定了例外条款，该法第六十八条规定："有限合伙人不执行合伙事务，不得对外代表有限合伙企业。有限合伙人的下列行为，不视为执行合伙事务：(一)参与决定普通合伙人入伙、退伙；(二)对企业的经营管理提出建议；(三)参与选择承办有限合伙企业审计业务的会计师事务所；(四)获取经审计的有限合伙企业财务会计报告；(五)对涉及自身利益的情况，查阅有限合伙企业财务会计账簿等财务资料；(六)在有

限合伙企业中的利益受到侵害时，向有责任的合伙人主张权利或者提起诉讼；(七)执行事务合伙人怠于行使权利时，督促其行使权利或者为了本企业的利益以自己的名义提起诉讼；(八)依法为本企业提供担保。”

以上八项例外通常被称作“安全港条款”。虽然安全港条款等赋予了 LP 一定的权利保障措施，但是 LP 始终面临无法切实行使知情权，从而无法真正行使监督权、建议权、诉权等困境。为了避免事后陷于被动，通常在《合伙协议》中额外约定 LP 享有一定权限，较为常见的包括：(一)《合伙协议》约定设立合伙企业投委会，LP 可委派人员参加，享有参与投资决策权，甚至一票否决权；(二)约定 LP 控制合伙企业的财务章，或与 GP 共管合伙企业的章、证、照；(三)约定 GP 应当负责合伙企业的年度审计并及时提供审计报告等。

(九) 收益分配

合伙企业的收益分配条款是《合伙协议》中的重要组成部分，它规定了合伙企业盈利后的收益如何在合伙人之间进行分配。合伙企业收益分配条款通常包括以下内容：

1) 分配原则。明确收益分配的基本规则，比如是否按照出资比例分配，是否存在优先分配等。

2) 分配时间。规定利润分配的时间节点，例如每个财务年度结束后的一定期限内。

3) 分配对象。指明哪些合伙人有权参与利润分配，包括 GP 和 LP。

4) 分配比例。设定各合伙人分配利润的具体比例，可能包括 GP 的管理分红比例和 LP 的出资比例。

5) 分配顺序。如果存在多级分配，需要明确分配的先后顺序，例如首先回收本金，其次分配固定收益，最后分配超额收益。

6) 亏损承担。规定亏损发生时合伙人的责任和亏损的分担方式。

7) 税务处理。指明合伙人应如何处理因收益分配产生的税务问题。

8) 信息披露。指明 GP 应如何向 LP 提供财务报告和分配方案，确保透明度。

9）修改与补充。明确条款的修改和补充需要遵循的程序和条件。

10）争议解决。指明因收益分配产生的争议如何解决，包括协商、调解、仲裁或诉讼等。

11）生效条件。明确条款生效所需满足的条件，如合伙人的签字盖章等。

12）其他特殊分配安排。如对某些特定投资或项目的收益分配可能有特别约定。

（十）基金期限

合伙制基金的期限通常由《合伙协议》约定，它一般包括投资期、退出期以及可能的延长期。投资期是基金进行投资活动的时间段，而退出期则是基金从投资项目中实现退出、回收投资的时间段。延长期则通常用于处理未完成的退出或清算工作。合伙制基金的存续期限一般不少于 5 年，且不包括延长期。在实践中，基金合同通常会约定基金延长期限最长不超过 2 年或次数不超过 2 次，并可能赋予基金管理人 1~2 次单方延长期限的权利。

此外，合伙制基金的清算期也非常重要。清算期可以发生在合伙企业的经营期限届满前，此时合伙企业可能尚未发生解散事由，尚未进入清算阶段。该“清算期”并非法定的解散清算阶段，可理解为全体合伙人关于合伙企业经营管理的约定。在该期限内，执行事务合伙人主要负责处置变现合伙企业的财产，为后续合伙企业的解散清算做准备。如果“清算期”发生在合伙企业的经营期限届满后，合伙企业应当进入清算阶段，清算是一个不可逆的过程，清算期内合伙企业不得开展与清算无关的经营活动[1]。

（十一）管理费

普通合伙人作为管理人向有限合伙企业提供合伙事务执行及投资管理服务的对价。

---

[1] 尤杨，赵之涵，张树祥．资管争议解决：基金退出纠纷之一——合伙型私募基金清算期常见问答［EB/OL］．https：//mp. weixin. qq. com/s/R3rt6JNwBYjM7EHzU9CB6w，2020-11-24.

关于管理费的约定条款通常包括以下几个方面：

1）管理费的计提基数。管理费通常以基金认缴规模作为基数进行计提，尤其是在投资期内。但也有基金可能会根据实缴金额或已投资金额来计算管理费❶。

2）管理费费率。行业普遍遵循的惯例是每年收取基金规模 2%的管理费，但这个费率并非绝对，有些基金可能会根据特定情况调整费率，例如，一些早期投资或规模较小的 VC 基金可能会适用 2.5%的费率，而大规模的 PE 基金可能会适用低于 2%的费率。

3）管理费的调整机制。部分基金可能会设置管理费的调整机制，如根据基金规模的大小调整费率，或者在投资期结束后逐年降低管理费费率❷。

4）延长期管理费。关于延长期是否可以收取管理费，通常会有明确的约定。在一些情况下，如果基金期限延长与 GP 怠于履职有关，可能会约定延长期不得收取管理费或降低管理费提取比例。

5）管理费与其他费用的界定。《合伙协议》中应明确管理费与其他合伙企业费用的划分，以确保费用的合理性和透明度，防止 LP 实际承担的管理费高于约定的管理费金额上限。

6）管理费的支付时间。《合伙协议》中会约定管理费的支付时间，可能是每年、每半年或每季度支付，具体时间点可能与基金成立日或其他特定日期相关❸。

7）特殊安排。某些基金可能会对不同类别的投资者适用不同的管理费费率，或者基于预算的管理费安排，尤其是在一些特殊背景的基金中。

设置管理费条款的注意事项：

1）合理性。确保管理费用的费率与市场标准相符，同时反映基金的规模和复杂性。

---

❶ PE 易合规，私募基金管理费的收取方式［EB/OL］. https：//mp. weixin. qq. com/s/Vbvsten7vLIBfU0gOINJtg，2024-03-29.

❷ 王小芊．优势尽显！首批浮动费率基金，业绩告捷！［EB/OL］. 券商中国，https：//mp. weixin. qq. com/s/0Z31RGOd829loTMNOrFuXg，2024-04-14.

❸ 大连市基金业协会．解读·私募基金管理费的收取方式！［EB/OL］. https：//mp. weixin. qq. com/s/OwfFJgKVpxaDtOgtdH3pTw. 2023-08-31.

2）透明度。明确管理费用的计算方法、支付时间和支付方式，确保 LP 能够清楚理解其构成。

3）计提基数。确定管理费用的计提基数，如认缴资本、实缴资本或已投资资本等。

4）费率调整。设定在特定条件下管理费用率的调整机制，如基金规模的增加或投资期的延长。

5）税务影响。考虑管理费用对税务的影响，包括可能产生的税负和税收优惠政策。

（十二）业绩报酬

业绩报酬（Carry）是 GP 基于基金的超额利润所获得的一定比例的收益提成，作为对其管理基金的奖励。

关于业绩报酬的约定条款通常包括以下几个方面：

1）计提基础。业绩报酬通常基于基金的净收益，即扣除所有费用和成本后的收益。

2）优先回报。LP 通常会获得一个优先回报，通常规定一个固定百分比，如年化 8%，作为其投资的最低回报。

3）业绩报酬比例。GP 通常会在优先回报支付后，按照约定的比例提取业绩报酬，常见的比例为 20%。

4）回拨条款。为确保 GP 的业绩报酬与 LP 的利益一致，《合伙协议》中可能包含 GP 回拨条款，即 GP 需要返还超出约定比例的业绩报酬部分。

5）计提频率。业绩报酬的提取可能是在每个项目退出时进行，或在基金清算时根据整体业绩一次性提取。

设置业绩报酬条款的注意事项：

1）公平性。确保业绩报酬的计算方法和提取比例公平合理，能够激励 GP 同时也保护 LP 的利益。

2）透明度。业绩报酬的计算和分配过程应该是透明的，LP 能够清楚理解。

3）回拨机制。合理设计回拨条款，确保在业绩不达标时能够调整 GP 的业绩报酬。

4）优先回报。明确优先回报的计算方式和支付时点，保障 LP 的基本收益。

5）业绩基准。设定合理的业绩基准，作为衡量 GP 业绩的依据。

（十三）退出方式条款

退出方式条款规定了基金投资项目变现的途径和方法，是基金实现资本回收和利润获取的关键环节。

关于退出方式的约定条款通常包括以下几个方面：

1）退出渠道。《合伙协议》中应明确基金的退出渠道，包括但不限于 IPO、并购、股权转让、股权回购等。

2）退出决策。GP 负责制定退出策略，但重大退出决策可能需要 LP 的同意或通过合伙人会议决定。

3）退出时间表。《合伙协议》中可能包含退出的时间框架，指导 GP 在特定时间内完成投资退出。

4）退出优先级。在多个退出选项中，《合伙协议》可能规定了优先级，以指导 GP 的退出决策。

设置退出方式条款的注意事项：

1）明确性。退出方式条款需要具体明确，避免模糊不清导致未来执行时的争议。

2）灵活性。应考虑市场和项目的变化，设置一定的灵活性以适应不同的退出机会。

3）合规性。确保退出策略符合当地的法律法规和监管要求。

4）税务效率。考虑税务影响，设计税务效率较高的退出方案。

5）利益一致性。确保退出条款能够平衡 GP 和 LP 的利益，避免利益冲突。

6）决策机制。明确退出决策的流程，包括需要的批准层级和决策时限。

（十四）清算条款

清算条款规定了基金终止运作时资产的变现、债务的清偿和剩余资产分配的程序和规则。

关于清算的约定条款通常包括以下几个方面：

1）清算条件。《合伙协议》中应明确基金清算的条件，如基金存续期结束、投资项目全部退出或 LP 决定提前清算。

2）清算流程。包括资产的变现、债务的清偿、税务处理、剩余资产的分配等步骤。

3）清算分配顺序。通常首先返还 LP 的本金和应得回报，其次根据业绩报酬条款向 GP 支付提成，最后按照 LP 的出资比例分配剩余资产。

4）清算延长。在某些情况下，基金可能需要延长清算期以完成资产的变现，《合伙协议》中应对延长的条件和程序进行规定。

5）清算责任。明确 GP 在清算过程中的责任，包括资产变现的义务、信息披露的责任等。

设置清算条款的注意事项[1]：

1）清算流程。制定清晰的清算流程，包括资产评估、变现、债务清偿和资产分配等步骤。

2）责任分配。明确 GP 和 LP 在清算过程中的责任和义务。

3）清算时间。设定合理的清算时间框架，避免过长的清算期影响资金回流。

4）法律遵循。清算过程应符合相关法律法规，特别是关于资产评估和变现的规定。

5）税务处理。考虑清算过程中的税务问题，包括资产变现的税务影响和合伙人的税务申报。

6）信息披露。向 LP 提供清算过程中的定期更新信息和最终的清算报告。

7）争议解决。设定争议解决机制，包括争议的提出、处理和解决流程。

---

[1] 程建铭浅谈业绩报酬的中外差异与其对私募证券基金行业发展的影响［EB/OL］. KPMG 官网，https：//kpmg. com/cn/zh/home/social/2022/12/performance-fee-mechanism-between-china-and-overseas-and-the-significance-on-development-private-fund-industry. html. 2022-04-25.

四、私募股权基金的投资管理

（一）投资方式

顾名思义，股权投资基金是以获取被投企业的股份为主要投资行为，具体以增资扩股和老股转让两类投资方式为主。在实践中，明股实债和可转债也是股权投资中常见的投资工具。明股实债是指投资者以股权投资的名义进入被投资企业，但不论企业的经营状况如何，投资者都能通过如原股东回购、第三方收购、定期分红等形式实现投资本金的退出和收益的获取，这种收益通常与企业的业绩无关。可转债除还本付息等债权特征外，还约定了在未来某个时间点或时间段内，可以按照特定的转股价格将债权转换为发行公司的股份。

（二）退出方式

股权投资的退出方式主要包括以下几种：

1）首次公开发行(IPO)。这是最理想的退出方式，通过在证券市场挂牌上市实现资本的增值和退出。但存在上市门槛高、投资周期长等局限。

2）并购退出。这种方式与 IPO 相比条件限制较少，周期短、程序简单。上市公司可通过现金或发行股份形式支付对价来并购，但需符合监管要求。

3）股权转让。投资机构将自己的股东权益有偿转让给他人，适合于各种发展阶段的企业，可以立即收回现金或可流通证券。

4）股份回购。企业或企业管理层通过现金或有价证券向股权投资机构回购股份，是一种备用的退出方式。

5）借壳上市。通过收购上市公司的控股权，将投资项目注入上市公司实现退出，这种方式成本较高。

6）清算退出。对于项目失败的情况，通过法律程序收回企业残留资本，减少损失。

7）S 基金退出。S 基金专注于私募股权二级市场，从投资者手中买入二手份额或投资项目组合，提供退出机会，但可能需要放弃部分收益。

股权投资基金在进行增资时需要与项目团队及原股东探讨自身的退出方式，因为双方对投资基金退出方式的博弈与谈判将影响合同中对投资者权益条款部分的陈述，如回购义务、随售权、优先清算权等。

（三）投资人权利

1. 合格上市

在股权投资中，“合格上市”是一个重要的条款，它通常指公司和创始人在股东协议中承诺，在某一特定时限前，完成在某些特定地域/证券交易所的首次公开发行股票并上市工作，且上市后公司的市值应达到特定规模。这个定义涉及几个关键因素：

1）时间要求。合格上市的时间应综合参考公司本身的发展进度、财务情况以及基金的存续期限来确定。例如，国内许多私募股权投资通过基金形式完成，基金的存续期限可能是 5 年或 7 年，这个期限将影响合格上市的时间要求。

2）地点。合格上市条款通常需要对上市地点或交易所板块进行明确，主流的合格上市目的地包括上交所、深交所、北交所、纽交所、纳斯达克交易所、香港联交所、新交所及伦交所等。地点的选择应结合公司的业务属性、盈利能力等综合考虑。

3）市值规模。除了时间和地点的要求外，上市后的公司市值也应达到协议中约定的规模，这通常与投资回报和收益预期相关。

4）法律和监管要求。公司上市的前提是能满足目标证券交易所对拟上市企业的各项业务能力、财务指标、企业管治的要求。某些特定类型的企业，如新药研发企业，可能需要达到特定的研发进度才能申请上市。

2. 对创始人/核心团队的限制

作为股权投资机构，对创始人/核心团队的限制主要有两个方面。一是对其作为老股东，在股权处置上的权利限制。二是对其作为企业的经营管理层，在竞业禁止和保密义务等方面作出的限制。

在股权投资中，对创始团队股权处置的限制主要体现在以下几个方面：

1）股权转让限制。投资协议通常会规定创始人在一定期限内不得转让其持有的股份，未经投资方的同意，创始人不能随意处置其股权。这种限制的持续时间通常较长，常见的做法是从交易文件签署之日起数年内有效。

2）持股解锁机制。为了确保创始团队的稳定性，投资者往往会设置持股解锁机制。创始团队的股权通常会分期解锁，常见的解锁期限为3年到5年。这种机制旨在防止创始团队在公司初期阶段离职，从而影响公司的发展。

3）拖售权和随售权。拖售权允许在特定条件下，股权投资人在出售自己的股份给第三方时，要求创始团队按照相同的条件出售其部分或全部股份。这种条款带有一定的强制性，被拖售的股东通常无法拒绝出售其股份。此外，创始人在出售股权时，投资人也享有随售权，即在创始人出售股份时，投资者有权与创始人一起出售其股份，以维护其投资利益。

对创始团队作为经营管理层的限制主要体现在以下几个方面：

1）竞业禁止（Non-compete）。要求创始团队在任职期间及离职后一定时间内，不得直接或间接地经营、参与或投资与公司业务相竞争的活动。这通常通过签订竞业禁止协议来实现，可能包括对竞争业务的定义、限制的地域范围和时间期限等。

2）不招揽（Non-solicitation）。禁止创始团队在一定期限内招揽或引诱公司的员工、客户或供应商加入同业或竞争对手公司或从事竞争业务。这有助于保护公司的人力资源和其他关键商业关系。

3）保密义务（Confidentiality）。要求创始团队在任职期间和离职后不得泄露公司的商业秘密和其他保密信息。这通常在保密协议中规定，明确保密信息的范围、保密措施和违约责任。

4）核心团队稳定性。投资协议中可能要求创始团队成员作为关键人士，在投资协议中明确，并约定这些关键人士在一定时期内不得离职。

如果创始团队违反了竞业禁止、不招揽或保密义务，创始团队成员可能需要承担违约责任，包括支付违约金或赔偿损失等。

3. 优先购买权

在股权投资中，优先购买权(Right of First Refusal，ROFR)是指在公司股东计划向外部人转让股份时，其他股东或投资者在同等条件下有优先购买这些股份的权利。其主要目的是保护现有股东的利益，防止未经同意的外部人获得公司股份，同时给予股东在股权转让时的优先考虑。

考虑到《中华人民共和国公司法》第七十一条规定了有限责任公司股东在股权转让中的优先购买权，这一权利在投资合同的表述中通常较容易达成一致。优先购买权可能与其他类型的优先权，如优先认缴权、拖售权或优先清算权，共同构成保护投资者权益的条款组合。

4. 公司治理方面的约定

良好的公司治理结构能够确保公司的管理透明、权责分明，并能有效防范利益冲突和不正当行为，基金在投资拟标的公司时，通常会通过制定一系列的约束条款来影响和规范公司治理结构中的股东会、董事会和治理层。这些条款旨在保护基金的投资利益，确保公司按照基金的期望运作，并防范潜在风险。

(1) 股东会

第一，重大事项决议权。

基金通常会要求在股东会中一系列重大事项需经过特别决议或全体股东一致同意才能通过，这些重大事项可能包括公司章程的修改、股权结构的重大变动、公司清算或解散、重大资产处置、发行新股等，通过这样的约束，基金可以确保其在关键决策中拥有发言权，避免被其他股东的决策所左右。

第二，优先认购权和反稀释权。

基金可能会在股东会层面上要求优先认购权，即在公司发行新股时，基金有优先认购这些股份的权利，以保持其持股比例。此外，反稀释条款也可以在股东会中得到落实，以防止公司在低价增发新股时稀释基金的持股价值。

第三，股东会会议机制。

基金可能会要求设立定期的股东会会议，并规定会议通知、议程和投票机制

的详细流程，确保股东会决策的透明性和公平性，这也包括对股东会投票权的分配限制，确保基金在决策过程中能发挥足够的影响力。

(2) 董事会

第一，董事会席位和表决权。

基金通常会要求在董事会中占据一定数量的席位，以直接参与公司的重大决策，可能会要求设立独立董事席位或指定基金代表作为董事，以监督和影响董事会的决策。此外，基金可能会规定某些关键决策(如高层管理人员任免、年度预算和战略计划等)需获得基金任命的董事的特别批准。

第二，信息披露要求。

基金通常会要求公司定期向董事会提供详细的财务报告、运营报告以及其他相关信息，确保董事会成员能够及时掌握公司的运营状况，这一条款的设置使得基金能够在发现潜在问题时迅速采取行动，保护其投资利益。

第三，董事会会议机制。

基金可能会在董事会机制中设定详细的会议制度，包括会议的召开频率、通知程序、议题设置、决策流程等，基金还可能要求设立专门的董事会委员会，如审计委员会、薪酬委员会等，确保对公司关键事务的深入审查和决策。

(3) 管理层

第一，关键管理人员的任免权。

基金通常会通过条款对治理层关键人员(如首席执行官 CEO、首席财务官 CFO 等)的任免设定特别权限，要求基金有权参与或决定这些关键人员的聘用、解聘和薪酬待遇，可能还会规定治理层成员的任期和绩效考核标准，以确保管理层的稳定性和专业性。

第二，经营计划和预算审批。

基金通常要求治理层每年提交经营计划和预算，并且这些计划和预算须经基金的同意或基金任命的董事会成员批准，这使得基金能够对公司的战略方向和资金使用情况进行控制，防止治理层作出不利于投资者利益的决策。

第三，薪酬激励结构。

基金可能会对治理层的薪酬和激励结构作出约束，确保其与公司的长期发展目标一致，可能会要求治理层的薪酬与公司的业绩挂钩，并且设置明确的股权激励计划，激励治理层为公司创造长期价值，同时，基金还会确保治理层的薪酬激励结构不至于过度稀释基金和其他股东的利益。

通过这些对股东会、董事会和治理层的约束条款，私募股权投资基金能够有效地保护其投资权益，确保公司按照基金的预期方向发展，并在必要时采取措施防范潜在的经营和治理风险。

5. 拖售权

拖售权（Drag-Along Right）是私募股权投资协议中常见的一种条款，它允许基金在出售其所持股份时，强制其他股东一同按照相同的条件出售他们的股份。这种条款的主要目的是确保基金能够有效地退出投资，并且有助于基金在出售时实现更高的整体价值。

以下是关于拖售权的一些常见条款：

1）发起条件。规定触发拖售权的具体条件，如基金希望出售全部或大部分股份，且第三方买家提供的报价达到了事先约定的门槛值，并达到一定的财务标准或资质要求。

2）通知要求。规定私募股权基金在启动拖售权时需要提前多少天通知其他股东，通知中应包含交易的基本条款，如价格、付款方式、交割时间等。

3）同等条件。要求其他股东必须按照与私募股权基金相同的条款和条件出售股份，所有被要求出售股份的股东都将获得与私募股权基金相同的每股价格。

4）强制性。一旦私募股权基金启动拖售权，其他股东必须按照要求出售其股份。应约定针对个别股东不同意依照拖售义务出售股份的处理方案。

5）交易费用。规定交易过程中产生的费用如何分摊，如法律费用、审计费用，以及明确指出交易费用是否包含在交易价格中，或是额外承担。

6）例外情况。规定在某些特殊情况下，拖售权可能不适用，如政府干预、法律限制等。

对于私募股权基金而言，拖售权是一种重要的退出机制，特别是在基金需要快速退出的情况下。通过拖售权，基金可以确保在出售其持有的股份时，能够顺利完成交易，不会因小股东的反对而陷入僵局，这对于基金在退出时最大化回报具有重要意义。

在设计拖售权条款时，基金需要确保该条款的公平性和合理性，以避免因条款不公而引发股东之间的纠纷，拖售权的执行应符合法律规定，确保交易的合法性和合规性，基金在行使拖售权时还需考虑市场条件和公司的长期发展，以避免因短期退出而损害公司的长远利益。

6. 反稀释权

反稀释权(Anti-Dilution Rights)是一种保护投资者权益的条款，确保投资者在公司后续融资时，其持有的股份不会因新股发行而被稀释。反稀释权是私募股权基金在投资过程中常用的条款，尤其在被投公司有可能进行多轮融资的情况下。通过反稀释权，基金可以确保其持有的股份在公司估值上升的同时不被稀释，从而保持其相对持股比例和控制权。

以下是关于反稀释权的一些常见条款：

1）触发条件：规定什么情况下会触发反稀释权，通常是下一轮融资的价格低于投资者购买的价格。

2）反稀释机制：棘轮条款(Full Ratchet)，如果后续融资的价格低于投资者最初购买的价格，投资者将免费获得额外的股份，以使他们最初的购买价格等于最新一轮融资的价格，或是加权平均反稀释(Weighted Average Anti-Dilution)，基于最新一轮融资的总股本、融资金额和新发行股份的价格计算一个加权平均价格，并根据这个价格调整投资者的持股成本。

3）应用范围：明确反稀释权适用于哪些融资轮次，可能排除某些类型的融资活动，例如员工期权计划、可转换债务等。

4）通知要求：规定私募股权基金在启动反稀释权时需要提前多少天通知其他股东，通知中应包含触发反稀释权的具体情况，如融资价格、股份数量等。

在设定反稀释条款时，基金应充分考虑公司的长期发展战略和未来融资需求，以避免因条款过于苛刻而限制公司的发展潜力，同时确保公平性，避免损害其他股东的利益。

7. 股权激励

股权激励是一种长期激励机制，通过授予公司高管和关键员工一定比例的股权或期权，以激励其为公司创造长期价值。对于私募股权基金来说，拟投资标的是否具备有效的股权激励机制是评估投资价值的重要因素，一个有效的股权激励计划应能够吸引和留住关键人才，激励他们为公司的长期增长和价值提升贡献力量。

以下是关于股权激励的一些常见条款：

1）股权激励计划的设立。明确设立股权激励计划的目的、范围和对象，规定股权激励计划的总规模，即预留用于激励的股份总数。

2）激励对象。明确哪些员工或管理层成员有资格参与股权激励计划，以及规定激励股份的具体分配原则和标准。

3）激励工具。明确采用何种激励工具实施股权激励计划。

- 股票期权：授予参与者在未来某个时间以预定价格购买公司股票的权利。
- 限制性股票：直接授予一定数量的股票，但这些股票在一定期限内不能自由转让。
- 虚拟股票：授予参与者相当于一定数量股票的价值，但不涉及实际的股份所有权。
- 股票增值权：授予参与者在特定时间内股票增值部分的现金收益。

4）行权条件。规定股票期权或类似工具的行权期限，行权时的股票价格，行权所需的业绩指标或其他条件。

5）锁定期。规定在一定期限内，参与者不能出售或转让其获得的股份，达到一定条件后才能解锁。

6）回购条款。如果参与者离职或违反某些规定，公司有权回购其持有的激励股份，并规定回购时的价格计算方式。

7）绩效考核。建立对参与者绩效的评估体系，规定绩效考核的周期，如年度、季度等。

股权激励计划的设计必须谨慎，避免过度稀释现有股东的权益，如果股权激励计划设置得过于宽松或没有合理的退出机制，可能会导致股权过度稀释，损害现有股东的利益。此外，股权激励计划的激励条件应具备挑战性，以真正起到激励作用，而不是简单地将股权分发给员工，还需确保股权激励计划的合规性，避免因激励计划设计不当而产生法律风险。

（四）对赌及回购条款

1. 对赌及回购条款概况

（1）对赌条款的定义与实际意义

根据最高人民法院关于印发《全国法院民商事审判工作会议纪要》[1]的通知（以下简称《九民纪要》）的定义，“对赌协议”又称估值调整协议（Valuation Adjustment Mechanism，VAM），是指投资方与融资方在达成股权性融资协议时，为解决交易双方对目标公司未来发展的不确定性、信息不对称以及代理成本而设置的包含股权回购、金钱补偿等对未来目标公司的估值进行调整的协议。

对赌条款是对赌协议中的具体条款，杨明宇（2014）[2]指出对赌协议作为私募股权投资时普遍采取的一种契约安排，由当事人自由约定。常见的对赌条款生效触发条件为业绩指标、规定日期前获得证监会核准等。按照对赌标的划分，对赌条款可分为：现金补偿条款、股权调整条款、股权回购条款、股权或现金激励条款、特殊股权条款和其他条款。

对赌协议的核心内容包括但不限于以下几个方面：

1）估值调整。基于目标公司未来实际业绩与预期业绩的比较，对投资时的公司估值进行调整。

---

[1] 最高人民法院民事审判第二庭编著.《全国法院民商事审判工作会议纪要》理解与适用[M]. 北京：人民法院出版社，2019：140.

[2] 杨明宇. 私募股权投资中对赌协议性质与合法性探析——兼评海富投资案[J]. 证券市场导报，2014(2)：61-71.

2）业绩补偿。如果目标公司未能实现约定的业绩目标，融资方需要按一定标准和方式对投资方进行补偿。

3）股权回购。当目标公司未能满足预定条件，如上市失败或业绩未达标时，投资方有权要求融资方回购其所持有的股份。

4）对赌对象和工具。除了利润和上市时间，对赌的对象和工具可以非常宽泛，包括但不限于股权调整、货币补偿等。

5）法律风险。对赌协议的设计必须注意合法性，避免违反相关法律规定，以免产生法律风险。

（2）对赌条款的形式

蔡玲（2021）❶认为对赌主体、对赌标准和对赌筹码三者共同构成了对赌协议的三要素。其中，对赌的主体是指签订对赌协议的投资方和融资方。对赌标准即判定对赌协议生效的条款要求，对赌条款的形式由投、融资双方共同谈判确定，主要形式见表2-2。最后，对赌协议的筹码一般包括股权、现金、投资额等。

表2-2　对赌协议的一般条例示例

对赌标准	对赌条款示例
财务业绩	将营业收入、净资产、净利润、利润增长率等财务指标作为标准，如达到标准，融资方行使权力；如未达标准，投资方行使权力
非财务业绩	将KPI、产量、销售量、用户人数、技术研发等非财务指标作为标准，若达到标准，融资方可以得到股权或现金奖励
上市时间	若融资方不能在约定时间内上市，投资方可对融资方所持股份进行出售或收购
赎回补偿	若融资方无法将优先股按时赎回，投资方可以获得董事会多数席位或提高累计股息
管理层方面	若管理层离职，投资方有权接管企业
企业行为	若融资方未向投资方披露债务、对外担保等，发生实际赔付后，投资方可要求股东或企业进行赔偿

❶　蔡玲．基于对赌协议的企业私募股权融资研究——以小米和俏江南为例［D］．济南：山东师范大学，2021. DOI：10.27280/d.cnki.gsdsu.2021.000344.

(3) 对赌条款的作用

第一，对赌协议的引入有助于降低并购双方的信息不对称程度，进而降低双方的不确定性风险。Myers 等(1984)[1]指出上市公司在进行并购的过程中往往会面临信息不对称等问题，无法对收购标的进行准确估值并向外界传达有效信息。从投资方的角度出发，对赌在一定程度上弥补了投资方对于融资方未来经营状况未知的风险。Kohers 等(2000)[2]通过对 1984—1996 年的对赌协议进行分析研究，发现对赌协议可以有效降低由于信息高度不对称性引起的估值错误风险，同时帮助保留标的公司的高管资源。对赌同样是投、融资双方在市场博弈下的综合结果，通过约定补偿的方式解决融资方与投资方因信息不对称问题产生的公司估值差异问题(陈玉罡、刘彪，2018)[3]。

第二，对赌协议的引入有助于基于信号传递理论保护投资者的盈利，降低投资风险。王依(2018)[4]指出基于信号传递理论，优质的公司能够通过主动约定业绩增长承诺弥补投资者无法掌握融资者实际盈利信息的劣势，有助于投资者依据业绩承诺信号进行合理的投资决策。

第三，对赌协议的引入有助于激励被投对象积极提升自身的业绩水平，提高其管理能力。Barbopoulos(2013)[5]利用倾向性评分匹配公司的股价走势，发现采取对赌协议的公司能够在公告期内获取更多的正向收益，且表现优于无对赌的公司。国内学者同样发现相较现金支付方式，使用股份支付的对赌协议由于受到利益共同体的驱动，能够有效激励被投资公司的原股东提升经营的积极性，实现业绩增长的目标(余玉苗、冉月，2020)[6]。

---

[1] Myers Stewart C. , Majluf Nicholas S. . Corporate financing and investment decisions when firms have information that investors do not have[J]. North-Holland, 1984, 13(2).

[2] Ninon Kohers, James Ang. Earnouts in Mergers: Agreeing to Disagree and Agreeing to Stay[J]. The Joumal of Business, 2000, 73(3): 445-476.

[3] 陈玉罡，刘彪．信息不对称、对赌支付与收购方收益[J]．财贸研究，2018，29(6)：99-110.

[4] 王依．业绩补偿承诺和中小股东利益保护[D]．厦门：厦门大学，2018.

[5] Barbopoulos L, Wilson J. The valuation effects of earnout in M&A of financial institutions[R]. Responsible Banking and Finance Working Paper, University of St Andrews, 2013.

[6] 余玉苗，冉月．并购支付方式、目标方参与公司治理与业绩承诺实现[J]．当代财经，2020(3)：137-148.

（4）对赌条款的隐患

1）对赌协议可能会使被投公司经营盲目扩张，脱离实际情况。

企业经营者为了募集资金，往往忽略行业发展趋势，对自身的发展前景过于乐观地进行评估。对于处于发展初期和高速发展期的企业，私募股权融资带来的巨额资金能够有力地推动其发展，而对于发展成熟期和发展后期的企业来说，对赌协议的签订会给企业带来一定的压力，很可能使其发展脱离原来的轨迹，走向衰落。例如，永乐电器参与对赌时自身处于发展的成熟期，且电器行业已呈现饱和的状态，为了完成对赌目标，永乐电器改用粗犷的发展战略，扩大产品种类，违背了一直坚持的“小而精”的发展策略，从精准的小市场转移到陌生的大市场，失去了优势地位，最终导致对赌失败，失去企业控制权。因此，企业应根据所在行业发展状况合理选择融资方式，不能模仿其他企业盲目进行对赌融资。

2）对赌协议可能会因目标设置得不合理无法实现对投资者利益的承诺。

在实际的对赌协议中，往往会存在融资方设置过高的对赌目标，即超出企业的能力水平，致使企业无法实现对赌条款，最终对赌失败的现象。例如，孔宁宁等(2020)[1]通过雅百特案例研究发现，对赌前的高估值溢价和高业绩承诺与对赌期内低完成度或超精准兑付形成鲜明对比，增加了对赌失败风险。因此对赌协议需要谨慎合理地使用，才能更好地发挥其效用。

3）对赌协议可能会使管理层盲目追求企业业绩提升采取短视的行为。

为了保证对赌成功，企业管理层往往以牺牲企业的长远发展利益为代价，采取一些短期行为来迅速提升企业业绩。例如太子奶集团，管理者不顾企业的发展现状，盲目扩张，拓宽业务范围，导致企业失去原有的竞争优势，拖欠巨额的资金，最终不得不将61.6%的股份转移给投资方，企业最终对赌失败，失去控制权。管理层的决策对企业的发展至关重要，正确的决策是对赌成功的重要因素，

[1] 孔宁宁，吴蕾，陈绾墨．并购重组业绩承诺实施风险与中小股东利益保护——以雅百特为例[J]．北京工商大学学报(社会科学版)，2020，35(2)：69-79.

也是企业得以长远发展的关键。

(5) 回购条款的定义

对赌协议按融资方补偿义务，可以划分为股权回购型对赌协议及现金补偿型对赌协议。股权回购型对赌协议作为对赌协议的一种特殊形式，扮演资本市场重要融资工具的角色，其机制为投资方以注资形式向融资公司买入股权，并根据所约定的对赌目标是否实现而设置股权回购条款(纪苏文，2022)[1]。因此，回购协议作为一种投资工具，其目的主要为解决投、融资双方的信息不对称并降低投资风险。

以下是回购条款的几个关键要素：

1) 回购触发条件。可以是公司未能在约定时间内上市、未能达到约定的业绩目标，或者其他特定的违约事件等。

2) 回购主体。回购的主体可以是公司本身及公司的创始人、实际控制人或其他股东。在实践中，为了确保回购的可执行性，通常要求创始人或实际控制人承担回购责任。

3) 回购金额。回购价格通常基于投资方原始投资金额加上一定的利息或者回报率，有时会考虑公司净资产价值或者其他财务指标。

4) 回购顺位。在多轮融资的企业中，不同轮次的投资者可能有不同的回购顺位，后轮投资者可能要求在回购时享有优先顺位。

5) 回购权的行使期限。投资方在回购条件满足后，通常需要在约定的期限内行使回购权，否则可能会丧失该权利。

6) 回购权的终止和恢复。在公司准备上市时，为了满足“同股同权”的原则，投资者可能需要终止其回购权。如果公司未能在约定时间内完成上市，投资者的回购权可能会恢复。

7) 法律风险。回购条款的设计必须符合法律法规的要求，避免因违法而导

---

[1] 纪苏文．股权回购型对赌协议投资方利益保护问题研究[D]．天津：天津商业大学，2022. DOI: 10. 27362/d. cnki. gtsxy. 2022. 000022.

致条款无效。特别是公司作为回购主体时，需要完成减资程序，否则可能面临法律风险。

8）税务处理。股权回购可能涉及税务问题，如资本利得税等，需要提前规划和处理。

（6）回购条款的作用

1）股权回购型对赌协议对于融资方具有一定的激励性。

根据股权回购型对赌协议约定，当目标公司完成约定的对赌标的后，融资企业股东、实际控制人或其他董事、高级管理人员亦会因公司发展良好而获取股权激励或其他形式的报酬，这体现了协议为融资企业管理层赋予的激励性。这种激励机制对企业的良性发展有促进作用，能够提高企业的盈利上限，充分发挥融资企业自身的主观能动性，形成良性的经营发展循环。由此，股权回购型对赌协议对企业内部亦存在良性推动作用，不仅有利于推动对赌目标完成，也有利于从融资企业内部促进管理人员忠诚履职，防范道德风险（史程雅，2020）[1]。

2）股权回购型对赌协议对于投资方具有一定的保护性。

股权回购型对赌协议区别于一般的融资协议，在设置上为投资方引进了保护机制。首先，融资方在协议条款磋商阶段，为保证对赌目标合乎实际、符合预期，以防出现对赌失败的不利后果，必须在利益衡平的同时尽量提供真实、完整的经营情况和业绩目标，以期在对赌目标上达成合意。其次，股权回购型对赌协议在出现对赌目标落空的情况下，也为投资方设置了在一定程度上规避风险的退路，即要求融资方进行估值调整，履行股权回购义务。当融资方无法实现既定的对赌目标时，投资方可以通过事先约定的股权回购条款降低投资的商业风险。由此，股权回购型对赌协议在协议条款设置上体现了对投资方的一种保护机制。

---

[1] 史程雅.《九民纪要》背景下“对赌协议”履行机制的探讨[D]. 长春：吉林大学，2020. DOI：10. 27162/d. cnki. gjlin. 2020. 004710.

（7）回购条款的问题与挑战

1）“先减资后回购”存在挤占投资方利益空间的情况。

如果投资方请求目标公司履行其回购股权的义务，而目标公司没有完成减资程序，那么人民法院就不能支持投资方的诉讼请求，即“先减资，后回购”（田烁坊，2024）❶。在具体的实践过程中，未参与对赌且未提供对赌担保责任的股东往往为了自身利益而反对减资，最终的结果是难以形成有效的减资决议，使对赌协议约定的股权回购义务无法履行。当目标公司具备履行股权回购义务的能力却怠于履行或故意不履行减资程序时，投资方的利益空间将会受到挤占。

2）回购资金来源限制规则的缺位。

股权回购型对赌的经济实质为公司以独立资产向股东无对价单向流出，即“资本返还”。因此，目标公司依对赌协议产生的股权回购义务实际为向投资方给付相应回购款的金钱给付之债，回购的事由限制只应被视作问题的表面，判断其能否实际履行的关键应回归至对回购资金来源的明确。而回购资金来源指的是“资产或现金流意义上的资金来源”（刘燕，2020）❷。在资本维持原则的规制框架下，回购资金来源限制可以为公司回购划定合理的可用资金区间，进而有效规避股权回购对资本维持原则带来的冲击。然而，如果不确立具体标准对回购资金来源加以适当限制，公司的回购行为则极有可能损及公司法定资本进而触及资本维持原则的规制红线，甚至通过机会主义行为致使公司资产不当外流，严重侵蚀公司的独立法人人格（曹永鑫，2024）❸。

（8）对赌及回购条款的履行

对赌及回购条款普遍存在于股权投资领域，近年来股权投资人普遍面临监

---

❶ 田烁坊．股权回购型对赌协议可履行性实证研究［D］．长春：吉林大学，2024. DOI：10. 27162/d. cnki. gjlin. 2024. 006593.

❷ 刘燕．“对赌协议”的裁判路径及政策选择——基于 PE/VC 与公司对赌场景的分析［J］．法学研究，2020，42（2）：128-148.

❸ 曹永鑫．股权回购型对赌协议履行问题研究［D］．哈尔滨：黑龙江大学，2024. DOI：10. 27123/d. cnki. ghlju. 2024. 002011.

管环境变化带来的退出渠道拥挤等困境，股权投资退出环节也越来越受重视。2024年8月，最高人民法院就回购权行权期限及失权问题进行了解释，对股权投资退出产生深远影响❶。所谓“回购权行权期限”，即在对赌协议中各方设置的股权回购权行权期限条款，主张回购的一方需要在约定的期限内进行回购❷。

1）双方约定回购权行权期限。

如果当事人双方约定了投资方请求对方回购的期间，比如约定投资方可以在确定未上市之日起3个月内决定是否回购，那么应当尊重当事人的自由意志，认可该约定。如果投资人超过该3个月期间请求对方回购的，可以视为放弃回购的权利或选择了继续持有股权，人民法院对其回购请求不予支持。

2）双方未约定回购权行权期限。

如果当事人双方没有约定投资方请求对方回购的期间，那么投资方应在合理期间内行使权利。为稳定公司经营的商业预期，审判工作中对合理期间的认定以不超过6个月为宜。诉讼时效从提出请求之次日起算。如果投资机构在对赌触发的6个月内未行使回购权，则视为放弃❸。

以上有关当事人双方回购行权期限的规定有助于明确投资方和融资方在对赌协议中的权利义务，确保交易的公平性和法律的确定性。

（9）中外发展对比

基于目前的研究和张巍教授在其发表的文章《硅谷无对赌》中所表达的观点，中国资本市场上的对赌协议与境外资本市场上并购交易中常见的购股价格调整机制（Purchase Price Adjustment）相似，但又存在明显区别（表2-3）。

---

❶ 股权投资退出纠纷系列丨新《公司法》下对赌条款的履行问题[EB/OL]. https://www.kwm.com/cn/zh/insights/latest-thinking/disputes-in-withdrawal-of-equity-investment-performance-of-adjustment-mechanism-under-new-company-law.html，2024-10-12.

❷ 对赌协议争议解决（三）：回购权行权期限及失权问题[EB/OL]. https://www.junhe.com/legal-updates/1506，2021-06-26.

❸ 从投资人视角简评最高院关于股权回购权行权期限的精选答问[EB/OL]. https://www.junhe.com/legal-updates/2504，2024-09-02.

表 2-3 对赌协议及购股价格调整机制核心要素对比

机制名称	交易类型	交易标的	交易双方	存续时间	触发后果	目　　的
对赌协议	融资	新股	公司 VS 投资人	交割后	大股东现金/股权补偿投资人，或投资人要求公司/大股东回购其股权	保障投资人收益或为投资人提供退出途径
购股价格调整机制	并购	老股	股东 VS 收购方	交割日	收购方在交割时实际支付的价款金额根据届时公司的运营资本等指标进行调整	保障收购价格与公司价值相符

资料来源：钟月萍．反思中国式对赌［EB/OL］．天达共和法律观察，https：//mp. weixin. qq. com/s/G2N6ccBCOzb1K0Yx-4DAMQ，2016-05-01.

1）购股价格调整机制。

购股价格调整机制是指并购交易的买卖双方约定根据影响购股价格的因素的实时变化情况，在交割时调整购股价格的商业安排。采用该机制的目的在于，在一项并购交易中，从买卖双方确定收购价格到买方支付价款完成交割，可能经历较长的时间跨度，在此期间，公司的经营情况、财务数据都发生了一系列的变化，买卖双方可能希望在交割时据此对收购价格做相应调整，以反映被收购公司的真正价值。

2）对赌协议。

对赌协议与购股价格调整机制类似却不相同，其多用于公司融资的情形，此时投资款付给公司而非股东，但为了防止公司在交割后业绩停滞或发生不利变化，或为了约束大股东在交割后更好地经营和管理公司，对赌指标的考察及对大股东的奖惩设置在交割后进行。

综上，对赌机制下，投资人不仅可能达到调整投资成本以保障收益的目的，还可以借由该机制要求大股东"接盘"，从而提前退出公司。而购股价格调整机制则更多地用于并购的情形，此时收购方将购股价款支付给公司的股东，因买卖双方最关心购股价格，调整机制通常在交割日执行。购股价格调整机制下，收购方通过交易取得的股权比例不变。

2. 对赌及回购条款的实务及应用

（1）不同管理人对对赌及回购条款的应用模式

国有资本和民营资本在对赌及回购条款的应用上呈现出明显的差异。国有资本倾向于更保守和标准化应用，主要出于对风险控制和资产保值的考虑。相比之下，民营资本的应用更加灵活多变，其使用模式更多地取决于具体的投资环境和双方的相对地位。这些差异反映了两种资本在投资理念、风险偏好和管理方式上的不同。而外资在内地市场的投资模式与本土民资机构大致相同，唯独对于国际经验的应用与法律合规的考量更为细致（表 2-4）。

表 2-4　不同类型资金管理人对对赌及回购条款的主要考虑对比

	国资及混合所有制机构	本土民资机构	外资机构
风险偏好及投资策略	风险偏好保守：国有资本管理人通常更加谨慎，这源于其对国有资产保值增值的责任。他们倾向于使用对赌及回购条款来降低投资风险，确保投资收益[①]	投资策略灵活：民营资本及外资的对赌及回购条款应用更加灵活，根据具体情况而定。在某些情况下，他们可能会采用“对赌”模式来推进上市公司的平稳过渡[②]	国际经验应用：外资往往会借鉴其在国际市场的经验，将一些成熟的对赌模式引入中国市场。这些国际经验的应用有助于提高中国上市公司的质量。此外，部分外资投资机构会制定相比内资机构更为详尽的条款，包括但不限于财务指标、公司治理、市场份额等多个方面[③]
与被投企业之间的相互地位	相对强势地位：由于国有资本背后的强大实力，他们在谈判中往往处于优势地位，能够更容易地要求被投资企业接受对赌及回购条款[④]	相对地位互异：民营资本及外资是否使用对赌及回购条款在很大程度上取决于其与被投资企业之间的相对谈判地位。当民营及外资机构处于强势地位时，更有可能要求使用此类条款[⑤]。例如民资投资机构具备较强的股东背景，或被投企业具备较强的出海能力及需获得境外机构认可时，投资机构的强势属性较为明显	

续表

	国资及混合所有制机构	本土民资机构	外资机构
合同条款主要考量方向	控制亏损：国有资本对本金亏损的容忍度较低，这促使他们更多地使用对赌及回购条款作为保护机制。例如，在某些情况下，部分国资机构会要求在业绩考察期结束后进行专项审计，以确保对赌及回购的顺利完成[6]	多元考量：部分民营资本制定对赌条款不仅仅是为了保护投资，还可能以此作为控制企业的手段，在一定程度上反映了民营资本在投资策略上的多样及灵活性[6]	法律合规：由于中国对外资投资有特定的法律法规，外资在使用对赌条款时较为注意法律合规性。例如，某些行业可能受到投资限制，外资需要考虑这些限制在对赌及回购协议中的影响[7]。若涉及国有资产，相关协议可能需要获得国资委和商务部门的相应审批[8]

注：①大连自贸片区．国资纾困民营上市公司大连自贸片区推动双向“混合所有制改革”不断深化[EB/OL]. Available at：https：//www. dlftz. gov. cn/mobile/news_265257. html，2021-12-12.

②王寅田，黄张凯，陈萌．“不平等条约?”：我国对赌协议的风险因素分析[J/OL]. 金融研究，2017，446(8)：117-128. Available at：http：//www. jryj. org. cn/CN/10. 12094/1002-7246(2017)08-0117-12.

③环球律师事务所．环球律师事务所国有资产监管专题报告[EB/OL]. Available at：https：//www. glo. com. cn/UpLoadFile/Files/2024/10/31/118276323f618ddc-b. pdf，2020-03-09.

④World Bank. 中国经济增长新动能[EB/OL]. Available at：https：//documents1. worldbank. org/curated/en/720491585668929282/pdf/Innovative-China-New-Drivers-of-Growth. pdf，2019.

⑤陈柳凤．回购型对赌协议履行中的资本管制边界研究[J/OL].《上海法学研究》集刊，2022(22). Available at：https：//www. jfdaily. com/sgh/detail? id=716776. 2022-04-18.

⑥国务院国有资产监督管理委员会．关于印发《关于深化中央企业内部审计监督工作的实施意见》的通知[EB/OL]. Available at：https：//www. gov. cn/zhengce/zhengceku/2020-10/13/content_5550945. htm，2020-09-28.

⑦金橙俱乐部．平安银行史上最全 PE 投资规则对赌协议解读[EB/OL]. http：//bank. pingan. com/jincheng/zixun/jijin/24114419834488. shtml，2022-06-02.

⑧金诚同达律师事务所．从实际案例谈 PE 对赌协议的应用[EB/OL]. Available at：https：//www. king-capital. com/content/details49_7793. html，2015-06-25.

（2）项目出险的处理模式及决策过程

在进行股权投资中，对赌条款的风险处理是一个复杂的过程，需要投资方具备专业的判断能力和灵活的处理策略。当被投资企业未能达到约定目标时，项目就会面临出险风险，通过合理的决策流程和多元化的处理模式，投资方可以在保护自身利益的同时，也为被投资企业的长远发展创造条件。在实际操作中，投资方应当首先根据具体情况开展全面风险评估，分析项目出险的原因、程度和潜在影响，选择最适合的处理方式，以实现投资价值的最大化。基于评估结果，投资方会与被投资企业管理层进行沟通，以便形成合力，共渡难关。对赌条款的设置和执行不应成为束缚企业发展的枷锁，也不应认为是投资机构的护身符，而应是促进双方合作、共同创造价值的工具。只有在平衡各方利益的基础上，才能实现私募股权投资的可持续发展，为创新型企业的成长提供有力支持。

1）重新谈判：与被投资方协商调整对赌条款。当项目出现风险时，重新谈判往往是首选的处理方式。这涉及与被投资方协商，调整原有的对赌条款，如延长履约期限或调整业绩目标。这种方法可以为被投资企业提供更多时间和空间来实现约定目标，同时也能维护投资人的长期利益。在重新谈判过程中，投资方需要考虑被投资企业未达成目标的原因、市场环境和行业趋势的变化、被投资企业的未来发展潜力，以及调整后的条款对双方的影响。这种灵活的处理方式有助于维护投资双方的长期合作关系，为企业的持续发展创造有利条件。

2）提供支持：如果投资方认为被投资企业仍有发展潜力，可以选择提供额外支持。这可能包括提供额外的资金支持、引入战略投资者带来新的资源和机会，或提供管理和运营方面的指导。通过这种方式，投资方可以帮助被投资企业渡过难关，提高其实现对赌目标的可能性。同时，这也体现了投资方的长期投资理念和价值创造能力。在实践中，许多成功的私募股权投资案例都显示，投资方的积极支持和资源整合能力对被投资企业的发展起到了关键作用❶。

---

❶ 金杜律师事务所．私募与基金热点问题解读及实务分析[EB/OL]．https：//mp. weixin. qq. mm/s/odFaEE6frDrODa3SobSFGA，2022.

3）执行对赌：要求被投资方履行对赌义务。当重新谈判和提供支持都无法解决问题时，投资方可能会选择执行对赌条款。这通常涉及股权调整、现金补偿或强制回购等措施。执行对赌时，投资方需要谨慎考虑可能带来的法律风险和对公司运营的影响。同时，也要评估执行对赌对未来融资和上市可能造成的不利影响。在实务中，执行对赌条款往往是一个复杂的过程，需要投资方具备专业的法律知识和谈判技巧，以确保在保护自身权益的同时，不会对被投资企业的正常经营造成过大冲击。

4）寻求退出：通过二级市场转让或回购等方式退出投资。当项目前景不佳，且其他方式都无法有效解决问题时，投资方可能会选择退出投资。退出方式包括二级市场转让、股权回购，在极端情况下，甚至可能需要考虑公司清算。在选择退出方式时，投资方需要权衡多个因素，包括投资收益、市场环境、法律风险以及对其他投资项目的影响。退出决策不仅关系到当前项目的处理，还可能影响投资机构的声誉和未来的投资机会，因此需要审慎考虑。

（3）行业特性与对赌及回购条款的设计

对赌条款和回购条款的设计是一门艺术，除了必需的通用条款外，需要充分考虑被投资企业所处行业的特性。不同行业的发展周期、风险特征和价值创造模式各不相同，这些因素直接影响着投资者和企业家在谈判中的考量点。本书将简要探讨创新药、新消费、高端制造业和硬科技等热门行业的特性，以及这些特性如何影响对赌及回购条款的设计。创新药行业需要考虑长周期和高风险，新消费行业要关注快速变化的市场环境，高端制造业应注重技术创新和产业链协同，而硬科技行业则需要关注技术突破和人才保留。

创新药行业以其独特的特性著称，包括漫长的研发周期、巨额的投资需求、高风险高回报的特征以及严格的监管环境。这些特点决定了在设计对赌及回购条款时需要采取特殊的考虑。鉴于新药从研发到上市通常需要10~15年，对赌周期可能需要设置得更长，通常在5~10年。同时，可以将研发里程碑作为对赌条件，如完成某个阶段的临床试验或获得新药批准等。考虑到行业的高风险特性，设置阶段性估值调整机制也是明智之举，可以随着研发进展逐步提高估值。在回购条款方面，由于前期投入巨大，需要平衡投资者的最低回报要求和公司的现金流状况❶。

相比之下，新消费行业呈现出截然不同的特点。这个行业以市场变化快、品牌价值重要、渠道多元化以及数据驱动为特征。因此，在设计对赌及回购条款时，可以考虑设置年度或季度的销售额、用户增长率等短期业绩指标。同时，将品牌认知度、用户满意度等软指标纳入对赌条件也很重要，因为这些因素直接关系到企业的长期竞争力。此外，鉴于渠道的重要性，可以将特定渠道的销售占比或新渠道开拓数量作为对赌条件。在数字化时代，用户数据的质量和数量也应该被视为估值调整的重要依据❷。

高端制造业作为国家战略性产业，具有技术密集、资本密集、产业链协同以及受国家政策支持等特点。在设计对赌及回购条款时，可以将技术突破、专利申请数量等作为对赌条件，体现企业的创新能力。考虑到行业的长期性，设置3~5年的长期业绩目标更为合适。同时，鉴于产业链协同的重要性，可以将与关键供应商或客户的战略合作作为对赌条件之一。此外，获得国家级项目或基金支持也可以作为有利条件纳入考虑范围。

硬科技行业则以其高技术门槛、长商业化周期、跨学科融合以及对人才的高度依赖而著称。在设计对赌及回购条款时，可以将关键技术突破或原型验证作为对赌条件。考虑到商业化的不确定性，设置基于技术进展的弹性估值调整机制是明智之举。鉴于人才在这个行业的关键作用，将核心技术团队的稳定性作为对赌条件之一也很重要。同时，知识产权布局和保护措施也应该纳入考虑范围。

（4）对赌及回购条款与投资者权利的关系

在法律实务中，股权回购权的行使是否等同于投资协议的解除权是一个具有争议的问题。解除权通常意味着合同的终止，而回购权则可能仅限于股权的重新

---

❶ 德勤 . 2023 年中国并购交易市场洞察及 2024 展望[EB/OL]. https://www2.deloitte.com/content/dam/Deloitte/cn/Documents/finance/deloitte-cn-fa-2023-china-ma-market-insights-and-2024-outlook-zh-240227, 2023.

❷ 中伦律师事务所 . 四个注意事项，赢得对赌战“疫”！——对赌协议与 Earn-out 法律实务分析[EB/OL]. https://www.zhonglun.com/research/articles/7818.html, 2020-03-31.

安排，不一定导致合同的全面解除。

为了系统性论述对赌及回购条款的投资者权利，需要首先厘清当中所涉及的给付请求权及回购请求权。其中，给付请求权是法律赋予债权人要求债务人履行合同中明确规定的义务，其核心在于合同履行的强制性，通常通过诉讼方式实现。给付请求权的法律基础在于合同法的相关规定，强调合同双方的约定必须得到执行，除非存在不可抗力或合同无效等特殊情况。回购请求权则是股东或投资者在特定条件下，要求公司或其他股东回购其持有股份的权利，目的是保护投资者在公司未达到预期业绩时的利益。回购请求权的行使通常需要满足特定的条件，如公司未达到特定的财务指标或经营目标等。两者的区别在于，给付请求权着重于债务履行，而回购请求权涉及股权的再分配和财务安排❶。

在某些情况下，回购权的行使可能导致投资协议的部分或全部终止，具体取决于协议条款和法院的解释。这种解释强调了协议条款在法律纠纷中的重要性，特别是在涉及复杂财务安排的投资协议中，明确的条款可以减少不必要的法律争议。而在实际应用中，则需关注判例的引导性，在(2020)粤 0304 民初 32814 号案件中，法院认定回购权属于形成权，一旦行使，即发生解除投资人与目标公司签署的投资协议的后果。这意味着投资人不再享有基于投资协议产生的股东权利。法院的这一判决强调了回购权行使的法律后果，特别是在协议中未明确约定回购权行使后果的情况下，法院倾向于按照形成权的性质进行解释。不过需要留意的是，相关议题的争议并未平息，根据《中华人民共和国民法典》第五百五十七条第二款的规定，“合同解除的，该合同的权利义务关系终止”。由此而言，如果仅仅以解除权进行简化处理，则可被认为完全终止原法律关系，后续不论是行使给付请求权还是回购请求权，都将缺乏法律依据❷。

---

❶ 天衡联合律师事务所．股东回购权之形成权与请求权之辩[EB/OL]. http://www.tenetlaw.com/index.php?m=content&c=index&a=show&catid=8&id=1410，2020.

❷ 北京金诚同达律师事务所．股权回购权纠纷裁判解析[EB/OL]. https://www.jtn.com/CN/booksdetail.aspx?type=06001&keyid=0000000000000008189&PageUrl=majorbook&Lan=CN，2024.

此外，也需从企业经营的角度考虑相关影响回购权的行使可能导致企业现金流紧张，影响其后续发展能力。因此，投资方与企业在行使回购权时需要权衡利弊，以避免对企业运营造成过大的财务压力。此外，企业在与投资者签订协议时，应明确约定回购权的行使条件和后果，以减少法律风险和不确定性，并实现利益的平衡，此外，行权的顺序与投资顺序之间的关系，行权的期限等事项，均需与被投企业进行协商，一般而言最高法建议行权期限不超过 6 个月。司法实践对此存在分歧，部分判例强调合理期限的重要性并严格执行 6 个月要求，而其他判例则倾向于根据合同目的及市场变化进行综合判断，不拘泥于 6 个月的硬性限制❶。

（5）案例分析

为了更好地展示对赌对于企业发展的影响，在此列举部分对赌案及回购例以供读者参考。对赌及回购条款的签署涉及因素诸多，被投及投资机构在产生投资意向起就处于博弈或共赢状态，投资机构在进行尽职调查的同时，也需梳理与被投企业签订投资协议中相关条款的作用及目的，以便在对投资资本进行保护的同时，给予企业发展空间，而非将被投企业的发展捆绑或束缚。

1）声通科技成功案例。

声通科技作为中国交互式人工智能领域的领军企业，近年来在企业级全栈交互式 AI 解决方案市场中取得了显著进展。公司于 2024 年 6 月通过港交所上市聆讯，展现了其在行业中的竞争力和发展潜力❷。然而，公司在发展过程中面临着来自科大讯飞等竞争对手的压力，以及对赌协议带来的挑战❸。

声通科技作为被投资方，与多家投资机构签订了对赌协议。其中，上海西鼎是较早期的投资者之一❷。具体对赌金额未在公开资料中详细披露，但根据报道，声

---

❶ 中联律师．“对赌协议”中回购权性质及行权期限的分析及建议［EB/OL］. https：//mp. weixin. qq. com/s/Eopb8_GsBc9VPd_76H10FQ，2024.

❷ 地产 k 线．声通科技通过港交所聆讯：身背 8 亿对赌，七年估值提升 23 倍［EB/OL］. https：//new. qq. com/rain/a/20240620A04YG900，2024-6-20.

❸ 子弹财经．被科大讯飞“碾压”多年，声通科技身负对赌协议再闯港交所［EB/OL］. https：//finonce. sina. wm. cn/wm/2024-01-25/doc：inaetytz8393698. html，2024-1-25.

通科技背负着约 8 亿元的对赌协议❷。对赌协议的具体条款未公开，但值得注意的是，声通科技在 2020—2023 年进行了多轮融资，估值从 3.5 亿元提升至 80 亿元，显示了公司快速增长的轨迹❷。尽管面临挑战，声通科技在业务发展上仍取得了显著进展。2021 年至 2023 年，公司收入从 4.60 亿元增长到 8.13 亿元，年复合增长率达 33%❶。这一增长趋势表明公司在履行对赌协议方面取得了一定成功。

在后续企业发展方面，声通科技展现出了积极的势头。根据艾瑞咨询报告，以 2022 年收入计算，声通科技成为中国第二大企业级全栈交互式 AI 解决方案提供商，市场份额为 2.7%❷。在技术创新方面，公司开发了 Voicecomm Suites 功能模块，覆盖了交互式 AI 解决方案的主要应用场景。财务表现上，2023 年公司实现收入 8.13 亿元，但仍录得 2920.1 万元亏损，这表明公司仍在投资增长阶段。在资本市场方面，公司于 2024 年 6 月通过港交所上市聆讯，标志着其向公开市场迈出重要一步。

2）象帝先失败案例。

象帝先作为中国 GPU 领域的独角兽企业，其对赌案例引发了业界广泛关注。公司成立于 2020 年，由前景嘉成创始人唐志敏创立，致力于开发 GPU 产品❸。2022 年，基于英国 Imagination Technologies 的 IP 核授权，象帝先推出了第二款 GPU 芯片项目（PANGU）❷。

为顺利融资，象帝先与多家知名风投机构签署对赌协议。尽管具体对赌金额未公开披露，但据报道，象帝先在多轮融资中估值曾达到 150 亿元人民币。然而，对赌协议的执行过程并非一帆风顺。据报道，象帝先 CEO 唐志敏曾披露一份对赌协议，承诺 B 轮融资规模须达 5 亿元。2024 年 8 月底，象帝先突然宣布解散，数百名员工被裁撤，相信与此对赌失败相关❷。

对赌失败后，象帝先面临严重的资金危机和法律纠纷。有报道称，公司因触

---

❶ 时代周报猛犸工作室．港股 IPO｜与科大讯飞同场竞技，声通科技多个细分领域市占率落后竞对，C 轮估值仅 20 亿元[EB/OL]. https://finance.sina.cn/2024-06-24/detail-inazvzax0512848.d.html，2024-06-24.

❷ 中国财经网．声通科技持续盈利再创新高对赌解除递表港交所[EB/OL]. http://hy.stock.cnfol.com/dianzixinxijishu/20240222/30622491.shtml，2024-2-22.

❸ 林志佳．对赌失败！估值 150 亿的中国 GPU 独角兽象帝先一夜之间解散，数百人被裁[EB/OL]. https://www.163.com/dy/article/JATTJE9H05118O92.html，2024-08-31.

发对赌协议而卷入诉讼案[1]。这种情况不仅影响了公司的正常运营，还导致创业者和投资机构之间的关系恶化。对赌协议的执行结果反映了科技创新企业在快速发展过程中面临的挑战和风险[2]。

象帝先的案例引发了业界对“回购诉讼”与“对赌协议”的广泛讨论。尽管对赌协议旨在激励企业快速发展并保护投资者利益，但在实际执行中可能带来负面影响。一些专家认为，过于严苛的对赌条款可能会阻碍企业的长期健康发展，特别是在需要长期投入的科技创新领域。象帝先的案例为中国科技创新企业和投资者提供了重要启示。它强调了在制定对赌协议时需要平衡短期业绩压力和长期发展需求的重要性，同时也凸显了科技创新企业在面对市场不确定性时的脆弱性。未来，投资者和创业者可能需要探索更灵活、更可持续的投资合作模式，以支持科技创新企业的健康发展。

3. 未来发展趋势及建议

（1）智能合约与强制履约

智能合约通过区块链技术实现了合约条款的自动化执行，这为对赌协议的履约提供了一种全新的解决方案。智能合约不仅能够提高履约的效率，还能增强合约的透明度和可信度，减少因信息不对称而导致的争议。采用了智能合约形式的对赌协议，如果企业未能达到约定的业绩目标，则智能合约会自动触发预先设定好的补偿机制，如股份回购或调整股权比例。这一过程完全由区块链上的智能合约自动完成，无须任何一方手动介入。

随着技术的成熟，智能合约将更加广泛地应用于 PE 领域，特别是在那些规则明确、数据可得性强的情况下，智能合约可以自动触发对赌协议中规定的条款执行，减少人为干预，降低欺诈风险，并提高执行效率。在设计智能合约时，确保所有条款都被精确表述，防止因技术限制导致的执行失败，积极探索智能合约

[1] 陈颖．私募对赌真相：赢了官司，赢不了收益？［EB/OL］. http：//yuanchuang. caijing. com. cn/2024/1005/5041372. shtml，2024-10-5.

[2] 新浪财经．对赌，杀死 150 亿重庆独角兽［EB/OL］. https：//finance. sina. com. cn/tech/roll/2024-09-04/doc-incmyuyf9285647. shtml，2024-09-04.

在对赌协议中的应用，尤其是在条款明确、数据记录要求高的场景中[1]。

（2）新兴行业的对赌与回购条款自适应化

新兴行业（如人工智能、生物科技等）的特点是不确定性高、成长速度快。因此，传统的固定条款可能不再适用，而是需要根据企业的实际运营情况进行动态调整，自适应化条款允许根据企业的发展阶段和市场变化灵活调整对赌条件，以更好地平衡双方的利益，可以充分解决因目标设置的不合理无法实现对投资者利益承诺的问题。

随着行业经验的积累，对赌协议将越来越倾向于个性化设计，以适应不同行业的特殊需求，引入如行业特性考量、发展阶段匹配、地域差异等因素，同时条款设计也将更加注重动态调整，引入如业绩触发机制、特定事件触发机制、分阶段设计等因素，以应对企业发展过程中的不确定性，使协议能够根据实际情况做出反应[2]。

（3）平衡企业发展与履约责任

传统的对赌协议可能过于强调短期财务表现，忽视了企业的长期发展潜力。对赌协议的设计既要考虑投资者的利益保护，也要考虑到企业发展的实际需求，确保这两方面能够达到一种合理的平衡状态，未来的对赌协议将更加注重平衡企业的发展需求与投资者的权益保护，可以充分解决被投公司经营盲目扩张、脱离实际情况以及管理层盲目追求企业业绩提升采取短视行为的问题。

对赌协议的设计将倾向于鼓励双方建立长期合作关系，而非仅仅着眼于短期回报，条款将更加倾向于激励企业实现预定目标，而不是简单地设置惩罚性措施。在设计对赌协议时，双方将共同探讨并设定合理的预期目标，避免设置过高或不切实际的要求，并考虑引入一些奖励机制，鼓励管理层努力实现企业的长期增长[3]。

随着技术的进步和市场的变化，未来的对赌协议将更加智能化、个性化，并且注重企业与投资者之间的长期合作关系。企业和投资者应当积极拥抱这些变化，并在实践中探索适合自身的最佳实践模式，更好地促进私募股权市场的健康发展。

---

❶ 刘世坚，赵晨．区块链技术在金融领域的应用前景［J］．金融论坛，2019(6)：67-72.

❷ 张维迎．对赌协议：风险与机遇［J］．管理世界，2017(3)：122-129.

❸ 刘洪波．私募股权投资中的对赌协议设计问题研究［J］．财经问题研究，2016(5)：98-103.

五、私募股权基金的投后管理

（一）投后管理工作的定义和任务

1. 投后管理的定义

投后管理是指在完成项目尽调并实施投资后直到项目退出之前的一系列活动，旨在管理和降低项目投资风险，实现投资的保值增值❶。这一过程包括但不限于日常监控管理、例外事项管理和增值服务管理。

投后管理的外延非常广泛，它不仅包括对被投企业的日常管理和支持，还涉及投资协议的履行、业绩跟踪、赋能、违反协议事项的处理以及退出路径的选择和执行。投后管理部门还需要为投资机构的其他部门，如公共关系、品牌管理、基金运营和风险控制，提供必要的数据支持。

2. 投后管理工作的环节和任务

投后管理的工作内容包括四个关键环节：价值评估、价值创造、价值调整和价值实现。价值评估是对投资项目进行持续的跟踪和评估，确保企业的发展符合最初的预期。价值创造则涉及为企业提供各种形式的支持，如财务规划、市场运作等，以促进企业的成长。价值调整通常通过如对赌协议等机制来调整投资估值，以反映企业实际表现与预期之间的差异。价值实现则是通过 IPO、并购或回购等方式完成投资的退出。

投后管理人员的工作内容复杂多样，他们需要定期与被投企业进行沟通，撰写报告，进行数据收集和分析。他们还需要为不达预期的项目制定风险处置或资产处置方案，同时为表现正常的项目寻找赋能机会，协助企业进行业务优化和扩张。对于进入退出期的项目，投后管理人员需要考虑退出路径，制定并实施退出方案。

从投后管理的指标来看，绩效指标（Distributed to Paid-in Capital，DPI）是衡量投后管理成功与否的关键，它反映了投资的实际现金回款比率。随着市场的发

---

❶ 林杨．私募股权投资基金投后管理研究［D］．成都：西南财经大学，2017.

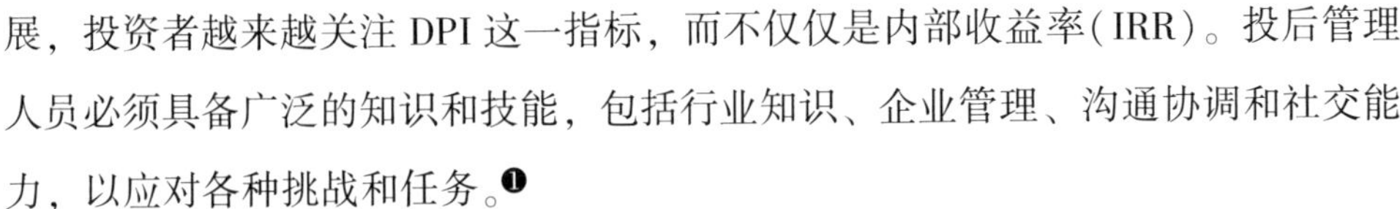

展，投资者越来越关注 DPI 这一指标，而不仅仅是内部收益率(IRR)。投后管理人员必须具备广泛的知识和技能，包括行业知识、企业管理、沟通协调和社交能力，以应对各种挑战和任务。❶

3. 投后管理的作用

一是通过精细化的投后管理，可以提升被投企业的经营绩效，从而提升投资机构的投资回报率，包括监督跟踪投资协议条款的执行、完善治理结构、业务流程梳理与完善、日常监管跟踪、重大事项管理等。

二是投后管理有助于企业资源整合，更好地辅助企业成长，实现超额收益包括派驻董事、监事参与公司治理，持续跟踪财务状况，提供发展战略和市场营销支持等。

三是通过赋能式投后管理模式，让投资方和投后管理人员跳脱原有单方面管控的思维局限，通过赋予能力、授予权力、优势输送、共商共享等优质方案助力被投企业高效稳健地运营❷，包括整合产业链资源等。

(二) 投后管理的策略、位置和分工

1. 投后管理的策略

制定投后策略是一个复杂的过程，需要从投资理念出发，考虑投资机构的资源、盈利模式、客户特征和差异化因素。投后策略应该回答关于投后跟踪、复盘、决策、不良资产处置和考核激励等关键问题。策略的制定需要有顶层设计的思维和视野，以确保与投资策略和风控策略的协调一致。不同类型的投资机构有不同的投后管理策略❸。

私募股权投资阶段：通常关注成熟期的企业，尤其是在 pre-IPO 阶段。PE 投资的投后策略可能更侧重于推动企业上市或通过并购、回购等方式实现退出。

风险投资阶段：聚焦于早期项目，这些项目通常风险较高但潜在回报也较

---

❶ 冀文宏．投后管理：PE/VC 从投资划款到退出变现[M]．北京：经济管理出版社，2023.

❷ 陈恋．产业投资之赋能式投后管理模式新探[J]．财经界，2020(3)：91.

❸ 冀文宏．投后管理：PE/VC 从投资划款到退出变现[M]．北京：经济管理出版社，2023.

大。VC 投资的投后策略更侧重于为被投企业赋能，包括技术支持、业务优化和后续融资等。

产业投资：旨在通过投资提升产业协同度，可能涉及控股或深度介入被投企业的业务管理。产业投资的投后策略专注于业务整合和长期价值创造。

2. 在投资决策链条中的位置

投后管理在投资决策链条中占据着至关重要的位置，它不仅是投资周期“募、投、管、退”中的重要组成部分，而且在整个投资活动中起着承上启下的作用。投后管理与风控、投资管理之间的关系密切。风控是投后管理的重要组成部分，通过对风险企业提供增值服务和对其进行监管两种方式控制项目风险[1]。良好的投后管理能够从主动层面减少或消除潜在的投资风险，实现投资的保值增值[2]。此外，投后管理还涉及投资管理的多个方面，如资源整合、投资绩效管理等，这些都是为了更好地辅佐企业成长，实现超额收益。

3. 投后管理与投资工作的分工模式

投前与投后的分工在投资机构中是一个关键的组织架构问题，其目的是确保投资流程的高效和专业。分工方式主要有三种：划断式、分工协作式和监督管理式。

划断式：在这种模式下，一旦投资完成，所有相关事务都移交给投后管理部门，投资团队不再参与。这种方式适合那些业务快速扩张且需要大量投后管理人员的机构。它有助于提升投后管理的效率和专业性，但同时也可能导致较高的运营成本。

分工协作式：这是最常见的模式，投后管理部门与投资团队共同工作，各自承担不同的职责。投后部门通常负责特定事项，如战略咨询、税务筹划或不良项目处置，而其他日常管理工作则由投资团队执行。这种方式有利于控制成本，同时确保投资团队能够专注于投资决策。

---

❶ 李春宇．风险投资项目投资后风险管理研究综述[J]．商场现代化，2016(18)：204-207. DOI：10.14013/j.cnki.scxdh.2016.18.122.

❷ 宋鹏凯．风险投资中投后管理的研究分析[D]．北京：对外经济贸易大学，2016.

监督管理式：在这种模式下，投后管理部门主要负责监督和评估投后工作，而不直接参与具体事务。这种方式适合投资早期项目且不良项目较少的机构，可以有效地降低运营成本，但可能增加投资团队的工作负担。

（三）投后管理的策略和工作内容

投后管理工作的主要内容涵盖了增值服务和监控、投资项目后评价、风险管理、建立和完善管理体系以及提高决策水平和投资效益等方面。这些内容相互关联，共同构成了投后管理的核心工作内容。

1. 增值服务和监控

风险投资后管理的内容主要包括增值服务和监控两大部分。增值服务可能包括提供业务指导、市场拓展、技术升级等，以帮助被投资企业提升其业务能力和市场竞争力。监控则涉及对被投资企业的财务状况、运营情况等进行定期检查，以确保投资的安全性和收益性。

2. 投资项目后评价

投资项目后评价是投后管理的重要组成部分，它涉及对项目的实际效果和效益进行分析评价[1]。这包括但不限于财务效益、社会效益、环境影响等方面的评估。通过后评价，可以总结前一轮投资决策的经验教训，为企业新一轮投资决策提供借鉴参考。

3. 风险管理

投后管理的一个重要方面是管理和降低项目投资风险。这包括市场风险、政策风险、技术风险、管理风险、法律诉讼风险等。良好的投后管理能够从主动层面减少或消除潜在的投资风险，实现投资的保值增值。

4. 建立和完善管理体系

建立企业投资项目后评价管理体系是提高监管科学性、有效性的重要措施。这包括设立后评估管理机构、建立后评估制度、确定适宜的评估内容、采用科学

---

[1] 谢彬，程欣．浅议企业投资项目后评价工作[J]．商场现代化，2014(10)：95-96.

的评估方法等。

5. 提高决策水平和投资效益

通过投资项目后评价或者复盘工作，可以有效提高企业对于投资项目的管理水平，为企业在投资项目建设取得更大的经济效益提供保证。同时，通过加强对后评价工作的认识、加强项目后评价法治建设、提高项目后评价人员的素质等方式来做好后评价工作，最终达到改进投资效益、提高宏观决策和管理水平的目的。

（四）投后管理先进经验和案例

1. 3G 资本模式

以“成本控制”和“运营效率提升”闻名。其投后管理风格非常激进，专注于削减冗余、优化业务流程，并通过严格的预算管理和绩效考核体系提升企业盈利能力。3G 资本还非常注重企业文化的塑造，尤其是推行“高绩效文化”（meritocracy），确保管理层与员工都具备高度的执行力。代表案例有：在收购百威英博（Anheuser-Busch InBev）之后，3G 资本通过大幅削减成本、整合全球供应链，将百威英博打造为全球最大的啤酒制造商之一；收购亨氏食品（Heinz）后，3G 资本通过裁员、减少营销预算和优化生产线等方式，大幅提升公司盈利，并与卡夫合并成立卡夫亨氏（Kraft Heinz）。

3G 资本的投后管理模式因其极端的成本控制和运营效率而备受关注，但也曾因对长期增长的关注不足而受到批评。

2. KKR（Kohlberg Kravis Roberts & Co.）

KKR 以“公司治理”和“数字化转型”为核心，投后管理注重提升公司内部的治理结构、运营透明度，以及推动数字化工具的应用。代表案例有：联合太平洋铁路公司（Union Pacific Railroad）后，KKR 通过改善运营流程和加强管理层监督，大幅提升公司的运营效率和盈利能力；在投资沃尔格林联合博姿集团（Walgreens Boots Alliance）时，KKR 推动了供应链的优化和零售模式的转型，促进了公司在全球市场的扩展。

3. 黑石集团(Blackstone Group)

黑石以“运营优化”和“资产配置”为核心，其投后管理模式注重通过改善企业的成本结构和运营效率，最大化企业的市场价值。黑石拥有庞大的全球网络和专家团队，能够为被投企业提供多样化的资源和市场机会。代表案例有：收购希尔顿酒店集团(Hilton Worldwide)后，黑石通过重新调整资本结构、优化资产配置和加强品牌运营，使希尔顿成功上市，并成为全球最大的酒店管理集团之一；投资美国购物中心运营商(Equity Office Properties)时，黑石通过资产重组和物业销售，极大地提高了公司整体的资本回报率。

4. 凯雷投资集团(The Carlyle Group)

凯雷集团以“全球化资源整合”和“跨国扩展”闻名，其投后管理强调帮助企业拓展国际市场，并利用凯雷在全球的资源网络进行战略扩张。凯雷还专注于行业专家团队的引入，帮助企业在复杂市场环境中实现长期增长。代表案例有：收购百胜中国(Yum China)后，凯雷通过战略重组和本土化运营策略，推动百胜中国成功独立，并成为中国市场领先的餐饮连锁品牌；在投资美的集团时，凯雷帮助其进行全球扩张，特别是在并购库卡机器人公司(KUKA)后，进一步推动了其在智能制造领域的布局。

5. 高瓴资本 DVC(Deep Value Creation)模式

即“深度价值创造模式”，是高瓴资本探索出来的一套投后服务的 3.0 版本，包括人才服务、数字化升级、管家服务、终身学习平台、创新生态资源等。不同于一般的投后服务，高瓴“DVC”模式背后是一支超过一百人，包括数字化、精益管理、组织人才等多个专业序列的团队。高瓴资本创始人兼首席执行官张磊曾表示，“高瓴的投资团队不到 100 人，但投后管理团队就有 150 多人，天天去帮助企业家，很多事不需要他们做，这是社会专业分工”。

6. 经纬创投全方位的投后

经纬中国建立了自己的投后服务平台，从企业成长的各个阶段出发，提供包括融资支持、市场定位、组织架构优化和企业文化塑造等多元化的投后服务，对创业公司常遇到的问题进行系统化梳理，更为前置地帮助被投公司。

经纬投后重点关注战略与竞争、组织与管理、业务增长、深度融资、健康生活等五个方面。在组织的核心板块上，持续关注企业的组织诊断（成长阶段、组织变化）、组织承接（组织匹配、资源规划）、组织进化（组织变革、文化同频、进化机制设计）以及领导力提升（人才规划、领导力模型建设）。经纬甚至组建了专门的投后医疗服务团队，服务保障已投企业高管及家人等特定人群。

7. 丰年资本的丰年经营管理中心（HMSC）模式

丰年资本的丰年经营管理中心（HMSC），以精益思想为基础，为成长型科技企业提供一整套实践型改善工具，帮助企业实现在销售、研发、供应链、生产运营等全价值链上的管理提升，从而建立质量、交付、成本和创新方面的竞争优势。HMSC 团队由丹纳赫、通用电气等产业背景丰富的专职成员组成，从实操层面帮助企业不断提升自身的管理能力，达到一流绩效表现。丰年资本形成了以 HMSC 为核心的"三横四纵"产业赋能体系，深度赋能科技企业，配套专业赋能团队和体系化工具为企业提供经营管理、财务及资本市场、人力资源管理、品牌宣传等领域的内容。

8. 成功案例：基石资本并购香农芯创

基石资本秉承"集中投资、重点服务"的理念，通过制度化、体系化的投后管理，在交易整合、风险监控、增值赋能和资本运作等多个领域为企业提供全方位、精细化、差异化的服务。

香农芯创科技股份有限公司（股票代码 300475. SZ，原名"聚降科技"）成立于 1998 年，早期主营新型、高效节能洗衣机减速离合器业务。2019 年 5 月，基石资本要约收购聚降科技，收购完成后积极参与公司治理，先后派驻具有技术、投行、投资等背景的多名合伙人担任董事，邀请财务专家担任独立董事，提升公司治理水平。基石资本投资后，采取了一系列关键步骤和决策，推动聚降科技向半导体行业的转型，协助其收购国内知名芯片分销企业联合创泰 UFCT，并在 2021

年将其更名为香农芯创。这一转型标志着公司从传统制造领域向高科技半导体领域的跨越。基石资本持续赋能香农芯创，以电子元器件分销为支柱，逐步贯通半导体产业链。

2019—2023 年，香农芯创的净利润由 5350 万元提升至 3.75 亿元，总资产由 14.8 亿元提升至 45.4 亿元。2023 年，香农芯创又进一步联合海外资本、本土芯片设计公司等合作方，共同设立产品公司，进军企业级固态存储（SSD）和双列直插内存模块（RDIMM）市场，公司从存储器的分销公司跃迁为具有独立设计、制造能力的产品公司，开启了公司第二成长曲线。

六、私募股权基金的业绩

私募股权基金（PE）和风险投资基金（VC）的业绩通常被定义为基金在投资期间所创造的财务回报，这些回报主要来源于资本利得、股息收入和投资企业价值增长等。

私募股权基金的业绩在实践中往往通过内部收益率（IRR）、资金分配比率（DPI）、剩余价值比率（RVPI）等一些指标来衡量，由于不同指标的侧重点和表征效果不同，业界也越来越倾向于通过多个指标组成业绩指标体系来综合考察。因此，私募股权基金的业绩不仅仅是财务回报的简单叠加，而是一个复杂的衡量体系，反映了投资策略的有效性、市场环境的影响以及管理团队的能力。这些指标共同为投资者提供了深入分析基金表现的基础，帮助其做出更为明智的投资决策。

（一）私募股权基金业绩的测算和衡量

作为一种另类资产，私募股权投资的绩效或收益率的测算久为业界和学界关注。围绕私募股权投资收益率的相关问题，一般从“用什么指标”和“指标表征能力”两个层次进行分析：第一，将收益率指标的选取分为绝对收益类指标（如 IRR）和相对收益类指标（如 PME），在此基础上评价私募股权投资的收益；第二，如何通过相对收益类指标，将私募股权基金业绩的收益与股票等其他资产类别的收益相比较，从而为投资人提出投资建议[1]。

1. 私募股权投资业绩的测算方法

权益、债券、货币等资产流动性强、收益公开且实时，但私募股权的收益取决于基金与其投资者之间的现金流时间安排，裁量标准较为自由且不规则，因此，测算私募股权基金绩效需要有别于衡量传统资产收益的方法。

常用的私募股权基金业绩的指标既可以按照收益侧重不同分为绝对收益类（如 IRR）和相对收益类指标（如 PME），也可以分为收益率类（如 IRR）和实现率类（如 TVPI）。在实践中，这些指标均为测算绩效的常用方式，其中，投资者主要依靠内部收益率（IRR）和投资倍数（TVPI）来评估投资，而 LP 更注重绝对业绩。

本章将首先对绝对收益类指标及其计算方式进行介绍，绝对收益指标主要进行财务投资的账面会计计算。由于相对收益指标侧重于与同期其他资产类别收益率的比较，将在第二章不同私募股权基金间的业绩比较中详细展开介绍。

（1）内部收益率 IRR（Internal Rate of Return）

内部收益率（IRR）是评估投资项目盈利能力的一个重要财务指标。IRR 反映了投资项目的平均年化收益率，代表了项目投资的未来现金流的现值等于其初始投资成本时的年化收益率，通常用于衡量和比较不同投资项目的盈利能力。

$$NPV = \sum_{t=0}^{n} \frac{\mathrm{CF}_t}{(1 + \mathrm{IRR})^t} = 0 \tag{2-1}$$

式中　CF_t——表示第 t 期的现金流（投资为负值，收益为正值）；

t——表示项目的总投资期限；

IRR——即内部收益率。

然而，由于当 IRR 作为一个评价项目盈利能力的指标时，存在再投资假设

[1] 李昀臻，车军．私募股权投资收益率的测算与评价：研究现状与展望[J]．特区经济，2020(8)：90-93.

不现实、忽略项目规模、未充分考虑风险因素等问题，霍顿和利普卡(Hull and Lippman)在20世纪90年代提出了修正内部收益率(MIRR)，提供了一种比传统内部收益率更为准确的评估方法，从而更真实地反映项目的成本和盈利能力。

$$\text{MIRR}=\left(\frac{\text{现金流入按照再投资率复利计算到项目结束时的未来价值}}{\text{初始投资按照融资成本折现到项目开始时的现值}}\right)^{\frac{1}{n}}-1 \tag{2-2}$$

(2) 时间加权回报率(TWR)

时间加权回报率(TWR)是一种衡量投资组合复合增长率的指标，它消除了资金流入和流出对增长率造成的扭曲影响。因此，TWR通常用于比较投资经理的回报，因为它能够更公正地评价投资经理的表现，不受资金流入流出的影响。

$$\text{MIRR}=\left[\prod_{i=1}^{n}(1+\text{HP}_i)\right]-1 \tag{2-3}$$

式中　n——周期数；

HP_i——第i个周期的持有期收益率。

(3) 资金分配比率DPI(The Distributed total value to Paid-in-capital)

DPI是衡量LP获得的回报与其投入基金中的资金量之间的比率。

$$\text{DPI}=\frac{\text{累计分配现金}}{\text{累计实缴资本}} \tag{2-4}$$

式中　累计分配现金——指基金已向投资者分配的现金收益总额；

累计实缴资本——指投资者已实际投入的资本总额。

DPI常用于衡量将要结束的基金的业绩。它显示了相对于投入的所有资金，基金投资表现的净值。这里LP投入的资金包括支付给基金管理的部分(管理费和盈利分成)以及投资到目标公司的部分。值得注意的是，如果一只基金的已承诺资金尚未全部用于投资(即处于基金存续期的开始阶段)，DPI就不能很好地反映基金的投资业绩情况。

(4) 剩余价值比率RVPI(Residual Value to Paid-in-capital)

RVPI也称“投资未实现倍数”，它衡量的是相对于LP投入基金中的资金量，私募股权基金的资产净值，即“未实现所得”。

$$\text{RVPI}=\frac{\text{基金剩余净资产价值}}{\text{累计实缴资本}} \quad (2\text{-}5)$$

式中　基金剩余净资产价值——指基金当前尚未退出的投资的账面价值，通常基于估值或资产的公允价值；

累计实缴资本——投资者已投入的资本总额。

这个比率反映了基金对被投公司的再估值情况，即相对于 LP 当时投入的资金总额，基金中所有未退出项目的总估值。该指标常用于尚未有很多资金回报，处于存续期前期的基金。这种衡量方法在很大程度上取决于基金对其被投公司的估值方式，如果基金对被投企业采取保守的记账法，这种衡量方法可能会得出很低的回报倍数，从而产生误导。

（5）投入资本总值倍数 TVPI（Total Value to Paid-In Capital）

TVPI 即总收益与投入资本之比，是衡量私募股权基金业绩的关键指标之一。它比较了基金分配给投资者的资金和基金尚未实现的残余价值相对于投资者已投入资本的比例。

$$\text{TVPI}=\text{资金分配比率 DPI}+\text{剩余价值比率 RVPI} \quad (2\text{-}6)$$

由于 TVPI 并没有考虑资本的时间价值，因此，一般来说，它通常与 IRR 一起使用，以获得对基金业绩更全面的评估。

2. 各类测算方式的评价

（1）指标表征能力

在投资实践中，IRR 是投资者选择私募股权基金时考虑的主要因素之一，因为大部分私募股权基金只有一次投资和退出的机会，因此在项目投资期限较短的情况下，私募股权基金会要求更高的收益率以确保资本的利用程度（Gompers and Lerner，1996）。另外，即使是主流的数据库，依然存在数据噪声过大、对高价值公司的估值过采样等问题（Kaplan et al.，2006），数据失真问题较为严重。

各项私募股权投资回报率指标的特点和表征能力如表 2-5 所示。

表 2-5　各项私募股权投资回报率指标的特点和表征能力

可表征的信息	绝对收益指标				相对收益指标			
	货币倍数类指标	TWR	IRR	MIRR	PME	mPME	PME+	Adv PME
总现金流	√	√	√	√	√	√	√	√
现金流的时点		√	√	√	√	√	√	√
再投资假设				√	√	√	√	√
指数值					√	√	√	√
杠杆								√

资料来源：根据 Montana Capital Partners（2011）整理。

（2）指标影响因素

1）基金的流动性。基金的流动性不足会导致对内部收益率（IRR）和盈利能力指数等回报指标的估计不准确。另外，私募股权基金的收益率离散度较大，1/10的投资没有回报，而 1/4 的投资内部收益率超过 50%（Lopezet al.，2015）；不同策略的私募股权基金之间 IRR 也会存在明显差异，尤其是对靠"抢项目"发展的风投行业，因为风险投资相比并购基金更容易受到流动性不足和市场分割影响。

2）资本流入总量。市场上资本总流入量对基金回报率有高度显著影响，因此投资收益不光由 GP 的能力决定，也要受到独立投资风险的影响，所以在中观层面，历史上的风险投资回报率一直在 10%到 20%，偶尔也在 20%到 30%[1]，但多位学者也曾证明风险投资的回报率，尤其是在发达市场，呈现整体下降趋势（Bygrave and Timmons，1992；Klonowski，2019；Braun，R. and Stoff，I，2016）。

（二）不同私募股权基金之间业绩的比较

不同资产类别之间收益率比较的目的，在于为投资人提供资产配置的建议，因此对私募股权的绩效评价更需要寻找到合理的参照系。主流的绩效比较方法有

[1] Jovanovic 和 Szentes（2013）估计了 1989—2001 年间的模型，并计算了风险资本的超额回报率，结果是 8.6%；个人创业者的回报率，他们的财富正在增加，范围在 0 到 3.5%。

三种：(1)绝对收益法，如上文提到的 IRR 等指标；(2)同类基金比较法，判断基金在同类产品中的排名或排位，如四分位分析(Quartile Analysis)；(3)与公共市场比较，即选取股票市场的指标(如 S&P 500)，用指数基金的买入和回撤模拟私募股权投资中的投资与分红，如公开市场当量(Public Market Equilibrium, PME)以及衍生的 mPME、PME+、杠杆 PME(Adv PME)等指标。

1. 同类基金比较法——四分位分析法

四分位分析法是一种统计学方法，指将数据集分成四个相等的部分，每个部分包含四分之一的数据点。这种方法有助于理解数据的分布和传播，尤其在识别异常值、理解数据变异性和有效汇总大型数据集方面特别有用，因此广受业界推崇。但事实上，四分位分析法往往无法反映基金的盈利能力，因为分析的样本横截面变化相当大，超额收益通常是由前十分位而不是前四分位基金驱动的(Higson& Stucke, 2012)。Harris & Stucke(2012)也指出，通过方法的适度变化，比如调整基金分类方法、数据来源或汇率处理，也会导致一半的基金能够获得“前四分位”的结果。四分位法的业绩排名的典型展示形式如图 2-1 和图 2-2 所示。

净IRR(%)

初始投资年份	人民币基金				美元基金			
	基金数量	第一梯队(排名前25%)	中位数	第四梯队(排名后25%)	基金数量	第一梯队(排名前25%)	中位数	第四梯队(排名后25%)
2016	25	30.3	17.9	14.3	12	15.4	11.1	6.4
2017	29	34.2	14.7	8.1	10	23.3	16.8	7.7
2018	38	41.0	19.4	11.3	14	18.0	10.2	4.6
2019	21	25.9	20.9	6.5	15	18.0	12.1	2.4
2020	9	36.0	18.8	10.0	14	19.1	13.4	0.4
2021	18	20.9	10.0	7.3	22	9.4	1.6	-6.1

图 2-1 大中华区 PEVC 基金业绩基准(IRR)：
人民币基金 VS 美元基金[初始投资年份(2016—2021 年)]

资料来源：Preqin 大中华区私募股权和创业投资业绩基准报告(2024)。

初始投资年份	人民币基金 基金数量	人民币基金 第一梯队(排名前25%)	人民币基金 中位数	人民币基金 第四梯队(排名后25%)	美元基金 基金数量	美元基金 第一梯队(排名前25%)	美元基金 中位数	美元基金 第四梯队(排名后25%)
2016	25	3.5	2.5	1.7	12	1.9	1.8	1.3
2017	23	3.2	2.0	1.4	8	2.6	2.0	1.5
2018	28	2.3	1.8	1.5	14	2.0	1.4	1.2
2019	19	2.3	1.7	1.2	13	1.6	1.4	1.2
2020	11	1.6	1.3	1.1	11	1.4	1.3	1.0
2021	16	1.4	1.2	1.1	24	1.2	1.0	0.9

图 2-2　大中华区 PEVC 基金业绩基准(净回报倍数)：
人民币基金 VS 美元基金[初始投资年份(2016—2021 年)]

2. 公开市场比较法——PME 方法

PME 方法在学术和实践中则更加具有说服力和参考性。PME 是指数比较法(Index Comparison Method，ICM)的别称，由 Austin Long 和 Craig Nickels 在 1996 年提出，其克服了绝对收益法无法衡量资本时间价值的弊端。PME 系列计算法的沿革和特点如表 2-6 所示。

表 2-6　PME 系列计算法的沿革和特点

名称	提出者与时间	计算原理	优势与劣势
L-N PME	Austin Long and Craig Nickels (1996)	清晰比较同期、同等规模每一轮投资在股票市场上产生的收益与在私募基金中产生的收益的高低。若私募股权基金的 IRR 高于 PME 的 IRR，则证明私募股权投资收益超过市场当量，这一差别称为 IRR 超越(IRR Spread)	优势：L-N PME IRR 与 PE 基金的 IRR 可形成同一基准的比较 劣势：基金大额分红会导致 PME 为负值，导致 PME IRR 的计算在数学上难以实现
PME+	Christophe Rouvinez (2003)	PME+没有修改投资的资产净值，而是按计算出的因子对每个分布进行贴现，以便指数投资的资产净值与基金的资产净值相匹配	优势：克服 LN PME 计算中因基金大额分红导致的 NAV 负值，使 PME IRR 适用于更多场景 劣势：无法与现金流完美对应

续表

名称	提出者与时间	计算原理	优势与劣势
K-SPME	Steve Kaplan and Antoinette Schoar (2005)	K-SPME 与用于预测或贴现现金流的时间段无关。与使用 IRR 计算的 PME 公式相比，K-SPME 的最终值不会随着时间的推移而减少	优势：着眼于资本流出与资本流入的比率，而不是生成一个与时间相关且容易操纵的内部收益率 劣势：忽视了现金流的时间安排；不是年化收益率指标
mPME	Cambridge Associates (2013)	不是从 PME 中减去分红金额，而是计算私人投资中分红的权重，并从 PME 中去掉相同的权重	优势：克服 LN PME 计算中因基金大额分红导致的 NAV 负值 劣势：导致 IRR 超越值偏差；对定价偏差非常敏感
直接收益法 (Direct Alpha)	Gredil O, Griffiths B and Stucke R (2014)	由 K-SPME 中推出，通过投资和分红的贴现来计算 IRR，并取其自然对数	优势：可求出非流动 PE 资产的现金流与时序的 PME 之间的超额回报率 劣势：理解困难、不直观

但是 PME 模型的弊端也较为明显，如果私募基金频繁、大规模分红，那么 PME 最终价值有可能为负值，即频繁从模拟的指数基金中大量回撤导致 PME 中出现净空头头寸。为改进这一不足，Rouvinez(2003)提出 PME+法，按计算出的因子对每次分红进行贴现，以使指数投资的资产净值与基金的资产净值相匹配；Cambridge Associates 在 2013 年提出 mPME 法，通过计算私募投资中分红的权重，并从 PME 中去掉相同的权重而不是减去相应的金额；Gredil 等(2014)从 K-SPME 中推导出直接收益(Direct Alpha)，通过投资和分红的贴现来计算 IRR，并取其自然对数，以在非流动资产的现金流与基准收益的时间序列之间获得精确的超额回报率。因此，选择 PME 系列的相对收益指标还是 IRR 系列的绝对收益指标，更多的还是取决于投资人与私募股权机构之间的偏好与需求的权衡取舍，这两个指标系列之间的关系如图 2-3 所示。

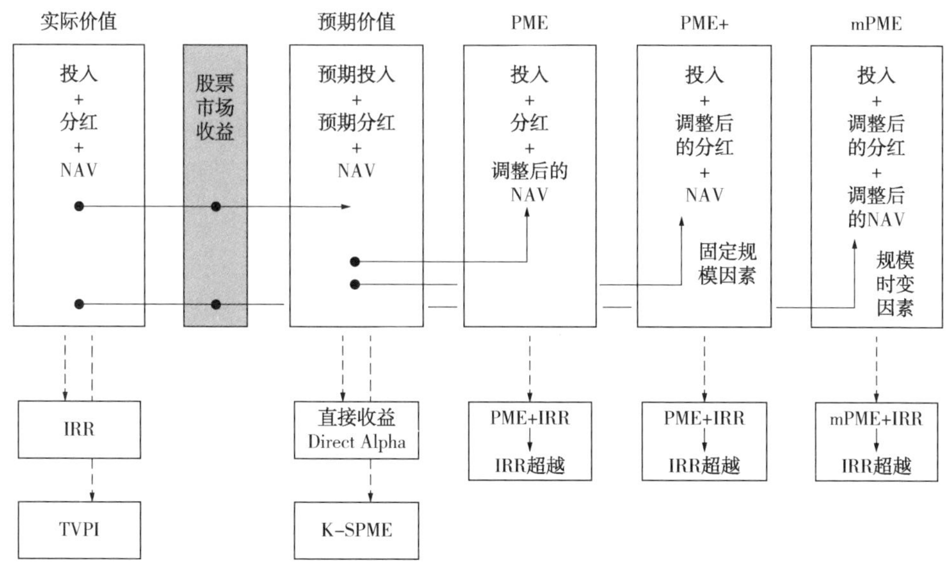

图 2-3 相对收益类指标和绝对收益类指标之间的关系

资料来源：Stucke R，Griffiths B E，Charles I H(2014)。

（三）业绩的来源和创造

私募股权基金的业绩主要来源于资本利得、股息收入和企业价值增长。其中，资本利得是最主要的收入来源，实现方式主要为 IPO 和股权转让。

1. 资本利得

资本利得指的是投资者在私募股权投资过程中所获得的利润，这也是私募股权投资的主要获利来源之一。通常来说，实现被投资企业的首次公开发行上市(IPO)或完成股权转让，即可获得资本增值部分的收益。这一步就是我们常说的“募投管退”中的“退”这一步，一个合适的退出时机和恰当的退出方式，可以让私募股权投资获得巨大的收益。

（1）首次公开发行上市(IPO)

IPO 可以说是最理想的退出方式之一。通过被投资企业在股票市场上首次公开发行股票，私募股权投资基金可以在二级市场上出售其持有的股票以实现资本增值。IPO 通常伴随着巨大的资本利得，尤其是在市场估值较高的情况下，企业可以以较高估值上市，从而为基金带来数倍甚至数十倍的收益。

但更高的收益，也就意味着前期需要付诸更多的投入。我国市场正面临着IPO退出上市门槛高、投资周期长的现状，且IPO涉及众多细则，能否成功实现IPO具有较高的不确定性。即使成功上市，还需要度过漫长的现售期，才能最终实现退出。对私募股权投资基金而言，投资周期的拉长意味着机会成本的提高，可能错失更好的投资机会。

（2）股权转让

股权转让又可细分为多种表现形式，如第三方公司的兼并收购（M&A）、公司股东或管理层的股份回购或转让给其他普通投资者。

1）兼并收购（M&A）。通过并购方式实现股权转让是投资人更倾向且能够选择的方式，一般在这种情况下，并购退出获得的收益相较其他方式更高且更加明确，甚至能够接近或超出IPO所带来的收益，甚至在英、美等发达国家中，并购退出是基金退出的主要方式。但就我国的现状而言，通过并购方式退出需要面临企业估值出现偏差以及难以找到合适的潜在购买者等问题。

2）股份回购。股份回购的对象仅针对目标公司的股东或公司管理层，因此，在受众有限的情况下，难以达到较为可观的收益。

2. 股息收入

股息收入是指投资者通过持有私募股权投资基金所投资的非上市公司股份而获得的股息收入。这种收入通常来自被投资企业的盈利分配。

3. 企业价值增长

企业价值增长是指私募股权投资基金所投资的企业在其投资期间内实现了价值增长。这种增长可以通过多种途径实现，如提高市场份额、优化管理结构等。

当投资人寄托于通过企业价值增长的形式获取更高业绩收益时，投后管理便随之成为私募股权基金的一大重点工作环节。通过提供专业、高质量的投后管理，投资机构不仅能够帮助被投企业提升运营效率和市场竞争力，还能够增加被投企业的收益潜力，这直接关联到投资的退出价值，确保投资回报最大化。

(四) 未来私募股权价值创造的主要来源

VC 基金的价值创造，更多地体现在企业成长的识别，它通过早期投资高成长潜力的企业，帮助其快速发展，之后在企业估值提升时通过退出(如 IPO 或并购)获利；而私募股权基金因为投资期相对靠后，因此主要的价值创造来自推动企业成长和增值。

自私募股权诞生，尤其是美国 20 世纪 80 年代杠杆并购潮兴起以来，学界和业界逐渐认为，私募股权基金通过主动价值创造实现收益，而价值创造通常具有三个源泉，即金融杠杆收益、估值价格差异和被投企业运营效益的改善(图 2-4)。

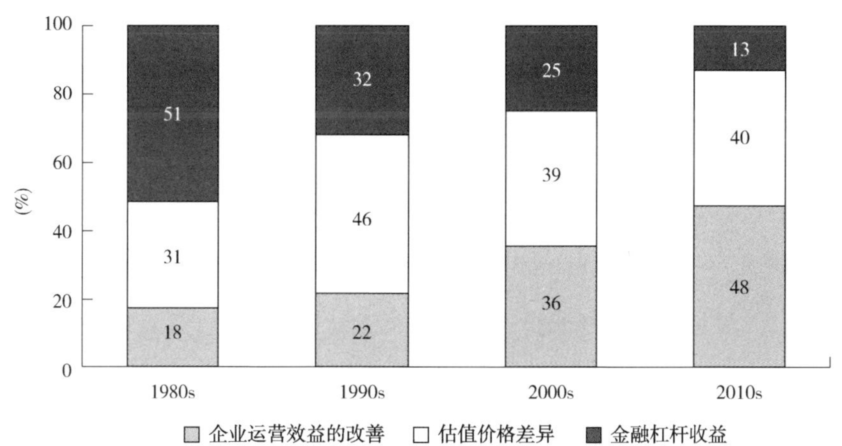

图 2-4 私募股权并购中价值创造因素的变化(%)

资料来源：Michael Brigl et al.，How Private Equity Firms Fuel Next-Level Value Creation，FEB 19，2016，BCG. 其中 1980，1990 和 2000 年的数据首次发表在 BCG 2008 年 2 月的报告 The Advantage of Persistence：How the Best Private Equity Firms "Beat the Fade"；2010 年的数据来自 HHL-BCG 的研究中，采用了 Gottschalg O，Loos N，Zollo M. Working Out Where the Value Lies [J]. European Venture Capital Journal，2004 的方法备注：2010s 的数据截至 2012，n=121。

2016 年莱比锡商学院(HHL)和波士顿咨询公司(BCG)的一项联合研究表明，从全球范围来看，私募股权投资基金主动价值创造的主要贡献源泉：

- 在 20 世纪 80 年代主要是金融杠杆收益，如 1982 年著名的 Gibson 贺卡收购案，8000 万美元收购资金中借款高达 7900 万美元。

• 在 20 世纪 90 年代以后主要是估值价格差异，如在劲霸电池收购案中，KKR 等投资机构总共从当初 18 亿美元估值的收购中获得了 23 亿美元现金和价值 15 亿美元的股票。

• 而 2012 年之后则主要是内部运用的改进，如 2013 年戴尔公司 CEO 迈克尔·戴尔联合银湖资本对戴尔公司的并购案，在 2021 年股价高峰时曾带来超过 400 亿美元的收益。

PitchBook 曾指出，买入重建(buy-and-build)策略已被证明能促进更优异的基金业绩表现，目前“买入重建”策略在并购交易中占了近 2/3 的份额，比 2010 年的 56%有了很大提高。

私募股权机构创造投资收益，最直观的表现就是对被投企业的主动管理，在银湖资本并购戴尔公司、3G 资本并购 Interbrew 和 Anheuser-Busch，以及国内的方源资本收购始祖鸟母公司 Amer Sports、春华资本收购君乐宝和美赞臣中国、基石资本并购全亿健康等案例中，私募股权机构均在被并购企业的战略发展计划、公司运营管理、公司财务管理中投入了大量的精力，通过运营团队和投资团队的精密合作，为投资的企业创造价值。

私募股权作为一个日渐成熟的市场，与其他金融产品市场一样，马太效应明显，大部分的私募股权管理人被淘汰在历史浪潮中。美国 SPS 数据库统计了 1970—2006 年 6000 只基金和 3000 家 VC 的信息，结论显示，在此期间美国 66.4%的风险投资机构在发行第二期基金之前，便因首期基金业绩问题而难以为继，只有 10%的 VC 推出四只以上的基金，也就是说对于 2/3 的 VC 而言，第一只基金就是他们的最后一只基金，能发行超过四期基金便意味着超过了九成的同行。据 Cambridge Associates 数据显示，1995 年到 2012 年的 18 年间，世界排名前 100 笔风险投资在整个风险投资价值创造中所占的百分比为 72%到 100%不等；而在某些年份，整个风险投资价值创造总额甚至低于头部 100 笔风险投资的价值创造。因此不难看出，在二八定律的支配下，私募基金行业快速演化，能够基业长青者寥寥无几，但恰恰是这些穿越经济周期、具备良好投资管理水平的头部管理机构，引领了整个私募股权行业收益率的 Alpha。

在长期主义的视角下，私募资产业绩测算指标的表征能力如何、行业整体的超额收益是否下滑等问题不应成为资产配置者的困扰，如何寻找能持续创造稳定收益的头部基金管理人，才应是被深入思考的首要问题；同样，对于风险投资和私募股权管理人来说，如何通过有效的投资策略和严谨的风险控制来应对市场变化、持续创造价值和回报，是其持续生存与发展的关键❶。

❶ 李昀臻，孔小美．私募股权的超额收益是皇帝的新衣？——试论 L. Phalippou 的批评及其他［J］. 特区经济，2022(6)：53-57.

第三章 私募股权基金从业者的职业发展

一、私募股权机构组织架构及岗位设置

按照岗位职能划分，私募股权机构一般设置前台岗位、中台岗位和后台岗位。前台一般指投资研究部门、投资业务部门，负责配合投资流程中的行业和政策研究、项目承揽承做等工作；市场部或投资者关系部门，负责基金募集等工作。中台一般包括风险管理部门和投后管理部门，分别负责法律事务处理及合规性管理、基金层面及项目层面风险防范及管理和投后跟踪及资源嫁接的工作。后台包括运营支持部门、人力资源部门、财务部门、信息技术部门等，详见图 3-1。

（一）私募股权投资机构的职级序列

在职级序列的设置上，无论是前台岗位还是中后台岗位，合伙人制的私募股权机构都倾向于使用 Managing Director（MD）职级序列。MD 体系其实是源自英美决策的名称，此职位对应企业最高决策者，被翻译为“董事总经理”。二战后，金融行业迅速发展，由于投资机构的业务人员经常要与传统企业企业负责人（MD）打交道，为了方便沟通，创造一种名义上的“身份对等”，故将投资机构的业务团队负责人也称为 MD。典型的 MD 职级体系下，只要这个人业绩指标、能力指标等符合条件，经过公司审议，就可以晋升，反之则需要降级，真正实现“能上能下”的人力资源动态管理。

一般而言，私募股权投资机构从初级到高级的职级序列如图 3-2 所示。

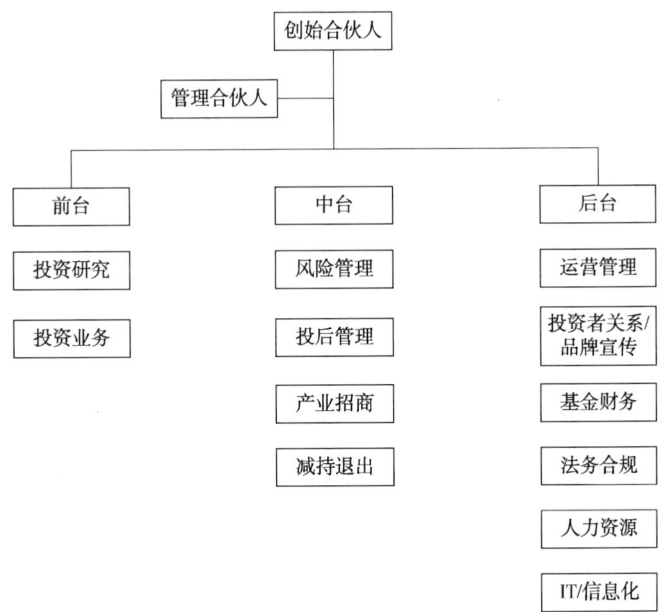

图 3-1　私募股权机构部门设置图

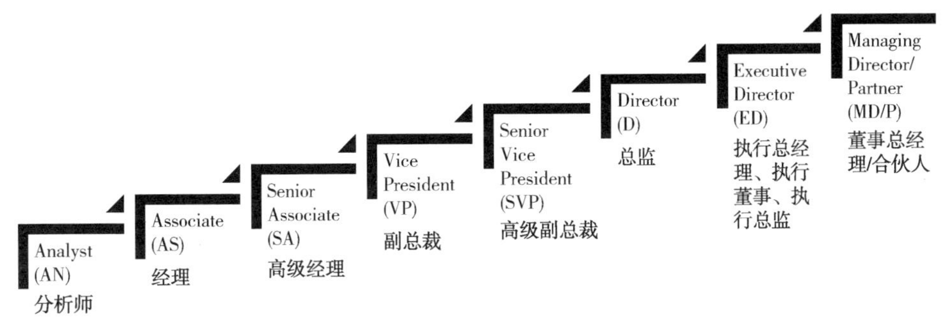

图 3-2　私募股权投资机构的职级序列

实际工作环境中，国内很多私募股权机构的管理体系较为扁平化，并未完全按照 MD 职级体系执行。比如有的机构会省去一些职级，但无论机构对职级做出怎样的改变，都没有改变 MD 职级序列的本质，即递进上升的路径：初阶岗位→中阶岗位→高阶岗位。其中分析师（AN）、经理（AS）、高级经理（SA）一般属于初阶岗位，副总裁（VP）、高级副总裁（SVP）、总监（D）属于中阶岗位，执行总经理、执行董事、执行总监(ED)及董事总经理/合伙人(MD/P)属于高阶岗位。

此外，部分国资或内地机构也可能采取行政层级与职级共同存在的大型机构的公司制管理模式，中阶岗位主要以高级经理、部门负责人或主管等形式呈现，高阶岗位以副总、总经理等形式呈现。此类机构架构与MD体系的差异主要在于管理垂直度、晋升机制及团队归属性，还有部分大型机构的上下级之间的管理半径及上下级关系亦可能有所区别，两种模式各有优势。鉴于篇幅所限，下文仅以MD体系为例进行详细介绍。

1. 初阶岗位

一般毕业后刚入职的私募股权机构的员工从分析师(AN)起步，随着水平和经验的增长，逐渐成长为经理(AS)、高级经理(SA)。目前，在国内私募股权机构，通常是有3~5年工作经验可以升到经理(AS)，有6~10年工作经验可以升到高级经理(SA)，甚至副总裁(VP)。从审计机构、评级机构等行业转到私募股权机构的求职者，有一定工作经验的，或会跳过分析师的职级，直接获得经理(AS)、高级经理(SA)或副总裁(VP)的职级。

2. 中阶岗位

中阶岗位主要包括副总裁(VP)及总监(D)，有的私募股权机构还在副总裁(VP)和总监(D)之间额外设置高级副总裁(SVP)等岗位。无论岗位名称如何变化，本质上介于投资研究分析工作和管理工作之间的岗位都属于中阶岗位。初阶岗位从业人员经过几年磨炼，当其专业技术和行业经验足以独自带领项目组进行整个项目的推进和投资管理工作后，即达到了向中阶岗位晋升的要求。初阶岗位和中阶岗位的本质区别并不在于两者之间技术水平的高低，更多是对项目整体把控程度的不同。

3. 高阶岗位

私募股权机构中部门的总经理需要管理整个部门，而执行总经理(ED)、董事总经理(MD)通常需要管理某个团队、某个业务条线，或分管中台、后台条线。合伙人(P)相当于合伙企业的“股东”，负责基金整体管理和运营工作。

需要指出的是，职级虽然是依次排序的，但私募股权机构是一个市场化显著的行业，职级的晋升不一定是由从业年限决定的，但一定是由私募股权机构从业者们是否具备相应职级所需要的能力决定的。

（二）岗位分工及职能分析

笔者系统梳理了多家投资机构的前中后岗位的岗位职责、任职条件等；并参考有关访谈和调研结果、结合一线从业者的经验，尝试对各岗位的薪酬水平给出有关薪酬区间。但必须指出的是，投资机构人员的薪酬与公司投资业绩高度相关，尤其是前台投资人员；整体薪酬水平也受宏观经济、国家金融政策等方面的影响。我们所采集的数据大多来自 2023 到 2024 年的样本，仅供参考。

1. 前台岗位

私募股权机构的前台岗位主要指其投研岗，负责基金的募投管退工作。因前台岗位的工作内容比较固定，所以根据私募基金的实际运作情况，前台岗位的情况将依据业内从业时间线逐一介绍。

（1）投研部门

1）分析师（Analyst）（表 3-1）。

表 3-1 分析师职能分析

岗位职责	从业 1~2 年的从业者职级多为分析师，也有机构跳过分析师，直接从投资经理排起。 1. 分析师主要围绕小组的投资方向，开展市场及行业研究，跟踪业内发展动向及各公司业务情况。 2. 寻找新兴业务的投资机会，沟通对接优质投资标的；参与项目尽职调查、评估以及谈判，推进尽调及投资交割。 3. 负责跟踪被投项目的运营，协助被投项目相关战略支持等
任职条件	1. 海外知名院校、国内重点院校硕士研究生以上学历，拥有扎实的金融知识基础，理工科+财务/金融复合专业背景者优先。 2. 具有行业研究员工作经验，有相关赛道行业研究经验者优先。 3. 熟悉国家宏观经济政策、产业政策及行业发展情况，具备良好的财务分析能力

续表

薪酬水平（根据大湾区当前从业者情况校准后调整）	根据北京基金业协会人力资源数据库及大湾区从业者访谈结果，分析师平均年薪在22.5万元，其中年终奖金平均4.5万元。平均基础月薪为1.5万元，其中六成以上在1万~1.5万元。 1. 根据投资机构类别的不同，PE机构分析师的平均年薪为23.7万元，VC机构分析师的平均年薪为19.3万元。 2. 根据投资机构管理的基金规模大小，基金规模在百亿元以上的机构，分析师平均年薪为24.2万元，百亿元以下的机构，分析师平均年薪为19.1万元。 3. 根据投资机构股东背景不同，国资机构分析师平均年薪为19.3万元，民营机构分析师平均年薪为23.6万元。 4. 根据投资机构管理币种的不同，人民币基金分析师平均年薪为18.7万元，美元基金分析师平均年薪为25.1万元，双币基金分析师的平均年薪为23万元

2）投资经理（Associate）（表3-2）。

表3-2　投资经理职能分析

岗位职责	从业3~6年的从业者职级多为投资经理。 1. 投资经理主要负责行业分析和企业研究，寻找和筛选股权投资项目。 2. 负责对拟投资项目进行考察、调研、评估、判断、谈判、交易结构设计。 3. 负责组织对拟投资项目开展尽职调查，提出投资建议。 4. 负责投资执行及项目投后管理。 5. 维护与项目方、合作伙伴等的良好关系
任职条件	1. 海外知名院校、国内重点院校硕士研究生以上学历，拥有扎实的金融知识基础，理工科+财务/金融复合专业背景者优先。 2. 具有一级市场股权投资及相关工作经验，熟悉国内外资本市场，掌握股权投资的分析逻辑和分析框架并且能独立进行财务分析、估值建模、评估投资回报。 3. 具备较强的学习能力和适应能力，能够积极沟通、协调并解决问题，能够适应较高强度工作及出差

续表

薪酬水平	根据北京基金业协会人力资源数据库及大湾区从业者访谈结果，投资经理平均年薪35.7万元，薪资发放形式多为按月发放，平均基础月薪为2.2万元，绝大多数投资经理月薪在1.5万~3万元。另外，年终奖金大都发放3~6个月的基础薪资。 1. 根据投资机构类别的不同，PE机构投资经理的平均年薪为40.7万元，VC机构投资经理的平均年薪为34.7万元。 2. 根据投资机构管理的基金规模大小，基金规模在百亿元以上的机构，投资经理平均年薪为47万元，百亿元以下的机构，投资经理平均年薪为34.2万元。 3. 根据投资机构的股东背景不同，国资机构投资经理平均年薪为33.3万元，民营机构投资经理平均年薪为36.2万元。 4. 根据投资机构管理币种的不同，人民币基金投资经理平均年薪为34.3万元，美元基金投资经理平均年薪为52万元，双币基金投资经理平均年薪为40.7万元

3）高级经理（Senior Associate）（表3-3）。

表3-3 高级经理职能分析

岗位职责	从业7~10年的从业者，职级多为高级经理。高级经理的岗位职责和投资经理类似，只是除了执行任务外，多已具备寻找项目的能力
任职条件	1. 海外知名院校、国内重点院校本科以上学历，金融财会相关专业或项目投资赛道相关专业者优先；若非相关专业，具有较为扎实的业务基础与专业功底也可录用。 2. 5年以上的私募投资相关经验，创业投资、战略咨询、策略及商业分析等相关工作经验亦可。同时，需要具备独立完成项目投资的能力
薪酬水平	根据北京基金业协会人力资源数据库及大湾区从业者访谈结果，高级投资经理平均年薪48.2万元，其中薪资发放形式为按月发放，平均基础月薪为3万元，其中绝大多数高级投资经理月薪在2万~3.5万元。而年终奖金大都发放3~6个月的基础薪资

续表

薪酬水平	1. 根据投资机构类别的不同，PE 机构高级投资经理的平均年薪为 57 万元，VC 机构高级投资经理的平均年薪为 46.5 万元。 2. 根据投资机构管理的基金规模大小，基金规模在百亿元以上的机构，高级投资经理平均年薪为 62.6 万元，百亿元以下的机构，高级投资经理平均年薪为 46.2 万元。 3. 根据投资机构的股东背景不同，国资机构高级投资经理平均年薪为 45.2 万元，民营机构高级投资经理平均年薪为 48.7 万元。 4. 根据投资机构管理币种的不同，人民币基金高级投资经理平均年薪为 45.9 万元，美元基金高级投资经理平均年薪为 65.3 万元，双币基金高级投资经理平均年薪为 54.5 万元

4）投资副总裁/高级投资副总裁(Vice President/Senior Vice President)(表 3-4)。

表 3-4 投资副总裁/高级投资副总裁职能分析

岗位职责	从业 10 年以上的从业者，职级多为投资副总裁(VP)或高级投资副总裁(SVP)。 1. 根据项目源挖掘有投资价值的机会，对项目进行初步判定。 2. 可独立完成可行性研究，或者尽职调查工作。 3. 参与投资谈判，主导完成文件准备和投资执行工作。 4. 参与被投企业投后管理工作，建立和完善投后管理模块，对被投企业进行运营分析。 5. 组织维持与被投企业的良好沟通。 6. 协助实施项目退出工作等
任职条件	1. 研究生及以上学历，金融、经济、投资、理工类等相关专业方向。 2. 具备丰富的项目投资经验，特别是在热门投资领域的投资经验，熟悉投资项目的运作流程和管理要点，具备大型企业机构、投资企业或头部证券公司相关领域工作经历。 3. 熟悉国家宏观经济政策、法律法规以及资本市场动态，具备财务、会计、审计等方面的专业知识，能够独立完成投资项目的财务分析和评估，获得 CFA、CPA、ACCA 资格或通过国家统一法律职业资格考试者更佳。 4. 具备敏锐的市场洞察力和分析能力。 5. 身体健康，能适应经常性出差，能承受较大的工作压力

续表

薪酬水平	根据北京基金业协会人力资源数据库及大湾区从业者访谈结果，50.4%的投资副总裁基础月薪在4万~5万元，绝大多数投资副总裁月薪在3万~5万元。56.6%的投资副总裁年终奖金额在15万~25万元，大多数投资副总裁年终奖金额在10万~30万元。 1. 根据投资机构类别的不同，私募股权基金投资副总裁的平均年薪为75.3万元，创业投资基金投资副总裁的平均年薪为69.6万元。 2. 根据投资机构管理的基金规模大小，基金规模在百亿元以上的机构，投资副总裁平均年薪为85.4万元，百亿元以下的机构，投资副总裁平均年薪为67.6万元。 3. 根据投资机构的股东背景不同，国资机构投资副总裁平均年薪为67.5万元，民营机构投资副总裁平均年薪为73.4万元。 4. 根据投资机构管理币种的不同，人民币基金投资副总裁的平均年薪为67.2万元，美元基金投资副总裁平均年薪为106.2万元，双币基金投资副总裁平均年薪为90.6万元

5）总监/执行董事（Director/Executive Director）（表3-5）。

表3-5　总监/执行董事职能分析

岗位职责	1. 带领团队进行项目开发、尽职调查和可行性评估，为投资决策委员会决策提供专业意见。 2. 根据投资决策委员会的决策意见提出投资方案，实施对项目的投资；履行对已投项目的投后管理，为其提供各项专业支持，并保持良好互动。 3. 履行对已投项目的风险控制，并及时反馈投资决策委员会。 4. 根据项目运作情况，主导或参与退出事宜等
任职条件	1. 学历和专业方面，一般多为硕士以上学历。 2. 具备相关投资行业专业学历背景或深厚的行业研究知识，熟悉私募股权投资业务流程及企业上市等相关法律法规，能够熟练运用财务估值模型对投资项目进行分析和估值，具有良好的行业分析能力、财务分析能力、项目管理能力，市场嗅觉敏锐。 3. 在业内有良好的人脉关系、具有项目源渠道

续表

薪酬水平	根据北京基金业协会人力资源数据库及大湾区从业者访谈结果，薪资发放形式为按月发放，57.9%的总监基础月薪在5万~6万元，绝大多数总监月薪在4万~7万元，平均基础月薪为5.3万元。42.4%的总监年终奖金额在20万~30万元，大多数总监年终奖金额在20万~40万元，年终奖金平均26万元，总监平均年薪89.6万元。 1. 根据投资机构类别的不同，私募股权基金总监的平均年薪为94.7万元，创业投资基金总监的平均年薪为80.3万元。 2. 根据投资机构的管理基金规模大小，基金规模在百亿元以上的机构，总监平均年薪为103.2万元，百亿元以下的机构，总监平均年薪为87.3万元。 3. 根据投资机构的股东背景不同，国资机构总监平均年薪为84.8万元，民营机构总监平均年薪为95.6万元。 4. 根据投资机构管理币种的不同，人民币基金总监的平均年薪为86.9万元，美元基金总监平均年薪为115.8万元，双币基金总监平均年薪为99.1万元

6）董事总经理/合伙人（Managing Director/Partner）（表3-6）。

表3-6　董事总经理/合伙人职能分析

岗位职责	董事总经理负责资产管理和投资工作。 1. 负责建立各种有效渠道，收集各类信息，以资产管理、股权投资为主要业务方向，寻找、挖掘有价值的企业或项目。 2. 负责组织对拟管理资产、投资企业或项目进行调研、论证，评估资产、企业或项目的市场价值，提出可行性报告。 3. 负责资产、投资企业或项目的方案设计，包括投融资方式、投融资规模、投融资结构、盈利模式及相关成本、收益和风险的预测等。 4. 负责管理资产或项目的立项、报告等工作，并按公司决策结果，以公司名义组织管理或投资
任职条件	熟悉国内投资领域相关法规、募投管退全流程，有与国企合作经验、私募股权基金或金融机构募资融资经验，业绩优异并有IPO、并购重组等成功案例，具有丰富项目渠道资源和优异的项目开拓能力，深度理解产业逻辑及企业运营模式，具备较强的行业认知及市场敏感度

续表

薪酬水平	根据北京基金业协会人力资源数据库及大湾区从业者访谈结果，董事总经理或业务合伙人平均年薪为124.8万元，其中薪资发放形式为按月发放，平均基础月薪为7.8万元，年终奖金平均31.2万元。56%的董事总经理的基础月薪在7万~8万元，绝大多数董事总经理月薪在6万~9万元。 1. 根据投资机构类别的不同，私募股权基金董事总经理的平均年薪为166.3万元，创业投资基金董事总经理的平均年薪为118.9万元。 2. 根据投资机构管理的基金规模大小，基金规模在百亿元以上的机构，董事总经理平均年薪为158.9万元，百亿元以下的机构，董事总经理平均年薪为117.2万元。 3. 根据投资机构的股东背景不同，国资机构董事总经理为117.3万元，民营机构董事总经理为130.7万元。 4. 根据投资机构管理币种的不同，人民币基金董事总经理的平均年薪为115.7万元，美元基金董事总经理平均年薪为180.5万元，双币基金董事总经理平均年薪为123.6万元

（2）前台岗位KPI

1）行业研究员。

行业研究报告质量：评估研究员对所负责行业的分析深度和准确性。

投资建议采纳率：衡量研究员提供的投资建议被投资团队采纳的比例。

行业动态跟踪及时性：考查研究员对行业动态的掌握和反馈速度。

2）投资经理。

项目挖掘数量：衡量投资经理寻找潜在投资项目的能力。

项目尽职调查质量：评估投资经理对项目进行尽职调查的深入程度和准确性。

投资决策准确率：反映投资经理在投资决策过程中的判断力。

投资回报率：考核投资经理所负责项目的投资回报情况。

3）投资董事、投资总监。

项目开拓数量：投资董事、投资总监应当作为获得优质项目的主要责任人。

募资金额：部门基金MD级别需要承担募资任务，募资能力也应当是私募基金高级管理人员内部考核的主要指标。

投资回报率：作为私募股权基金高管，投资回报率是最为实质的业绩考核指标。

项目 DPI：现金退出而非账面净值虚高是私募基金考核指标的重要变化方向。

退出情况：推动项目良好退出是私募基金高管应当履行的责任，也是考核其投资能力的重要指标之一。

IPO 数量：一般会根据实际 IPO 市场情况予以调整。

管理费与业绩报酬：私募基金管理人创收最直接的考核指标。

（3）热门投资方向（表 3-7）

表 3-7　热门投资方向

行业	行业情况	相关机构
生命科学与健康	生命科学与健康行业涵盖了医药研发、生物技术、医疗设备、健康管理等多个子领域，并且与全球人口老龄化、健康意识提升以及科技进步紧密相关。当前，该行业颇受重视，一系列支持性政策相继出台，如《粤港澳大湾区发展规划纲要》和《广州国际生物岛“十四五”发展规划（2021—2025 年）》，均为行业的发展提供了良好的政策环境和资金支持。随着科技的不断进步，生命科学与健康行业展现出巨大的市场潜力和创新空间，尤其是在个性化医疗、再生医学、基因编辑等领域。此外，全球性的健康危机，例如新冠疫情，也凸显了该行业的重要性和紧迫性。 该行业相关专业包括生物学、生物技术、生物医学工程、公共卫生、环境健康科学等，具有相关专业背景人士均有机会进入以生命科学与健康行业为投资赛道的私募股权投资基金	1. 启明创投：成立于 2006 年，专注于投资 TMT、医疗健康等行业早期和成长期的企业。针对医疗健康行业投资的成功项目包括启明医疗、再鼎医药、迈瑞医疗等。 2. 清松资本：专注于生物技术和医疗健康领域的专业私募股权投资，已投资了多个行业明星项目，包括上海联影、神州细胞等。 3. 深圳市创新投资集团有限公司（深创投）：投资领域涵盖生物技术/健康等，典型案例包括康方生物、华大基因等

续表

行业	行业情况	相关机构
医疗健康产业方向	2024 年，医药行业融资的热点依然是创新药物的研发。特别是细胞与基因治疗（CGT）、抗体偶联药物（ADC）等前沿领域，吸引了大量资本的关注和投入。代谢、神经、自免适应症及前沿创新分子领域的快速发展，为医药行业带来了新的增长点。随着技术的突破和临床试验的进展，这些领域的商业潜力逐渐显现。消费医疗领域，包括专科医疗、医疗美容和健康保健等，预计将持续增长，成为吸引资本关注的热点。随着居民健康意识的提升和消费升级，相关市场规模持续扩大。 国家政策持续鼓励医药行业的创新和发展，特别是在审批机制及创新药支付体系的完善方面，为医药行业的健康发展提供了有力保障。 近两年来，深圳出台了一系列推进生物医药与大健康产业发展的措施，并为贯彻《深圳市人民政府关于发展壮大战略性新兴产业集群和培育发展未来产业的意见》和“20+8”产业集群部署，专门设立了深圳市生物医药产业基金	复星医药：作为控股股东发起设立的复健资本，中选为深圳市生物医药产业基金管理机构，专注于医疗大健康领域的投资，积极探寻全球大健康领域的前沿动态，精准把握投资机会，覆盖从早期到成熟期不同投资阶段，形成投资与产业双轮驱动、科研与运营支持并重的独特模式

续表

行业	行业情况	相关机构
新能源方向	一般包括锂电、光伏、储能、氢能、钠电等方向。 光伏行业提供了一种清洁、可再生的能源解决方案。随着技术的不断成熟和规模化生产，制造成本已大幅下降。中国光伏行业在过去 20 年呈现出显著的发展，主要表现在研发能力的提升，设备、主材及耗材自主化能力的显著加强，全球市场占有率的突出地位等。 储能行业涵盖了多种形式，其中电储能、热储能和氢储能是最为主要的类别。电化学储能作为当前主流储能手段，综合优势明显，将充分受益于产业红利。电化学储能产业链中，电池与逆变器环节具备较高的投资价值。 该行业涉及相关专业较为广泛，包括新能源科学与工程、电气工程及自动、材料科学与工程、化学工程与技术和机械设计制造及其自动化在内的一系列工科专业，具有相关专业背景人士均有机会进入以光伏或储能为投资赛道的私募股权投资基金	1. 深圳市创新投资集团有限公司(深创投)：作为中国资本规模最大、投资能力最强的本土创业投资机构之一，在新能源领域有深入的布局。 2. 粤财创投：近年联合智光电气、华美国际等多家产业方共同发起设立了粤创光伏储能基金，专注于新型储能技术及分布式能源项目的投资。 3. 越秀产业基金：在光伏和储能行业表现活跃，特别是在分布式光伏市场。典型案例包括与纳晖新能源、东方日升、晶科科技的合作。此外，越秀还与正泰安能合作设立了越秀安能投资基金，专注于户用分布式光伏发电基础设施项目投资

续表

行业	行业情况	相关机构
先进制造方向	先进制造业是现代化产业体系的重要组成部分，对提高社会生产力和综合国力具有重要的战略意义。先进制造业作为全球主要经济体竞争的制高点，是科技创新的主战场，也是构建现代化产业体系的重点和难点所在。它涵盖了采用新技术、新设备、新工艺的制造业领域，以创新为动力，以硬科技为核心，表现为全球领先的技术水平、生产效率和产品质量。这一行业不仅得到国家政策的大力支持，而且市场潜力巨大，技术进步明显，与全球制造业的发展趋势相契合。 该行业涉及领域较为广泛，在进行投资时，对于相关领域的专业度要求较高，故材料科学与工程(如新型材料、纳米材料、复合材料等)、机械工程(如精密制造、智能装备设计与研发)、自动化与控制工程(如工业自动化、机器人技术)、电子信息工程(如传感器、嵌入式系统、工业物联网)、航空航天工程(如高端装备制造、航空材料研发)、能源工程(如新能源设备、储能技术研发)等行业的研究人员从业较多	1. 华控基金：成立于2008年，重点关注军工及先进制造、新一代信息技术、新能源、新材料、医疗器械、生物医药等高速发展行业。 2. 弘毅投资：专注中国市场，聚焦生命科学、绿色低碳、先进制造、数字科技、文化科技、消费服务、不动产投资等赛道，通过全方位赋能打造“100+”行业领军企业，已助力中国玻璃、石药集团、中联重科、先声药业、字节跳动、电管家、城投控股、锦江股份、新奥股份、美术宝等企业实现价值增长

续表

行业	行业情况	相关机构
TMT 方向	TMT(科技、媒体、通信)行业是一个涵盖技术创新和内容创造的多元化领域，包括信息技术、软件开发、电子商务、互联网服务、媒体内容制作、数字营销、通信设备制造等。这一行业在全球经济中占据越来越重要的地位，是推动社会进步和经济增长的关键力量。随着 5G、人工智能、物联网、大数据等新兴技术的发展，TMT 行业迎来了新的发展机遇，市场规模持续扩大，创新活跃	1. 敢赋资本：聚焦 TMT、新消费服务、新材料等领域中早期成长企业股权投资。 2. 盈峰投资：有相关招聘，具体投资情况待补充
新材料方向	新材料行业作为我国战略性新兴产业的支柱，正日益在全球经济格局的动态变化中扮演关键角色。尤其在推动新一代信息技术、高端装备制造、新能源及新能源汽车等关键领域的发展中，新材料行业展现出其不可估量的发展势头和无限魅力。 我国的新材料行业已形成集群式的发展模式，基本形成了以环渤海、长三角、珠三角为轴心，东北、中西部特色突出的产业集群分布，深圳是国内四大纳米材料研发和生产基地之一，广州是光电新材料的主要产业基地。 据清科研究中心统计，过去十年新材料产业投资金额复合增长率较高，占全市场的比例攀升明显。2023 年新材料产业共发生 954 起投融资案例，投资金额占全市场的比例为 15.0%。尽管新材料领域已经呈现出较高的投资活跃度和竞争热度，但仍留有众多优质企业和细分市场等待挖掘，这个“大产业，小行业”依旧蕴藏着无限可能	2022 年新能源/新材料领域投资竞争力 TOP10(上榜的大湾区公司)： 1. 广汽资本。 2. 广州科学城创业投资管理有限公司。 3. 广州越秀产业投资基金管理股份有限公司

续表

行业	行业情况	相关机构
人工智能、机器人方向	自2019年以来，我国人工智能相关政策始终紧随技术和产业发展步伐，历经广泛试点、建设框架、产业化发展、场景化落地四个阶段，切实推动人工智能从一项新兴技术走向规范应用。 2017—2022年，随着人工智能产业成熟度不断提升，融资逐步向中后期过渡。2023年，种子轮与天使轮融资重返主力位，人工智能生成内容(AIGC)为人工智能领域带来重大突破与新希望，近40%的投资事件指向2023年新成立的AIGC公司，AIGC正在引领AI产业进入新一轮融资周期。与此同时，原有AI各技术赛道也依然保持活力，机器学习使用最广，存在感最明显，计算机视觉、NLP依然紧随其后。 值得注意的是在一级市场，资本抢注“有背景”的AIGC团队，资本对AI所能提供的商业价值普遍产生新的认识，AIGC应用创业公司将成为未来赛道健康成长的关键支柱。 此外，近年围绕生成式AI的政策布局也迅速铺开，从数据和算力基础夯实，到快速对生成式AI规范化引导，再到产业扶持，形成一套强有力的组合拳。在大湾区，2023年5月，深圳发布《深圳市加快推动人工智能高质量发展高水平应用行动方案(2023—2024年)》(以下简称《行动方案》)，鼓励人工智能企业在境内外多层次资本市场开展股权融资，支持风投、创投机构加强对人工智能初创企业的投资并购，要求加大财政资金投入力度，发挥政府投资引导基金作用，统筹整合基金资源，形成大规模的人工智能基金群。 大模型带来的底层技术革新将为中国人工智能产业的规模增长带来更多存量扩张与增量空间	2024新质生产力投资机构软实力排行榜——AI和数字经济TOP20(上榜的大湾区公司)： 1. 大湾区基金。 2. 华业天成

续表

行业	行业情况	相关机构
硬科技方向	硬科技是指基于科学发现和技术发明，需要长期研发投入、持续积累形成的，具有较高技术门槛和明确应用场景，难以被复制和模仿，对经济社会发展具有重大支撑作用的关键核心技术。硬科技发源于高科技，是高精尖的高科技前沿，是以人工智能、航空航天、生物工程技术、高端光电芯片、新一代信息技术、新材料、新能源、智能制造等八大领域为代表的高精尖科技。区别于由互联网模式创新构成的虚拟世界，属于由科技创新构成的物理世界	2024 新质生产力投资机构软实力排行榜——硬科技 TOP20（上榜的大湾区公司）： 1. 啟赋资本。 2. 祥峰投资

（4）前台岗位职业发展建议

对于将私募股权投资行业作为职业发展规划的求职者，建议在金融知识、行业洞察力和实践经验等方面做好充分准备。

一是专业知识，需要掌握私募股权投资的基本流程，包括募资、投资、投后管理和退出机制，同时熟悉财务分析、估值方法（如 DCF 等）以及资本市场的运作规则。此外，深入了解行业及技术发展趋势、市场动态和产业链结构也至关重要，特别是对国家重点扶持的高端制造、新能源、智能制造等细分领域的政策和技术要有清晰的认知。为了更好地支持投资决策，还需具备数据分析和建模能力，以便进行财务预测和行业分析。

二是教育与职业背景，具备工科背景（如机械、材料、自动化等）并辅以金融知识，更适合现在以技术为导向的私募股权投资方向。攻读 MBA（尤其是顶级商学院的项目）或拥有国际化教育经历（如美国、欧洲的名校）也会为职业发展加分。此外，职业起点上可以选择投行、咨询公司或四大会计师事务所等机构，通过参与并购、融资或战略规划项目积累经验。如果来自制造业企业的研发或管理岗位，也可以通过转型进入与自身行业相关的私募基金。

三是实践经验，它是私募基金行业的核心竞争力。争取在知名私募基金或投资机构的实习及合作机会，参与投资项目筛选、尽职调查、财务建模和行业研究等工作是深入了解行业运作模式的重要途径。如果暂时没有直接进入私募基金的机会，可以通过参与制造业企业的并购或融资项目，或者在咨询公司中参与相关行业的战略分析项目来积累经验。此外，创业经历也是加分项，尤其是技术型或制造业相关的创业背景，可以展现对行业的深度理解和商业洞察力。

四是人脉资源，它在私募基金行业中尤为重要。可以通过参加行业峰会、投资论坛或加入行业协会(如 CFA 协会)来拓展人脉，与业内人士建立联系。此外，主动联系校友或行业前辈，寻求指导和推荐机会，也是获取求职信息的重要途径。

五是软技能，同样不可忽视，尤其是沟通与谈判能力、逻辑思维与分析能力以及高效执行力，这些能力在私募基金的项目推进中至关重要。

2. 中台岗位

私募股权机构中台岗位主要包括风险管理岗位和投后管理岗位等。中台岗位为连接前台与后台部门的重要纽带，承担着支持前台业务拓展、保障项目稳定推进的重任。一般而言，该类部门的日常工作为项目导向，但各项目间的具体内容重复性较高。

在薪酬方面，中台岗位的底薪基本是参考前台岗位薪酬来定，职级设定比较灵活，不同规模的机构职级对应的薪酬相互间没有可比性。总体来说，中台岗位与前台岗位的基本薪酬差别不大，薪酬差别主要体现在奖金的多少。

对于中台岗位，汇报上级一般为分管合伙人。对于任职人员，多要求具有相关项目经历，并倾向于招聘金融、财务等相关专业的人员。

(1)风险管理岗位(表 3-8)

表 3-8 风险管理岗位职能分析

岗位职责	风险管理岗位通常承担着识别、评估、监控和报告公司风险的重要职责，大体可以分为财务风险管理和项目风险管理两类。 1. 财务风险管理工作包括建立财务管理、会计核算、内部审计等制度，编制内部审计工作计划、程序和审计报告等审计类工作，配合业务部门完成合同签审核、合同付款、业务回款的执行工作；组织实施日常财务核算、税务申报、年终会计决算及预算等工作，并对前述工作进行复核督导等。此外，需要协调配合投资者关系(IR)部门及其他业务部门的财务工作，如数据提供、数据分析、财务问题回复等。 2. 项目风险管理工作包括完成资本市场、投资行业分析，完成公司意向项目的可行性研究、初步尽职调查，负责私募股权投资的项目尽职调查工作，以及参与被投企业日常投后管理工作，配合团队建立投后管理模板，对被投企业进行运营分析等，以及参与被投企业的发展战略、团队、金融方面的优化工作等
任职条件	1. 重点大学本科以上学历，财务/会计、金融、经济相关专业，相较其他岗位而言要求较低，若为非金融财会相关专业，拥有 CPA、CFA、法律职业资格、FRM 等相关职业资格证书亦可作为加分项。 2. 社招要求有相关工作经验，拥有私募基金相关岗位或四大会计师事务所工作经验者优先，其中，若有该机构投资行业审计经验更佳
薪酬水平	1. 以财务风控岗位为例，从业 3 年内的职级多为经理。 2. 财务风控经理年薪在 20 万~25 万元、财务风控高级经理年薪在 25 万~30 万元。 3. 从业 4~5 年可升任为副总裁，财务风控副总裁年薪在 35 万~40 万元。 4. 从业 5 年以上可升任为总监，财务风控总监年薪在 50 万~70 万元。 （需要注意的是，不同级别的工作内容差距不大，多由工作年份决定。项目风控岗位薪酬标准和晋升路线同财务风控类似）
跨行就业建议	风险管理岗位的各分支线条中，财务风控为一大主力。对会计师事务所的从业人员来说，私募的财务风控也可以作为未来的一个职业选择。但风险管理岗位是一个流动性较低的岗位，即便岗位有空缺，也多通过内部推荐、猎头招聘等方式补足，在市面上较少看到相关的岗位信息

续表

岗位 KPI	1. 前期风控效果：对于后期发生风险的项目，回溯风控经理的前期风控报告，是否识别出风险。 2. 风险控制措施有效性：考核风控经理制定的风险控制措施在实际操作中的效果。 3. 合规检查通过率：反映私募基金管理人在合规方面的表现。 4. 投后诉讼解决：联合前台投资岗位，共同处理投后诉讼问题，综合考察诉讼的时效性、成功的效果、回收的金额等

（2）投后管理岗位（表 3–9）

表 3–9 投后管理岗位职能分析

岗位职责	1. 根据市场、行业及项目管理情况，提出退出建议。 2. 对外开拓买家资源，维护合作伙伴关系，推动项目退出交易。 3. 配合 MD 及项目经理完成一级市场退出工作。 笔者点评：私募股权投资中，投后管理是一个关键的环节。投后管理指对已经完成融资并与企业形成股权关系的投资项目进行有效的管理和监督，促进企业的快速成长，最大化投资回报。不仅需要关注资金的安全与收益，更重要的是通过提供一系列的增值服务，帮助被投企业实现战略升级、管理优化、技术革新等多方面的提升。这些服务包括战略规划、市场拓展、人才培养、管理咨询、财务顾问等。投后管理涉及的增值服务是一系列的，如优化被投企业的管理能力，主要涉及对被投企业的宏观战略、商业模式、公司管理架构以及财务管理等方面的优化和提升；优化被投企业财务结构和资本效率，股权融资投后增值服务的另一项主要服务方式是资本运营，其中涉及再融资、并购重组、上市等一系列服务内容；提升被投企业竞争力和市场价值；优化资源关系的管理，这是提升被投企业竞争力和市场价值的关键因素，需要对政策有深入的理解，并能够准确评估被投企业如何最有效地利用这些资源
任职条件	1. 具有知名院校硕士及以上学历，金融及工科相关专业优先，对口投资赛道的专业更佳。 2. 社招要求有相关工作经验，拥有一定的投资、FA 从业经验，从事过投后退出工作加分；校招较少直接招聘该岗位，若有，则具有一级市场项目实习经历者优先

续表

薪酬水平	投后管理岗位和前台岗位联系较为紧密，因此其岗位职级和对应薪酬参考前台岗位标准
跨行就业建议	中小型私募机构或不单独设置投后管理岗位的机构，在实际项目管理过程中，项目导向的团队设置方式更为常见，即一个团队完成募投管退的全流程管理，也有部分风控相关的投后管理工作会由项目团队与风险管理岗位人员协同完成。
岗位 KPI	1. 项目监控与报告：被投企业业绩目标达成率，考核是否按照规定的时间间隔及时获取、分析并汇报被投企业各项业绩指标。 2. 风险识别和应对：在被投企业运营过程中，及时发现潜在风险。针对已识别的风险，采取有效应对措施并成功降低风险影响程度。 3. 退出方案制定和退出执行：根据被投企业发展状况及市场环境等因素，在规定时间内制定合理的投资退出方案。考核实际成功执行投资退出方案的次数。 4. 被投企业发展支持：为被投企业提供的各类增值服务（如机制调整、战略梳理、管理提升、行业整合、投融资建议、资本运作等）

（3）产业招商岗位（返投岗/政府资源部）（表 3-10）

表 3-10　产业招商岗位职能分析

岗位职责	1. 参与地方招商、园区产业招商事宜的决策。 2. 负责商务拓展渠道的开发和管理，维护已有渠道的良好关系。 3. 负责搜寻和筛选相关行业有发展潜力和投资价值的高成长中小型企业，进行商务谈判，引进优质项目。 4. 负责建立、发展和维护优质项目库，实现与公司其他区域商务拓展的资源流通。 5. 重点推进公司层面跨部门合作的优质项目，配合当地跟踪入驻项目的发展

续表

任职条件	1. 全日制大学本科及以上学历，金融、经济、企业管理等相关专业。 2. 产业投资相关工作经验，具有发改局、投资促进局、政研室等政府单位工作经验。 3. 熟悉地方的产业及投资政策，具有成功的产业投资项目运作经验。 4. 具备良好的职业操守、敏锐的市场洞察力、良好的商务谈判能力，能承受较强的工作压力
薪酬水平	头部机构总监级别的薪酬为 5 万~7 万元/月，其余机构 3 万元/月以上。 均与返投和落地成效直接挂钩
跨行就业建议	该岗位在每个机构内部人数不多，但一般级别较高，要求有一定社会资源；创投机构有项目资源的前台投资人员和投后管理人员、地方政府投促部门人员可考虑
岗位 KPI	1. 短期内该区域基金的返投落地金额和项目数量。 2. 与地方投促和产业园区的渠道关系。 3. 项目落地后的发展情况（包括但不限于该项目的后续融资情况、经营指标等）、投资强度和地方税收贡献等

（4）减持退出岗位（表 3-11）

表 3-11　减持退出岗位职能分析

岗位职责	1. 根据市场情况和公司股价走势，制定合理的减持策略和计划。 2. 识别和管理减持过程中可能出现的风险，包括市场风险、合规风险等。 3. 确保减持过程符合监管机构的要求，包括减持比例、时间限制、信息披露等。 4. 维护与投资者的关系，确保减持活动不会对投资者信心造成不利影响。 5. 熟悉证券交易所的交易系统，能够执行集中竞价交易、大宗交易、协议转让等减持操作
任职条件	1. 具有知名院校硕士及以上学历。 2. 社招要求有相关工作经验，拥有大型机构交易员经验者较受欢迎；校招较少直接招聘该岗位，若有，则一般必须辅以自身投资业绩或交易凭证证明其具备交易能力

续表

薪酬水平	一般对标大型机构的交易员，实际薪资与减持价格及所产生的市场冲击相关
跨行就业建议	转岗或跨行就业方向有风险投资公司、企业战略发展部门、咨询公司和其他私募公司等金融机构
岗位 KPI	1. 对减持计划的完成情况，包括但不限于是否可在要求时间内，以要求的价格完成要求的股数减持。 2. 市场冲击控制，包括但不限于减持过程中尽量少地造成类似跌停等大范围市场价格波动，以及尽量不引发监管关注。 3. 合规减持，确保减持过程合法合规

中台岗位职业发展建议：中台所对应的岗位普遍具有较强的专业性要求，且除了交易类岗位，一般不需要直接接触项目，以审查及风险控制为主，这类职位普遍需要具有较多的经验，相对而言不适合初入职场者，除非相关公司已制订详细的培训及发展计划。对于已具备银行、券商、公募基金等行业经验的从业人员而言，建议根据自身职业经历以及能力强项，选择单一类型岗位，持续精进自身能力及丰富自身经验，成为特定领域的专才或专家，展示自身价值。

3. 后台岗位

私募股权机构的后台岗位离机构的核心价值链更远一些，离业务也更远，与非金融机构之间差别并不大，主要为支持业务部门工作的后勤部门，包括后台财务、法务合规、人力资源行政、IT 信息化等，更适合性格温和、稳定的求职者。

（1）运营管理岗位（表 3-12）

表 3-12　运营管理岗位职能分析

岗位职责	1. 维护私募基金运营系统，按时完成私募基金产品的各项季报、年报等信息报送工作。 2. 协助上级完成私募基金产品立项、发行、备案、划款及运营等日常管理各项工作，做好私募基金产品日常运营中与托管机构的对接工作以及相关资源协调工作。 3. 对公司发行私募基金产品的相关资料进行建档、归档、分类管理，关注并定期收集相关监管部门的各项新发布规定、政策等情况

续表

任职条件	1. 具有知名院校硕士及以上学历，金融及工科相关专业优先，对口投资赛道的专业更佳。 2. 社招要求有相关工作经验，拥有一定的投资、FA 从业经验，从事过投后退出工作加分；校招较少直接招聘该岗位，若有，则为具有一级市场项目实习经历者优先
薪酬水平	运营管理岗位和公司业绩相关性较低，一般与市场上其他行业的运营岗位薪资水平相当
岗位 KPI	1. 申报：申报文件的及时性、准确度、反馈敏捷度以及与前台岗位沟通的准确度。 2. 运营：系统故障率、维护效率等。 3. 档案：历史资料完整度、易查询度等。 4. 监管及同业动态：对新发及存量监管政策的熟悉及执行程度、对同业所遇到的监管及舆情等情况的信息收集及反馈能力

（2）投资者关系/品牌宣传(Investor Relations/Public Relations)岗位(表 3-13)

表 3-13　投资者关系/品牌宣传岗位职能分析

岗位职责	投资者关系/品牌宣传岗位负责维护的关系包含媒体关系、投资人关系、被投企业的关系、同行的关系等一系列关系。当下投资机构这一岗位职能正在分化，有的向前端靠近侧重 IR，而有的后移偏重投后。需要协调内外部资源，为投资人提供增值服务。有的投资者关系岗位还需开拓、创建及维护 LP 渠道，挖掘并服务 LP，负责基金的资金募集、客户资源开发、基金路演推介等工作
任职条件	1. 具有全日制重点大学本科以上学历，具备金融、法律、财会、经济等相关专业知识。 2. 熟悉国内外主要募资渠道，具备融资项目策划、方案制定、资金渠道安排、方案执行能力。 3. 熟悉相关监管政策与法规，熟悉基金架构的搭建，熟悉资本市场。 4. 较为看重工作经验及行业资源，具有私募股权基金募资渠道和投资人管理、大客户管理、政府基金合作对接、政府招商、行业协会经验
薪酬水平	投资者关系岗位入职 1~3 年为经理或高级经理，基础月薪在 2 万~3 万元；从业 4~5 年时可升任为副总裁，投资者关系副总裁基础月薪在 3 万~4 万元；从业 5 年以上时可升任为总监，投资者关系总监基础月薪在 4.5 万~6 万元

（3）基金财务岗位（表3–14）

表3–14　基金财务岗位职能分析

岗位职责	1. 撰写会计和财务报告，日常财务处理，编制财务报表，计算、分配前台岗位的奖金。 2. 制定财务各方面的管理制度及有关规定，并建立、完善税务体系流程和制度，做好全面预算和财务分析工作，落实公司的内审及外审工作安排。 3. 参与项目财务尽职调查，做好财务风险预警，做好基金财务的信息披露工作，做好财务规划及财务预测，持续管理投资人预期。 4. 解答投资人的审计和税务询证函等，定期关注被投企业的财务状况及现金流情况，关注被投企业的财务规范情况，帮助投资企业建立内控体系，加强沟通和专业培训，扶持被投企业走上财务规范运作之路，为项目最终退出提供增值服务。 5. 办理财政、税务、银行等部门的工作联络以及业务往来事项；公司税务筹划工作，控制税收风险，监督申报各类税金、按时缴纳税款。 （私募基金财务任职要求不同于传统财务。传统财务侧重于财务会计核算、财务报告及预算，注重财务结果及事后控制。私募行业快速变化的市场环境以及资本市场的政策变化，对财务的要求更侧重于准确预测和快速决策，财务管理的价值应聚焦在提升企业核心竞争力和精细化管理方面，关注点应从结果考察转移到投资链条的全过程，尤其是要参与事前风险控制和事中投资活动）
任职条件	1. 具有全日制重点大学（211/985）本科以上学历，财务管理、会计、税务等相关专业毕业。 2. 具有CPA、中级会计师证书或职称。 3. 具有私募股权基金财务工作经验、上市公司会计及以上四大会计事务所审计经验
薪酬水平	1. 后台财务岗位从业3年内的职级多为经理，后台财务经理基础月薪在1.5万~2.5万元、后台财务高级经理基础月薪在2.8万~3.2万元。 2. 从业4~5年可升任为副总裁，后台财务副总裁基础月薪在3.5万~4万元。 3. 从业5年以上可升任为总监，后台财务总监基础月薪在4.5万~6万元。 （财务最高级别为CFO，薪酬标准参考前台MD。不同级别的工作内容差距不大，多由工作年份决定）

续表

岗位 KPI	1. 财务报告的准确性和及时性：考核确保财务报告的准确性，是否及时完成月度、季度和年度的财务报表。 2. 投资成本核算与监控：考核是否准确核算投资成本，有效监控投资成本，以保障基金投资收益。 3. 收益核算准确性和收益分配及时性：考核是否按照基金合同约定进行基金投资收益核算，是否按照基金合同约定的时间和方式及时完成收益分配

(4) 法务合规岗位(表 3-15)

表 3-15　法务合规岗位职能分析

岗位职责	1. 协助沟通和谈判，审阅投资项目交易文件和法律尽职调查报告。 2. 负责基金设立及运营相关法律工作，处置投后管理当中的法律事宜。 3. 管理公司制度的建立和完善，管理公司及基金日常运作的合规性审查。 4. 管理公司日常法律事务处理等其他法律合规部职责范围内的工作
任职条件	1. 具备法学全日制硕士以上学历(部分特别优秀的大学本科也可以考虑)，要求 985、211 高校(包括五院四系)，已通过法律职业资格考试，具备律师执业资格证。 2. 具备大型律师事务所或私募股权投资机构相关工作经验，较为熟悉私募股权投资业务，有一定的诉讼业务工作经验，具备一定的财务知识。 3. 知悉最新的法律法规，跟进最新的主管部门、协会等监管规定，具备一定的理论研究和分析能力，能综合就项目处理提出全面可执行的法律处理方案。 (作为私募股权的法务需要具备基金的项目投融资经验或项目管理和运作经验，偏好曾任职于一流的中资或外资所且经历过较多私募股权项目的律师。私募股权机构在招聘内部法务时通常期望候选人能在项目中做好内部业务人员和外部律师之间的桥梁，确保基金的商业需求和利益充分体现在交易文件中，并代表基金进行项目谈判，根据基金内部政策把控风险)
薪酬水平	薪酬标准和晋升路线同后台财务岗位类似
岗位 KPI	1. 合同审核准确性：衡量法务专员对各类合同的审核质量。 2. 法律风险预警及时性：考查法务专员对潜在法律风险的预警能力。 3. 纠纷处理成功率：评估法务专员在处理法律纠纷时的成效

（5）人力资源岗位（表 3-16）

表 3-16 人力资源岗位职能分析

岗位职责	人力资源工作包括人力资源规划、招聘培训、绩效薪酬和劳动关系等，部分规模较小的机构不设置人力资源岗位，基础工作多外包或者由机构内人员兼职，较为重要的人事工作包括制定公司人事管理制度、劳动纪律和薪酬、绩效评价考核、激励体系、人才梯队建设等
任职条件	1. 具备本科及以上学历，但专业范围可不限，包括管理学、经济学、法学、教育学、文学、哲学、历史学、心理学、政治学、社会学等相关专业。 2. 具有基金从业经历，如国有企业或大型企业、上市公司行政人事管理经验者，熟悉人力资源规划、干部管理、招聘培训等相关工作。 3. 部分国有背景的机构可能要求该岗位应聘者为中共党员
薪酬水平	职级分为经理、高级经理、副总裁、总监等，不同单位薪酬标准和晋升时间不同，基础月薪大多分为以下四档：1.2 万～1.5 万元、1.5 万～2 万元、2 万～3 万元、4 万～6 万元
岗位 KPI	与一般企业人力资源相似，考核主要在于员工流失率，特别是核心员工离职意向的检测，还有招聘时间、招聘成本、员工单位时间产能、员工培训、企业文化等

（6）IT/信息化岗位

一般中大型机构才会设置 IT 岗位，IT 岗位通常的工作内容包括：开发和维护投资管理系统、风险控制系统、客户关系管理系统等关键业务软件；确保公司数据安全，防止数据泄露或被未授权访问；为员工提供日常技术问题的支持，包括硬件、软件和网络问题；管理和维护公司的数据资源，确保数据的准确性和完整性。IT 岗位基础月薪在 2 万～4 万元不等，少部分头部机构 IT 基础月薪在 5 万～8 万元。

（7）行政岗位

行政助理的工作包括管理和组织办公室文具供应以及办公设施的管理等，不同单位薪酬标准和晋升时间不同，基础月薪大多分为以下四档：0.7 万～1.2 万元、1.2 万~1.5 万元、1.5 万~2 万元、2 万~3 万元。行政经理需要对全公司大小部门进行协调。不同单位薪酬标准和晋升时间不同，基础月薪大多分为以下四档：0.8 万~1.2 万元、1.2 万~1.8 万元、2 万~3 万元、4 万~6 万元。

后台岗位职业发展建议：在后台层面，私募股权基金的专业度相比中台而言较低，故经常出现具备不同背景、来自不同行业的同事共事的情况。而这类岗位普遍而言晋升空间有限，除 IT、运营等专责岗位外，后续大部分人需要进行转岗。故在从事该类职位时，需要综合考虑时间及机会成本。此外，职位的潜在流动性并不代表此类职位重要性低，若专责专业事项，后台重要管理人员的重要程度不亚于前台、中台，是整个机构稳定运转的基石。

二、中国私募股权投资行业员工跟投制度

（一）员工跟投制度发展

中国私募股权行业经过 30 多年的发展，已经成为全球第二大股权投资市场。根据清科研究中心数据，截至 2023 年，中国私募股权投资和创业投资的规模持续扩大，投资领域涵盖互联网、生物医药、高端制造等多个行业。随着中国经济的转型升级，私募股权行业在促进创新驱动发展、支持实体经济等方面发挥了重要作用。

随着中国私募股权行业的不断成熟，员工跟投制度作为一种新兴的投资方式开始受到关注。员工跟投，即 Employee Co-Investment，指的是员工参与投资所在公司或公司管理基金的制度安排。这种制度允许员工参与到公司的投资项目中，共享投资收益，同时也共担投资风险，旨在鼓励员工参与企业投资，共享企业成长的收益。这种制度不仅能够增强员工的归属感和忠诚度，还能提高投资决策的质量和效率。

政府对于创新创业的大力支持，为员工跟投制度提供了良好的政策环境。此外，市场对于这种能够激发员工积极性、增强公司凝聚力的投资方式表现出积极的响应。员工跟投制度在带来激励效应的同时，也存在一定的风险。如何平衡员

工的投资回报与风险控制，成为实施该制度时需要考虑的重要因素。同时，这种制度也为公司吸引和留住人才提供了新的途径。

国企改革与政策推动促进了员工跟投制度的发展。国有企业作为中国经济的重要组成部分，在近年来的改革中，员工跟投制度逐渐成为推动国企改革、激发企业活力的关键措施之一。2018 年以来，随着“1+N”政策的实施和“双百工程”的推进，国企改革步伐明显加快。特别是 2019 年 4 月国务院印发的《改革国有资本授权经营体制方案》，首次从政策层面对项目跟投给予了充分肯定，并支持国有创业投资企业等核心团队持股和跟投，这标志着员工跟投制度在国企改革中占据了重要地位。在新常态下，员工跟投成为国企改革的新课题，通过不断深化改革，实现体制活力和机制创新的同步提升。政策的推动为员工跟投提供了法律和制度上的支持，促进了这一机制在国有企业中的广泛应用。

随着市场经济的发展和企业竞争的加剧，市场化的激励机制成为企业吸引和留住人才、提高企业效率的重要手段。员工跟投作为一种市场化的激励方式，通过让员工成为企业的股东，实现了员工与企业利益的一致性，增强了员工对企业经营的参与感和归属感。在私募股权投资领域，跟投机制早已被广泛应用。投资经理通过跟投，与投资项目共担风险、共享收益，这种机制在提高投资决策质量、促进项目成功方面发挥了重要作用。随着私募股权行业的快速发展，特别是在科技创新和新兴产业的推动下，员工跟投制度已成为市场化激励的重要组成部分。此外，员工跟投还能够促进企业内部的创新、激发创业精神，通过激励员工参与到企业的创新项目中，加快企业技术进步和产品升级，提高企业的核心竞争力。

在全球范围内，私募股权行业中员工跟投的做法各有特色，体现了不同市场环境和文化背景下的策略选择，但其核心目的和作用均为提升员工参与度、风险共担和利益共享。

1）美国市场：美国的私募股权行业较为成熟，员工跟投制度普遍存在。许多基金允许员工投资于他们管理的基金，以此作为激励和风险共担的一种方式。这种做法旨在确保投资团队的利益与投资者的利益一致，提高投资决策的质量。

2）欧洲市场：欧洲的私募股权行业在员工跟投方面相对保守，但也有一些机构实行类似的机制。例如，一些基金可能会设立特定的员工基金，允许员工投资，并在一定程度上参与收益分配。

3）亚洲市场：亚洲的私募股权行业，尤其是中国，正在快速发展。员工跟投在一些创新型企业和高科技领域越来越受到重视，被视为激发团队活力和提高投资效率的手段。

（二）员工跟投制度类型

1. 员工跟投制度的类型

员工跟投制度旨在建立员工利益与公司利益的一致性，提高员工对公司发展的参与感和归属感，同时也为员工提供了分享公司成长红利的机会。员工跟投主要分为两种类型。

强制跟投：公司规定员工必须参与投资，通常与员工的薪酬或奖金挂钩，作为激励的一部分。强制跟投方案主要是基于风险控制的考虑。投资决策人员经手的项目较多，无法兼顾投资项目的所有细节，需要投资团队恪守职业道德、提升专业能力、对项目涉及的风险严格把关。通过强制跟投制度，把员工与私募基金管理人的利益绑定在一起，切实督促员工在工作中勤勉尽责，避免因员工的失职行为给基金和管理人带来损失。

自愿跟投：公司提供投资机会，员工可以根据自己的意愿和能力选择是否跟投。在自愿跟投方案下，更多的是将员工跟投视为一种激励机制，以优质项目的投资机会作为奖励，与员工分享投资收益，让员工在工作中拥有更多的参与感和获得感，提高其工作的积极性，进而实现私募基金管理人与员工的双赢。

2. 员工跟投制度现状

中国私募股权行业近年来发展迅速，员工跟投制度作为激励和风险共担机制，在行业内得到了广泛应用。根据普华永道和清科研究中心的报告，员工跟投在提升投资决策质量、增强团队凝聚力以及促进企业创新等方面发挥了重要作用。据统计，超过60%的私募股权机构实行了员工跟投制度，其中强制跟投的比例约为20%，自愿跟投的比例则高达80%。而跟投的类型多样，包括直接跟投、通过员工持股计划（ESOP）跟投等。大多数机构倾向于采用自愿跟投的方式，以减轻员工的经济压力，同时给予员工更多的选择权。

（1）行业分布情况

员工跟投在不同细分领域中的普及程度存在差异。例如，在科技、医疗健康等高风险、高回报领域，员工跟投更为普遍，而在传统制造业等成熟领域则相对较少。例如，科技领域的私募股权机构中，约有70%实行了员工跟投制度；医疗健康领域的私募股权机构中，亦约有65%实行了员工跟投制度。

（2）规模与阶段

员工跟投在不同规模和发展阶段的私募股权机构中也呈现出不同的特点。大型机构由于资金实力雄厚，更倾向于实行强制跟投，以确保团队成员的利益与公司目标一致。根据调研，大型私募股权机构中，强制跟投的比例约为30%。而中小机构则更倾向于自愿跟投，以吸引和留住人才，目前自愿跟投的比例高达90%，反映出对员工个人选择的尊重和对人才的重视。

（3）地域差异

地域差异也是影响员工跟投普及程度的一个重要因素。设立在大型及特大型城市（如北京、上海、深圳等）的私募股权基金，员工跟投更为普遍，实行员工跟投的比例高达75%，而在中西部地区则相对较少，占比约为40%，这不仅体现出了私募股权机构对于投资的认知差异，也侧面呈现了从业人员对于自身项目的认知与置信程度。

（4）目的与动机

员工跟投制度的设置主要是基于以下几个目的和动机。

利益一致性：通过跟投，员工的利益与企业的利益更加一致，有助于提高员工的工作积极性和忠诚度。

风险共担：员工跟投有助于实现风险共担，降低企业的道德风险。

激励效果：作为一种激励机制，员工跟投能够激发员工的创新精神和工作热情。

同时，员工跟投对个人、企业及投资决策的影响也是多方面的：

对个人而言，跟投可以带来额外的收益机会，但同时也增加了个人的风险承担，以及现金流压力。

对企业而言，跟投有助于提升团队的凝聚力和企业的整体竞争力。

对投资决策而言，员工跟投可能会提高投资决策的质量和效率，因为员工会更加关注投资项目的成败。

3. 员工跟投制度的细则安排

(1) 跟投范围

私募基金管理人的员工通常涵盖以下角色：负责投资决策的专业人员、执行前台投资任务的员工，以及负责中台、后台运营的成员。通常情况下，私募基金管理人的普通员工均有资格参与跟投计划，但某些机构可能会根据员工的入职时间、职位级别以及跟投资金的额度设定一些限制条件。

其中，项目组成员(前台投资人员)一般为强制跟投对象，负责投资决策的人员一般不参与强制跟投。若基金的投资决策人员同时是国有企业的领导人，根据《国有企业领导人员廉洁从业若干规定》第五条，国有企业领导人经批准兼职的，不得从兼职企业擅自领取薪酬及其他收入。

(2) 跟投方式

员工跟投一般有三种架构模式，分别为个人直接跟投、直接跟投基金产品、间接跟投基金产品。

方式一：个人直接跟投(图 3-3)。

员工以个人名义直接投资于标的企业。实务中较少见，也存在部分私募基金管理人的高管以自有资金直接跟投的情况。

优点：员工个人可享有作为股东的各项权利及直接享有分红收益；更有针对性地进行项目投资。

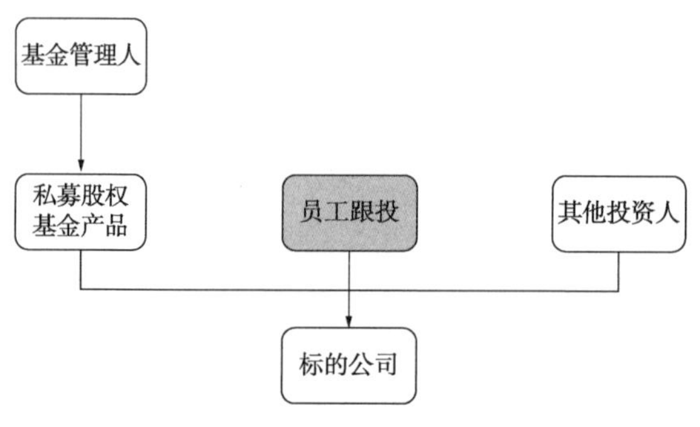

图 3-3　个人直接跟投

缺点：①不便于私募股权机构进行管理；②员工作为自然人，一般出资能力有限，持股比例相对较小；③标的公司不一定接受个人直接投资，过多个人持股会使标的企业股权架构臃肿、烦琐；④员工对于直接投资项目过分关注，可能无法公平分配时间和精力，容易产生利益冲突。

方式二：直接跟投基金产品(图 3-4)。

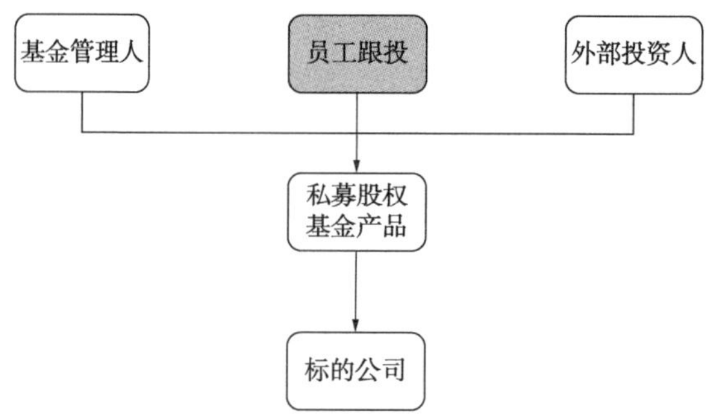

图 3-4　直接跟投基金产品

优点：基金架构相对简单清晰。

缺点：①跟投员工人数过多，会占用外部投资人额度；②员工若离职需办理变更，增加了管理难度(需要找合格投资者，受让员工需拟转让的份额)以及增加基金份额结构的不稳定性；③员工直接跟投基金产品，需向私募基金所在地的税务机关申报缴纳个人所得税，无法另行选择具有税收优惠的纳税地缴纳个人所得税。

方式三：间接跟投基金产品（图3-5）。

设立专门的合伙企业，作为跟投主体。员工通过持有该跟投主体的份额，间接投资基金产品。

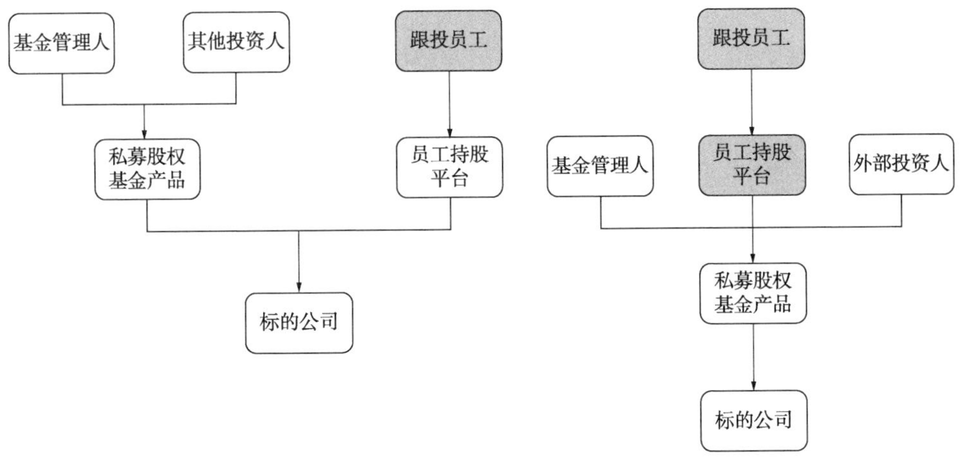

图3-5　间接跟投基金产品

优点：①管理人员工向基金普通合伙人出资从而间接投资于私募基金的，可被视为合格投资者，即管理人员工的认缴出资额可以低于100万元；②便于管理，在员工发生人事变动时直接在持股平台层面进行调整，无须通知其他合伙人，也可以控制员工跟投的比例和规模；③私募基金管理人可通过对合伙企业纳税地进行选择，进而降低整体税负成本。

缺点：无法兼顾不同员工对不同标的的跟投意愿。

（3）跟投额度

具体跟投额度视基金管理人的内部规定和员工的实际情况而定，一般在1%~20%。跟投额度的设置主要取决于员工的出资能力、薪资水平以及基金规模。实务中，跟投额度一般与员工的薪资水平、职级、岗位相匹配。项目组的跟投额度普遍高于中台、后台人员。

对于一些较为优质的项目，员工跟投的积极性较高，可能出现员工的意向出资超过跟投额度的现象，项目组成员一般享有优先跟投权；若出现员工意向出资额低于跟投额度，一般由项目组补足。

（4）跟投的资金来源

跟投资金来源主要是员工的自有资金，不得非法汇集他人资金进行投资。私募基金管理人通常会要求员工提供资金来源证明，确保资金来源合法合规。

考虑到私募基金的投资门槛相对较高，对于存在出资困难的员工，管理人需要考虑出台配套的融资政策或提供相应的融资渠道。实践中，部分私募基金管理人会为出资困难的员工垫付出资，后续再在该员工的工资、绩效或奖金中分期扣除管理人已垫付的出资，实质上相当于由员工分期缴纳跟投资金，从而缓解一次性出资给员工带来的资金压力、克服抗拒心理。但管理人需要谨慎采取这种为员工垫资的行为，尤其是在垫资期间收取利息的，可能存在被认定为“从事民间借贷”的合规风险。

（5）跟投出资

跟投方案中，为防止与基金产生利益冲突，参与跟投的员工或员工持股平台一般需要和私募基金按相同轮次、相同估值投资于标的公司。

（6）跟投的管理与转让退出

跟投管理：私募基金管理人会建立相应的员工跟投管理制度，明确跟投流程、额度、方式等，并在基金合同中约定相关条款。同时，管理人会对跟投项目进行尽职调查和投资决策，确保投资风险可控。

费用承担：在员工跟投的情况下，跟投人员兼具投资者和基金管理人员工的双重角色，既是有限合伙人，也为基金提供投资管理、风控合规等服务。因此，一般会在合伙协议中约定，跟投员工不承担管理费，且管理人也不向跟投员工收取绩效收益。

收益分配：若直接跟投，通常由标的公司或基金直接向员工分配跟投收益。若间接跟投，跟投收益首先由基金或项目公司向持股平台进行分配，再由持股平台将所获收益向员工进行具体分配。此架构下，管理人可通过再分配方式灵活调整收益。例如，管理人可以和员工约定收益分配比例和出资比例不一致；或规定对被投项目负有责任的员工在获取收益前应当扣除一定金额的责任金；或对不同投资人员负责的项目进行单独核算，使得项目组成员仅对其负责或参与的项目获取收益或承担损失。

跟投转让与退出：在跟投期间，一般来说，跟投员工不得提前退出；跟投员工的退出安排通常与基金的整体退出策略一致。从设立强制跟投制度目的来考虑，即使跟投员工离职，也不得随意转让跟投份额。若员工可以随意将跟投份额转让给其他人，或擅自要求基金赎回跟投份额，员工可通过离职规避投资风险给其自身造成的损失，则跟投无法对员工起到约束作用，强制跟投的风控效果也会大打折扣。因此，一方面，在员工跟投之前，管理人可以与员工约定跟投的锁定期限，在锁定期内，员工不得擅自离职，否则需要缴纳一定限度的违约金；另一方面，如果有特殊情况需要进行人事变动，在员工离职前，管理人可以对员工及其所参与的投资项目进行审核，确定员工是否存在损害基金利益的潜在行为以及项目是否存在潜在风险，再进一步决定是否允许离职员工转让跟投份额。

实务中，常见的员工跟投退出条件、情形或安排包括：

跟投员工因死亡、丧失劳动能力、辞职、调离、退休或被解雇等与基金管理人解除或终止劳动关系时，基金管理人通常会根据前述情形设置不同的退出路径、退出价格等退出机制。

在跟投退出方式上，通常包括向其他跟投员工转让、向经实施单位同意的外部第三方转让、减资退出、实施单位回购退出、上市后通过公开市场实现退出等。

在选择时间或业绩作为跟投的退出条件时，其中：选择时间作为退出条件的，通常会设定一定的锁定期(如不少于5年)；选择业绩作为退出条件的，通常会设定一定的锁定期(如不少于3年)和一些与跟投项目直接挂钩的效益类考核指标，如营业收入、利润总额、投资回报率等。

员工离职，此时自然人投资者的“员工”身份不再存续，严格来说，是不符合“合格投资者”相关规定的。从合规的角度考虑，可以采用以下三种方式处理：①让离职员工赎回；②让离职员工提供合格投资者材料，并且认缴金额补足至100万元；③让离职员工把份额转让给管理人、其他员工或者合格投资者。

4. 特殊情形：国资私募基金管理人的员工跟投

不同于民营私募基金管理人，国有私募基金管理人受较严格的国资监管约束，除了要遵守基金业协会的行业自律要求，还要符合国资监管要求。

（1）跟投实施的法律约束

国务院国资委《关于规范国有企业职工持股、投资的意见》(国资发改革〔2008〕139号)中“严格控制职工持股企业范围”项下有关“上持下限制”的规定：

> 职工入股原则限于持有本企业股权。国有企业集团公司及其各级子企业改制，经国资监管机构或集团公司批准，职工可投资参与本企业改制，确有必要的，也可持有上一级改制企业股权，但不得直接或间接持有本企业所出资各级子企业、参股企业及本集团公司所出资其他企业股权。科研、设计、高新技术企业科技人员确因特殊情况需要持有子企业股权的，须经同级国资监管机构批准，且不得作为该子企业的国有股东代表。

员工跟投本身天然带有“上持下”的属性，跟投员工将基于其跟投行为直接或间接持有公司所出资的子企业或参股企业的合伙份额或股权。

此外，需关注跟投项目限制的相关规定。《中央企业基金业务管理暂行办法》第四十二条指出：

> 中央企业基金实施员工跟投应当符合国家法律法规、有关行业监管以及国资监管相关规定，不得对项目进行选择性跟投。主要投资集团外项目的基金，原则上在基金层面跟投。

在跟投载体考虑上，需做好载体架构及跟投模式的合理选择，如采用基金架构或设立有限合伙企业模式，避免员工跟投直接体现为企业股权。

（2）实施跟投的行业指引

目前从中央到部分地方均发布了相关指引和通知，允许和支持国有私募股权基金管理人建立员工跟投制度，为国有私募基金管理人建立跟投机制提供了政策依据。

根据《私募投资基金备案指引第 2 号——私募股权、创业投资基金》第四条，对于投资于所管理私募股权基金的私募基金管理人及其员工，认定为合格投资者。其中规定，私募基金管理人员工包括与私募基金管理人签订劳动合同并缴纳社保的正式员工，以及国家机关、事业单位、政府及其授权机构控制的企业委派的高级管理人员。

《国务院关于促进创业投资持续健康发展的若干意见》(国发〔2016〕53 号)：

> ……鼓励国有创业投资企业开展混合所有制改革试点，探索国有创业投资企业和创业投资管理企业核心团队持股和跟投……

表 3-17 是其他支持国有私募基金(创投基金)跟投的相关规定。

表 3-17 国有私募基金(创投基金)跟投的支持文件

序号	鼓励政策	相关内容
1	国务院关于印发《上海系统推进全面创新改革试验加快建设具有全球影响力科技创新中心方案》的通知(国发〔2016〕23 号)	创新国资创投管理机制： 允许符合条件的国有创投企业建立跟投机制，并按市场化方式确定考核目标及相应的薪酬水平
2	国务院关于促进创业投资持续健康发展的若干意见(国发〔2016〕53 号)	完善创业投资相关法律法规： 落实和完善国有创业投资管理制度……支持具备条件的国有创业投资企业开展混合所有制改革试点，探索国有创业投资企业和创业投资管理企业核心团队持股和跟投……
3	国务院关于印发《改革国有资本授权经营体制方案》的通知(国发〔2019〕9 号)	分类开展授权放权： 国有资本投资、运营公司……支持国有创业投资企业、创业投资管理企业等新产业、新业态、新商业模式类企业的核心团队持股和跟投……

续表

序号	鼓励政策	相关内容
4	国务院办公厅关于提升大众创业万众创新示范基地带动作用进一步促改革稳就业强动能的实施意见（国办发〔2020〕26号）	推进全面创新改革试点，激发创新创业创造动力： 深化双创体制改革创新试点……支持在具有较高风险和不确定性的业务领域实施员工跟投机制，探索“事业合伙人”方式，形成骨干员工和企业的利益共同体
5	关于印发《中央企业混合所有制改革操作指引》的通知（国资产权〔2019〕653号）	关于激励约束制度： 鼓励混合所有制企业综合运用国有控股混合所有制企业员工持股、国有控股上市公司股权激励、国有科技型企业股权和分红激励等中长期激励政策，探索超额利润分享、项目跟投、虚拟股权等中长期激励方式，注重发挥好非物质激励的积极作用，系统提升正向激励的综合效果
6	关于印发《国务院国资委授权放权清单（2019年版）》的通知（国资发改革〔2019〕52号）	对国有资本投资、运营公司试点企业的授权放权事项： 授权董事会审批所属创业投资企业、创业投资管理企业等新产业、新业态、新商业模式类企业的核心团队持股和跟投事项，有关事项的开展情况按年度报国资委备案
7	关于印发《“双百企业”推行经理层成员任期制和契约化管理操作指引》和《“双百企业”推行职业经理人制度操作指引》的通知	鼓励“双百企业”综合运用国有控股上市公司股权激励、国有科技型企业股权和分红激励、国有控股混合所有制企业员工持股等中长期激励政策，探索超额利润分享、虚拟股权、跟投等中长期激励方式，不断丰富完善经理层成员的薪酬结构

资料来源：吴雄雁．国资私募基金管理人员工跟投法律研究［EB/OL］. https：//mp. weixin. qq. com/s/YrYzxIF5p 7SJNy tAhFsFIA，2023-10-24.

国资发改革〔2008〕139号中关于“上持下限制”的规定，对于规范国有企业员

工对外投资(包括员工跟投)具有普适意义，但鉴于有关规范“员工跟投”的法律规定大都出台较晚(2016 年及之后)；基于“新法优于旧法”的基本原则，国资私募基金管理人在实施员工跟投活动时，应不受前述“上持下限制”规定的约束❶，但实践中各家国资私募基金的理解和实践并不相同。

5. 国有员工跟投的实践

国资私募管理人最常见的跟投方式为间接跟投，即成立一个员工跟投平台，对私募基金进行跟投，私募管理人通过员工跟投平台对跟投员工进行集中管理。该员工跟投平台可以为有限合伙企业、有限责任公司/股份制公司、资管计划/信托计划。

根据《私募投资基金监督管理暂行办法》第十三条规定，投资于所管理私募基金的私募基金管理人及其从业人员视为合格投资者。因此，在员工跟投的情况下，从业人员不需要满足 100 万元的起投门槛，但需要提供相应“员工身份”的认证材料；而员工跟投平台，对私募基金的实缴金额最低为 100 万元。

从 IPO 案例来看，国企私募基金管理人员工跟投采用项目跟投/间接跟投的情形较为常见，详见表 3-18。

表 3-18 国资私募基金管理人员跟投案例

序号	管理人名称	私募基金名称	员工跟投平台	跟投项目
1	深圳市高新投人才股权投资基金管理有限公司	深圳市高新投致远一期股权投资基金合伙企业(有限合伙)	深圳市小禾创业投资合伙企业(有限合伙)	槟城电子
2		深圳市人才创新创业二号股权投资基金合伙企业(有限合伙)	深圳市小禾创业投资合伙企业(有限合伙)	爱克股份(300889)

❶ 吴雄雁. 国资私募基金管理人员工跟投法律研究[EB/OL]. https://mp.weixin.qq.com/s/YrYzxIF5p7SJNytAhFsFIA, 2023-10-24.

续表

序号	管理人名称	私募基金名称	员工跟投平台	跟投项目
3	厦门市深高投金圆私募基金管理有限公司	厦门市深高投金圆人才股权投资基金合伙企业（有限合伙）	厦门市深高投圆兴投资合伙企业（有限合伙）	槟城电子
4	河北建投创发基金管理有限公司	石家庄鹏云工业技改股权投资基金（有限合伙）	石家庄灵乾科技合伙企业（有限合伙）	维赛新材
5	粤财私募股权投资（广东）有限公司	广东粤财中小企业股权投资基金合伙企业（有限合伙）	珠海横琴依星伴月投资合伙企业（有限合伙）（早期备案为私募基金）	亿道信息（001314）

资料来源：吴雄雁．国资私募基金管理人员工跟投法律研究．https：//mp. weixin. qq. com/s/YrYzxIF5p7SJNyt AhFsFIA．2023-10-24.

6. 相关调研结果

某机构通过对100多家私募股权投资机构的调查发现[1]：

1）34%以上的基金实行强制跟投政策，45%的基金将跟投政策视作一种福利；还有20%的基金不允许跟投；允许投资团队选择性单独跟投某个项目的比例大大超出预期。在其他国家的实践中，这种选择性的跟投由于会导致GP与LP之间的潜在利益冲突而极少存在。这也充分表明了中国私募股权行业的特殊国情——市场化LP的投资规则尚待完善。

2）跟投政策跟基金性质相关性较大。越偏国资的基金采取强制跟投政策的比例越高，越偏市场化的基金采取强制跟投政策比例越低，美元基金几乎没有强制跟投。可见，国资的特性会导致对强制团队跟投政策的强烈偏好。

3）从投资阶段看，投资阶段为早期的基金一般不要求员工强制跟投，而是将其视为一项福利政策，因为早期投资项目未来预期收益较高，跟投可作为一种激励；但是，早期投资项目面临的风险较大，有些机构要求强制跟投，将项目与

[1] 启金智库．国资私募基金员工跟投系列问题梳理［EB/OL］．https：//mp. weixin. qq. com/s/_VkR3XhTR8GASF2JlH3FaA，2024-01-22.

投资团队利益绑定，以避免出现道德风险。

7. 员工跟投制度案例分析

从企业制度的角度看，员工跟投制度在激励员工、增强团队凝聚力、提高投资决策质量等方面起到积极作用。同时不同机构在跟投制度设计上的创新和差异化策略也值得学习。

（1）红杉资本中国基金

• 员工跟投实践：红杉资本中国基金作为中国私募股权行业的领军机构之一，其员工跟投制度具有典型性。红杉资本中国基金鼓励员工参与投资决策，通过跟投机制加强员工利益与公司利益的一致性。

• 制度设计：红杉资本中国基金的员工跟投制度设计灵活，提供了不同级别的跟投资额选择，以适应不同员工的财务能力和风险偏好。

• 效果评估：员工跟投制度在红杉资本中国基金中取得了积极的效果，增强了团队的凝聚力、提高了投资决策的质量。

（2）启明创投

• 跟投政策：启明创投实施了较为开放的员工跟投政策，允许员工在一定范围内参与基金投资，分享投资收益。

• 风险与收益平衡：该政策旨在平衡员工的风险承担与潜在收益，通过合理的跟投比例设置，确保员工在承担合理风险的同时能够获得相应的回报。

• 团队激励：员工跟投制度在启明创投中起到了良好的团队激励作用，提高了员工的工作积极性和对公司投资项目的认同感。

（3）深创投[1]

• 跟投机制：深创投作为国内较早成立的创投机构，其员工跟投机制较为成熟，为员工提供了明确的投资指南和风险控制措施。

• 投资决策参与：深创投鼓励员工参与投资决策过程，通过跟投制度让员工

---

[1] 李荣华．深创投 20 年：中国最强本土创投是如何炼成的？［EB/OL］. https：//pc. nfnews. com/6466/2597767. html，2019-09-06.

对投资项目有更深入的了解和参与感。

• 绩效挂钩：员工跟投的收益与个人绩效挂钩，形成了一种有效的绩效激励机制，促进了员工对公司投资成果的贡献。

• 2004 年之后，为了有效控制风险，深创投规定项目投资团队强制性个人跟投项目总投资额的 1%，而公司所有高管强制性跟投所有公司投的项目，包括董事长、总经理、副书记、四个副总。

（4）高榕资本

• 创新跟投模式：高榕资本在员工跟投方面采取了创新的模式，允许员工在特定条件下以优惠价格参与投资，增强了员工的获得感。

• 文化建设：通过员工跟投制度，高榕资本加强了公司文化建设，使员工更加认同公司的投资理念，有利于公司的长远发展。

• 风险教育：高榕资本在推行员工跟投制度的同时，注重对员工进行风险教育，提高员工对投资风险的认识和防范能力。

（5）基石资本❶：合伙人强制跟投基金，无权跟投单独项目

在基石资本所有基金投资的项目中，合伙人无权选择性跟投某一项目，而必须跟投整个基金，并且出资的比例平均超过 10%，但对项目组的员工则鼓励跟投项目。基石资本董事长张维很欣赏刚刚故去的耶鲁大学捐赠基金掌门人大卫·斯文森（David F. Swensen）的理念："管理者较高比例的共同投资，可以保证其站在与投资者同样的角度对待盈利与损失。"

这样的机制同时解决了三项挑战：第一，和 LP 的利益高度绑定，最大限度地消除管理人的道德风险；第二，杜绝合伙人对不同项目的厚此薄彼，能通盘调动资源；第三，合伙人身家利益绑定在基金上，他们在投委会的决策才会真正从自身出发，而不是简单听老板的。

其中甚至还有一层暗含的信息：正是因为往期杰出业绩带来的超额回报，基石资本的合伙人们才能有高额资本继续滚动跟投到新基金里。这样的制度，才让

---

❶ 陶娟．操盘 600 亿，数个百倍回报，连续投出韦尔、商汤、长鑫存储，这家本土创投何以领衔硬科技投资时代？［EB/OL］https：//www.stonevc.com/InformationCentre/info.aspx？itemid=1338，2021-12-13.

基石资本的意识无缝连接到硬科技时代。投资硬科技并不是基金最初就设计好的，而是自然而然市场化选择的结果。

对于员工跟投，基石资本则鼓励所有员工以自有资金跟投公司基金，但项目跟投仅限于项目组成员，非项目组成员不得跟投项目；合伙人只能跟投基金，不能跟投项目❶。

在跟投细则方面，进行完善的制度化设计，不仅可以有效适应内地目前对于跟投的监管限制，还可以强化风险控制，增强员工的项目参与感及获得感。

（1）某科技投资基金员工跟投

案例背景：某科技投资基金专注于投资高科技初创企业，为激励员工积极参与基金管理，建立了员工跟投制度。

跟投方式：员工通过直接跟投方式投资于基金，跟投额度根据个人能力和意愿确定，一般在5%~10%。

管理与退出：基金管理人制定了详细的员工跟投管理制度，明确了跟投流程、风险控制和退出安排。当基金投资项目实现退出时，跟投员工按照基金合同的约定获得相应的投资收益。

实践效果：员工跟投制度有效激发了员工的工作积极性和忠诚度，提高了基金的整体运作效率。

（2）某医疗投资基金通过合伙企业间接跟投

案例背景：某医疗投资基金专注于投资医疗健康领域的企业，为便于集中管理员工跟投资金，选择了通过合伙企业间接跟投的方式。

跟投方式：员工认购某合伙企业的份额，合伙企业再投资于医疗投资基金。这种方式下，员工不直接成为基金的投资人，而是通过合伙企业间接持有基金份额。

管理与退出：合伙企业负责员工跟投资金的管理和运作，确保投资风险可控。当基金投资项目实现退出时，合伙企业按照基金合同的约定将投资收益分配

---

❶ 基石资本官网．人才是我们最宝贵的资源［EB/OL］．https：//www. stonevc. com/RecruitASage/index. aspx#.

给跟投员工。

实践效果：通过合伙企业间接跟投的方式有效降低了操作成本和管理难度，提高了员工跟投的便捷性和灵活性。

8. 员工跟投制度的发展趋势

展望未来，随着全球资本市场的发展和创新，预计员工跟投的做法将更加多样化和灵活。同时，随着技术的进步和数据分析能力的提升，员工跟投的管理和监控也将更加高效和透明。而中国私募股权行业的员工跟投制度有望随着行业继续发展和完善。

1）随着行业监管的加强和市场环境的变化，员工跟投制度将更加规范化和透明化，以适应新的市场需求。

2）技术创新和数字化转型将继续推动私募股权行业的发展，员工跟投制度也将与时俱进，利用大数据、人工智能等技术提高决策的科学性和精准性。

3）员工跟投制度将更加注重平衡各方利益，避免利益冲突，确保投资决策的公正性和合理性。

4）国际合作和交流将加深，中国私募股权行业将借鉴国际经验，进一步优化员工跟投制度，提升国际竞争力。

5）随着中国私募股权行业的持续发展，员工跟投制度有望成为行业标准，为行业培养更多专业人才，推动行业的可持续发展。

第四章 私募股权基金合规要求与实践指南

一、私募股权基金行业监管体系

(一) 监管机构

20 世纪 90 年代到 2011 年，私募基金曾经出现过多头监管的情况。证监会统一监管权限是逐步确立的。大致分几个阶段。

1）全国人大常委会 2012 年 12 月对《中华人民共和国证券投资基金法》进行了修订，将私募证券投资基金纳入监管范围。

2）证监会于 2013 年 2 月 18 日发布《资产管理机构开展公募证券投资基金管理业务暂行规定》(2022 年 6 月 20 日，中国证监会实施《公开募集证券投资基金管理人监督管理办法》，该暂行规定同步废止)，满足一定条件的专门从事非公开募集证券投资基金管理业务的资产管理机构，可以向证监会申请开展公开募集证券投资基金管理业务，该等业务由证监会负责监督管理，由中国证券投资基金业协会(中基协)实行自律管理。

3）2013 年 6 月，中央编办印发《关于私募股权基金管理职责分工的通知》。该通知明确，证监会负责私募股权基金的监督管理，实行适度监管，保护投资者权益；发展改革委负责组织拟订促进私募股权基金发展的政策措施，会同有关部门研究制定政府对私募股权基金出资的标准和规范；两部门要建立协调配合机制，实现信息共享。

4）中央编办综合司在 2014 年 2 月《关于创业投资基金管理职责问题意见的函》中，进一步明确由证监会负责拟定创业投资基金的监管政策、标准和规范，并组织开展监督检查。

现阶段，根据 2023 年 10 月 29 日施行的《中国证券监督管理委员会职能配置、内设机构和人员编制规定》，市场监管二司（清理整顿各类交易场所办公室）为私募基金具体管理部门，其拟订并组织实施私募投资基金、区域性股权市场监管制度，承担私募投资基金的监督检查工作，承担打击非法证券期货基金金融活动和清理整顿各类交易场所有关工作。

（二）行业自律监管体系

根据 2012 年修订的《中华人民共和国证券投资基金法》，中基协是证券投资基金行业的自律性组织，是社会团体法人，根据证监会的授权，在证监会指导下开展行业自律监管。中基协在《中华人民共和国证券投资基金法》、《私募投资基金监督管理暂行办法》、证监会其他有关规定和中基协自律规则的支持下，对基金行业开展自律管理。

（三）主要的法律、行政法规、规章及自律规则

综上，在私募领域，现行较重要相关法律、行政法规以及规章有：

《中华人民共和国证券投资基金法》；

《中华人民共和国信托法》；

《中华人民共和国证券法》；

《中华人民共和国公司法》；

《中华人民共和国合伙企业法》；

《私募投资基金监督管理条例》；

《私募投资基金监督管理暂行办法》；

《证券期货经营机构私募资产管理业务运作管理暂行规定》；

《人民银行 银保监会 证监会 外汇局关于规范金融机构资产管理业务的

指导意见》；

《关于加强私募投资基金监管的若干规定》；

《证券期货投资者适当性管理办法》等。

除了以上法律法规外，自律规则也是私募监管体系的重要组成部分。自律规则分为办法、指引、公告、解答、材料清单及备案关注要点五个部分，当中较为重要的有：

《私募投资基金信息披露管理办法》；

《私募投资基金募集行为管理办法》；

《私募投资基金服务业务管理办法(试行)》；

《私募投资基金备案须知》；

《私募投资基金登记备案办法》；

《私募投资基金管理人内部控制指引》；

《私募基金管理人登记法律意见书指引》；

《私募基金管理人重大事项变更专项法律意见书》；

《私募投资基金合同指引》；

《私募投资基金信息披露内容与格式指引 1 号》；

《私募投资基金信息披露内容与格式指引 2 号》；

《基金募集机构投资者适当性管理实施指引(试行)》；

《私募投资基金非上市股权投资估值指引(试行)》；

《私募投资基金命名指引》；

《私募基金管理人登记指引》；

《关于进一步规范私募基金管理人登记若干事项的公告》；

《关于进一步加强私募基金行业自律管理的决定》；

《关于加强经营异常机构自律管理相关事项的通知》；

《关于发布〈私募基金管理人失联处理指引〉的公告》；

《关于发布〈中国证券投资基金业协会自律检查规则〉的公告》；

《私募基金登记备案相关问题解答》(1~15)；

《私募投资基金备案材料清单(股权、证券、重大变更及清算)》；

《私募股权、创业投资基金备案关注要点》；

《私募证券投资基金备案关注要点》；

《私募基金管理人登记申请材料清单(2023 年修订)》等。

(四) 近年来主要监管重点

随着私募基金行业的快速发展，法律供给不足、准入门槛低、监管和风险防范处置掣肘较多、事中事后监管手段不足、行政处罚威慑力不够等监管领域的短板弱项越发突出。近年来，通过处置阜兴系、金诚系等重大风险事件，监管部门进一步摸清了私募基金行业存在的主要风险和突出问题，积累了丰富的监管经验，各方也对加强私募监管达成共识，一系列私募投资基金领域的法规制度密集出台，私募基金监管正式进入了“2.0 时代”。

1. 发布《私募投资基金监督管理条例》，掀开私募基金监管新篇章

2023 年 7 月 3 日，国务院正式颁布《私募投资基金监督管理条例》(以下简称《私募条例》)，这是近年来私募基金监管领域最具里程碑意义的事件。《私募条例》从 2013 年开始起草，到 2023 年正式发布，十年磨一剑，是私募基金领域的首部行政法规，填补了私募基金在行政法规这一立法层面的空白，对私募基金的规范管理提出了全面要求。不仅将契约型、公司型、合伙型等不同组织形式的私募投资基金均纳入适用范围，最重要的是，明确将私募股权基金统一纳入了规范范围，填补了《中华人民共和国证券投资基金法》仅在第十章以很小篇幅对私募证券基金做了原则性规定的上位法空缺。

从监管的导向来看，《私募条例》重点在于加强对私募投资基金的事中和事后监管，目标是实现行业机构的“进出有序”。一是着力强化源头管控，加大对管理人违法违规行为的处罚力度，坚定提升行政执法威慑力的决心。《私募条例》强化了派出机构的监管职责，丰富了事中事后监管手段，对违法违规的管理人可以区分情况依法采取暂停业务、更换人员等监管措施，加大对管理人违法违规行为的处罚力度，提升行政执法的威慑力，大大提升了监管效能，表明了监管

机构对局部出现的乱象持“零容忍”的治理态度。二是明确市场化退出机制，构建起私募基金管理人“进出有序”的登记备案机制，对私募基金管理人出现相关风险情形的，由中基协予以注销登记并公示；基金产品层面，对于陷入僵局无法正常运作或出现重大风险的基金产品，明确给予投资者退出救济的法律渠道，首次引入了可以由专业机构行使更换私募基金管理人、组织基金清算等职权的机制。三是根据业务类型、资产管理规模、持续合规情况等方面对私募基金实施差异化监管。重点是对创业投资基金按照分类监管的原则，设立创业投资基金的专章，明确创投基金定义，在登记备案、资金募集、投资运作、风险监测、现场检查等方面，对创业投资基金实施差异化监管和自律管理。

2. 行政法规与自律管理规则持续健全

除《私募条例》之外，证监会、中基协等相关部门相继出台了对私募行业有着深远影响的近 10 部新规或征求意见稿，从顶层设计和市场实践相结合的角度为私募基金行业在新时期的发展提供了透明规范、可持续的政策环境和制度基础。其中，最为重要的是，2023 年 12 月 8 日证监会公开征求意见的《私募投资基金监督管理办法(征求意见稿)》(以下简称《私募办法》)，以及 2024 年 4 月 30 日中基协发布的《私募证券投资基金运作指引》(以下简称《运作指引》)。

《私募办法》充分吸收《私募条例》的立法成果和监管实践经验。一是细化规范性要求，完善全链条监管。重点是对私募基金管理人的名称、经营范围、股东、高级管理人员以及从业人员等提出持续性规范要求；细化私募基金管理人法定职责，强调应当履行主动管理职责，进一步丰富私募基金管理人的股东、实际控制人和合伙人的禁止性行为要求；明确私募基金管理人的经营业务范围，包括私募基金投资管理、为符合条件的投资者提供证券投资顾问服务以及符合规定的其他业务；明确规模以上管理人、集团化私募基金管理人的监管原则，同时对私募基金管理人自有资金投资、分支机构设立等行为作出要求。二是明确私募基金托管人、私募基金服务机构监管要求。重点是区分私募证券投资基金和私募股权投资基金、创业投资基金托管的不同要求，明确私募证券投资基金的托管应当符合《中华人民共和国证券投资基金法》规定，对其他类型私募基金的托管作出原则性规定；规定契约型基金、投向特殊标的资产的基金等情形应当托管，基金业协会对未托管的私募基金加强信息公示；对私募基金服务机构履职尽责提出原则性要求，并明确律师事务所、会计师事务所勤勉尽责等要求。三是丰富私募基金产品类型，细化分类监管。重点是根据私募基金主要投资标的划分产品类型，划定不同类型私募基金的投资范围，同时由证监会指导基金业协会做好私募基金投资负面清单管理；按照《私募条例》要求，对不同类型私募基金作了差异化的实缴规模安排，保障基金的投资能力和投资策略执行；对单一投资者私募基金、单一标的私募基金等特殊产品形态，明确了差异化的条件和监管要求。

《运作指引》主要规范了私募证券基金的募集、投资、运作等各环节，该指引已于2024年8月1日起施行。在过往的监管实践中，受限于监管半径和制度供给问题，证监会及中基协对私募基金的行政监管和自律管理往往更侧重于登记备案环节，对私募基金的事中事后监管则心有余而力不足。《运作指引》的发布同时也意味着中基协开始更加关注私募基金在备案后管理运作环节的各项合规要求，借以落实对私募基金的常态化持续性管理，有利于引导私募基金行业健康、有序、合规发展。具体来看，《运作指引》一是强化资金募集要求和投资者适当性要求，明确预警止损线安排等；二是规范投资运作行为，包括债券投资、场外衍生品交易和程序化交易等；三是强调受托管理职责，禁止变相保本保收益，明确不得通过通道业务等规避监管要求；四是树立长期投资、价值投资理念，加强对短期投资行为的管理；五是针对存量私募证券基金设置差异化整改要求，并给予一定过渡期安排。

3. 新“国九条”正式发布，进一步突出强本强基、严监严管要求

2024年4月12日，国务院印发《关于加强监管防范风险推动资本市场高质量发展的若干意见》，要求紧紧围绕打造安全、规范、透明、开放、有活力、有韧性的资本市场，以强监管、防风险、促高质量发展为主线，更好地发挥资本市场功能作用，推进金融强国建设，服务中国式现代化大局。文件共9个部分，是继2004年、2014年两个“国九条”之后，又时隔10年，国务院再次专门出台的资本市场指导性文件，因此简称新“国九条”。新“国九条”关于私募基金监管的

方向主要包括两个方面，一是整治风险、规范发展，比如其中提到集中整治私募基金领域突出风险隐患、制定私募证券基金运作规则、推动出台打击挪用私募基金资金等犯罪行为的司法文件、压实地方政府在化解处置私募机构风险方面的责任等。二是促进行业稳健发展，比如进一步畅通“募投管退”循环、落实并完善私募股权创投基金等税收政策。

2024年，私募基金领域的罚单数量迅速攀升，充分体现了私募行业的强监管态势。截至2024年8月6日，证监会与地方证监局在2024年开出的私募罚单已达到229张，合计有149家私募机构在2024年被罚。尤其是6—7月私募罚单数量增长显著，上海、浙江、广东等地则是开出罚单数量居前的3个辖区。具体到处罚事项，常涉及管理人运营和产品备案，其中，与管理人运营相关的问题多是基金管理人及从业人员管理不规范。比如，广州汇垠澳丰股权投资基金被广东证监局查出未及时更新从业人员、所管理私募基金的有关信息；成都威宇私募基金则是被四川监管局查出公司名称、高级管理人员变更未按规定报告；海南千寻私募基金则在未及时填报并定期更新有关信息的同时，存在从业人员信息管理混乱。

此外，新“国九条”中提到，推动出台打击挪用私募基金资金、背信运用受托财产等犯罪行为的司法文件。2024年的私募罚单中也多见与挪用私募基金资金相关的违规内容。例如，北京证监局对北京盛唐恒泰国际投资管理、中经宏熙（北京）投资基金管理、水木联合（北京）投资管理等3家私募机构开出的罚单中均提到挪用基金财产或是侵占基金财产的犯罪行为。

保本保收益、到达止损线不止损等是私募基金运作中常见的违规行为。比如，福州鼎铭基金被查出在旗下鼎铭福启2号基金净值跌破基金合同约定的止损线后，未按照合同约定进行止损操作；在管的另一只产品则被查出未按合同约定的投资范围进行投资。新毅资产管理、天问时代私募基金管理、前海长富基金管理、湖北邑品私募基金管理等多家2024年被查出承诺最低收益或承诺本金不受损失。

明股实债的情况也在2024年的罚单中出现。广东证监局披露的罚单中提到，晋建基金不仅存在从事不符合规定的明股实债业务，还存在向合格投资者之外的个人募集资金等违规问题。

二、私募股权基金行业从业规范

（一）从业人员资质

1. 从业资格适用的人员

鼓励私募基金管理机构（非证券投资基金）的专业人员具备基金从业资格，但有两项强制性要求：一是至少 2 名高管人员应取得基金从业资格，其中法定代表人/执行事务合伙人（委派代表）、合规风控负责人必须取得基金从业资格；二是所有基金募集人员需具备基金从业资格。

2. 从业资格的取得

（1）通过考试方式取得基金从业资格

基金从业人员获取从业资格的途径之一是参与由中基协统一筹划的基金从业资格考试。此考试体系涵盖三个科目：科目一为《基金法律法规、职业道德与业务规范》，科目二为《证券投资基金基础知识》，科目三为《私募股权投资基金基础知识》。其中，科目二与科目三被归类为专业知识考核范畴。考生需成功通过科目一，且需通过科目二或科目三中的任意一科，即可申请基金从业资格的注册。科目一、二、三成绩 4 年有效。过期未注册需证明在近两年完成 30 学时后续教育或重考。

（2）通过资格认定方式取得基金从业资格

除通过考试方式取得基金从业资格，高管人员还可通过资格认定的方式取得基金从业资格。

一是"科目一+特殊条件"的资格认定，即符合下列条件之一的私募基金管理人的高级管理人员，只需通过科目一考试，即可向协会申请认定基金从业资格：

① 最近三年从事资产管理相关业务，且管理资产年均规模 1000 万元以上；

② 已通过证券从业资格（不含《证券投资基金基础知识》和《证券发行与承销》科目）、期货从业资格、银行从业资格、特许金融分析师（CFA）等金融相关

资格考试，或取得注册会计师资格、法律职业资格、资产评估师资格，或担任上市公司董事、监事及高管等。

二是资格认定委员会认定的其他情形，即符合下列条件之一的私募股权投资基金管理人(含创业投资基金管理人)的高级管理人员，可以向协会资格认定委员会申请认定基金从业资格：

① 从事私募股权投资(含创业投资)6 年及以上，且参与并成功推出至少两个项目；

② 担任过上市公司或实收资本不低于 10 亿元的大中型企业高级管理人员，且从业 12 年及以上；

③ 从事经济社会管理工作 12 年及以上的高级管理人员；

④ 在大专院校、研究机构从事经济、金融等相关专业教学研究 12 年及以上。

(3) 香港地区专业人员取得基金从业资格的特别规定

依据《内地与香港关于建立更紧密经贸关系的安排》中关于证券及期货从业人员资格互认的条款，香港持 4 号(证券咨询)或 9 号(资产管理)金融牌照的专业人士，在内地申请基金从业资格时，仅需通过科目一考试即可注册，无须其他专业知识考核。此举促进了两地金融人才的流动与互认，加强了金融市场合作。

(4) 台湾同胞取得基金从业资格的特别规定

台湾同胞申请基金从业资格享受与大陆公民同等待遇。根据《关于台湾同胞在大陆申请基金从业资格有关事项的公告》，台湾同胞在大陆申请基金从业资格的，如已获取台湾地区证券投信投顾业务资格[具备台湾区证券投信投顾业务员、证券投资分析人员、证券商高级业务员、信托业业务人员或高级金融管理师(AFMA)等资格]，通过协会在大陆组织的科目一考试即可申请，无须参加专业知识考试。

特别提示：自 2018 年 5 月，中基协为特定人士提供英文基金从业资格预约考试。报考条件包括：完全民事行为能力，外资私募高管(除合规风控负责人需考中文)，境外基金从业资格或 CFA 等证书，及五年以上境外资管经验。港澳金融机构高管亦可参加，通过后可依规申请资格。

3. 从业人员后续职业培训

根据《关于基金从业人员资格管理实施有关事项的通知》《关于加强基金从业人员后续职业培训管理的通知》等要求，已取得基金从业资格人员，自注册次年起，每年需完成至少15学时后续培训，含至少5学时职业道德培训。内容覆盖职业道德、法律法规、专业技能等，从业人员可按需选择。

后续职业培训有面授和远程两种形式。从业人员可参加线下培训或在线学习远程课程。中基协会监管培训情况，未按时完成培训的将受自律处罚，包括书面警示、强制培训等；长期不整改的将被公示异常，连续三年不达标将取消从业资格。

（二）职业道德规范

1. 员工兼职

根据2018年12月更新版《私募基金管理人登记须知》及2023年发布的《私募投资基金登记备案办法》，申请机构的一般员工禁止兼职，而高管人员在兼职时必须严格遵守规定，包括不得在非关联私募机构或业务冲突机构兼职，除法定代表人外原则上不得兼职，且即使有兼职也需提供合理性证明，同时兼职高管数量不得超过一半。特别地，合规风控负责人不允许担任其他职位，以确保职责的专注和避免利益冲突。

2. 禁止性行为

根据《关于加强私募投资基金监管的若干规定》及其他相关法律法规，私募基金管理人及其从业人员在开展业务时，必须避免以下禁止性行为：不公平对待同一私募基金的不同投资者、混用基金财产、代收代付基金资产、参与资金池运作、进行自融、损害投资者权益、挂钩投资收益与项目实际状况、挪用基金资产、违反信息披露义务、利用职务之便牟取非法利益、泄露未公开信息、从事内幕交易等不当交易、玩忽职守、违反法律法规。此外，私募基金的出资人、实际控制人、托管人、销售机构及其他服务机构及其相关人士，同样不得从事或协助

上述禁止行为。

3. 廉洁自律

根据《基金经营机构及其工作人员廉洁从业实施细则》和《基金从业人员执业行为自律准则》，基金从业人员在开展业务时必须保持廉洁，不得追求或提供不正当利益，不得向公职人员、客户或潜在客户及其他利益相关者输送不正当利益，也不得干扰或协助他人干扰自律管理工作。同时基金管理机构需培养内部廉洁文化，建立并不断优化廉洁从业制度，确保其严格执行。内部管理、监督和问责机制应得到加强，并将廉洁风险管理纳入整体风险控制体系。

4. 专业胜任

基金管理机构需依据法律法规、行业自律准则，结合行业特性与业务发展趋势，确保配置充足的人员资源，这些人员需拥有与岗位相匹配的专业技能与丰富经验，并辅以业务所需的软硬件设施。同时，应构建并完善覆盖投资、研究、交易、销售、运营、合规管理、风险控制等全方位业务环节的制度体系，设立科学且长远的投资绩效评估体系及多元化经营管理机制，旨在持续提升整体经营管理效能，包括深化投资研究实力、强化合规风控能力及优化运营管理水平，从而全面、高效地履行受托责任。

此外，基金行业的从业人员需持续具备与职位需求相吻合的专业素养与技能，积极参与由行业协会及基金管理机构组织的定期职业培训活动，以此维持并精进个人专业能力，确保能够胜任岗位并超越岗位要求。

5. 防范利益冲突与利益输送

根据《私募投资基金管理人内部控制指引》及其他相关法律法规，基金管理团体及其从业人员须始终以维护基金份额持有人利益为最高宗旨，致力于预防及最小化利益冲突的风险。一旦发生利益冲突情况，务必优先确保基金份额持有人的权益不受损害。

基金管理者在运作基金财产时，应严格遵守法律法规与合同约定，合理、透明地收取或支出各项费用。同时，坚决杜绝利用基金财产为非持有人谋取私利的行为。

为保障交易公正与透明，基金管理者需构建并强化关联交易管理机制、公平交易制度等，细化关联方识别标准与关联交易定价流程，严防利益向第三方或不同资产组合间的不当输送。基金管理者需一视同仁地管理旗下各资产组合，通过集中交易平台和公平交易准则，确保各组合享有同等的投资机会与待遇。此外，还需强化从业人员利益冲突的管理机制，不断完善相关制度体系。

基金从业者必须恪守职业道德，严禁利用岗位便利为自己或他人谋取不正当利益。同时，应严格遵守关于兼职的法律法规，不得违规参与营利性经营活动，也不得担任或参与可能损害其独立性或与所服务机构及投资者利益相悖的职务或活动。

6. 守法合规

基金管理者和从业人员应增强法律意识，积极营造合规经营的氛围。通过定期的法律和合规培训，提高合规意识，并建立全面的规章制度与业务流程，确保业务活动全面符合法律法规。通过合规检查、绩效考核和责任追究等手段，确保业务合法合规地进行。从业人员需要不断学习法律知识，提高自身的合规素养，坚决杜绝违法违规行为。

基金业界必须坚决杜绝内幕交易和利用未公开信息的交易行为。基金管理者应建立全面的防控体系，涵盖预防、监控和处理环节，特别关注董事、监事、高管及关键岗位人员。完善内幕信息管理和保密制度，建立敏感信息的识别和监控机制，配合内部信息保密、个人投资申报和合规检查等制度。

投资、研究、交易岗位的员工必须深入学习相关法律法规，充分理解内幕交易的含义、特点、危害和法律后果。在实际工作中，严格遵守信息隔离等制度，主动识别并上报内幕信息，严禁参与任何形式的内幕交易。同时，明确未公开信息的范围，自觉抵制利用未公开信息的行为，确保个人及相关人员的投资行为符合法律法规和机构规定，进行必要的申报。

7. 维护行业良好声誉，共筑良好行业文化

基金管理人和从业人员应将合规、诚信、专业和稳健的核心文化融入日常运

营，构建特色企业文化体系，维护行业声誉，促进可持续发展。在公平竞争中，坚持公开、公平、公正原则，尊重和包容差异，共同创造协同价值，严格自律，避免损害行业声誉。同时，从业人员应敬业守规，保护机构资产和秘密，警惕利益冲突，提升个人道德修养，维护良好形象，远离不当行为。在投资理念上，坚持长期、价值、责任投资，倡导绿色办公和低碳生活，关爱员工，共同推动行业健康、稳定发展。

（三）私募股权基金合规管理

1. 产品推介

根据《私募投资基金募集行为管理办法》及其他相关法律法规，私募基金的推介和宣传必须遵循严格的合规性要求，只能通过合法途径公开基金管理人和已备案私募基金的基本信息，确保信息的真实性、准确性和完整性。同时，严禁通过公开出版资料、大众传播媒介、互联网平台等未设置特定对象确定程序的渠道推介私募基金。在销售过程中，禁止向不符合准入要求的投资者销售产品，禁止提供确定性的判断或误导性信息，不得承诺保本保收益或使用可能误导投资人风险判断的措辞。推介材料应由私募基金管理人制作，内容需涵盖基金的详细信息、管理人信息、投资策略、风险揭示等，并与基金合同保持一致，充分披露产品信息和风险，确保投资者的知情权。

2. 适当性管理

根据《基金募集机构投资者适当性管理实施指引（试行）》及其他相关法律法规，要求基金管理人全面了解投资者情况，包括财务状况、投资经验和风险偏好，并据此进行分类管理。管理人应制定科学的风险评级体系，明确风险等级划分方法，并持续更新。在投资者与产品匹配方面，需建立适当性匹配方法，确保投资者得到与其风险承受能力相匹配的产品或服务。销售过程中，必须向投资者充分披露产品信息和风险，进行明确的风险揭示，并保留相关记录。此外，还需提供持续的跟踪服务，包括定期回访和有效处理投资者的反馈、投诉及建议，以维护投资者权益。

3. 资金募集

根据《私募投资基金募集行为管理办法》及其他相关法律法规，私募基金募集过程中必须设立专用的募集结算资金账户，以确保资金在从投资者账户转移到基金财产账户过程中的安全，并明确这些资金在转移期间仍属于投资者的合法财产。自行募集时基金管理人需确保资金安全，委托募集则需选择合格的机构并制定相应的遴选制度。同时，必须与监督机构签订协议，确立资金控制权和责任，确保资金划转安全，监督机构应为中基协会员并承担连带责任。募集与监督机构可由同一金融机构担任，但需建立防范利益冲突的制度。私募基金管理人还需向中基协报告募集结算资金账户及其监督信息。

4. 投资运作

私募基金管理人在投资运作过程中，需全面遵循相关法律法规、自律规则及基金合同与投资文件的约定，确保业务合规性和专业化运营。具体而言：

一是勤勉尽责：管理人应恪守诚实信用、谨慎勤勉的原则，有效管理基金财产，防范利益冲突，优先保护投资者利益。

二是建立健全投资业务控制机制：管理人应制定科学合理的投资策略和风险管理制度，确保投资决策合法合规，符合基金合同约定的投资目标、范围、策略等。

三是加强关联交易管理：管理人应健全治理结构，防范不正当关联交易和利益输送，保护投资者利益和自身合法权益，遵循对关联交易的定义、披露要求及风险控制等具体规定。

四是完善风险管理和内部控制：管理人应建立科学的风险评估体系及内部控制制度，实现风险识别、评估和分析，防范和化解内外部风险。确保私募基金财产与管理人固有财产、不同私募基金财产之间独立运作、分别核算。

五是明确投资范围与限制：管理人应遵守法律法规对投资范围的限制，如不得直接或间接将基金财产用于借贷、担保、投向类信贷资产等非私募基金投资活动。特定基金，如政府投资基金还需遵循特定限制。

六是制定并实施科学的投资决策流程：管理人应明确投资决策机制，确保投资决策符合法律法规和基金合同约定，项目实施过程中需遵守相关法律法规，及时办理相关登记手续。

七是强化投后管理：管理人应持续关注投资项目情况，提供管理经验和资源支持，促使投资项目合法合规运营，积极履行股东或合伙人权利与义务，降低投资风险。

八是合规退出投资项目：管理人应通过合法合规的方式实现项目退出，变现投资权益，实现资本增值或收回投资成本。

九是明确禁止行为：管理人应严格禁止将基金财产用于法律禁止的投资活动，如刚性兑付、利用未公开信息交易、资金池业务、财产混同等，以及禁止利益输送和谋取不正当利益的行为。

十是合规管理特殊对象投资：投资于外商投资企业、国有企业、上市公司、新三板挂牌公司及境外主体等特定对象时，需满足额外合规要求、遵循特定操作流程和手续。

5. 基金运营

私募基金的合规运营涉及多个关键方面，如确权登记、信息披露、现金管理、会计核算、估值、证券账户开立和税收政策等，每一环节都旨在保障私募基金的健康、透明和合规运作。首先，投资者在投资合伙型或公司型基金时，必须依法进行确权登记，确立其在基金中的权益。其次，私募股权基金在入股或受让被投企业股权后，也要及时完成企业登记机关的登记或变更登记，并向投资者和基金托管人披露相关信息。

信息披露是私募基金运营中的核心环节，根据《私募投资基金信息披露管理办法》及相关法律法规，管理人及其相关机构提交真实、准确、完整的信息材料，并持续履行披露义务。披露内容涵盖基金合同、招募说明书、投资情况、资产负债、投资收益分配、托管安排等关键信息。基金托管人负责对管理人编制的信息进行复核确认，确保信息的真实性和准确性。同时，明确禁止了信息披露中的不当行为，如虚假记载、误导性陈述等，并规定了定期与临时信息披露的要求。

投资范围方面，《私募证券投资基金运作指引》中要求明确投资方向，具备清晰的投资策略与风险收益特征，并且在基金名称、产品类型上应当与基金合同约定的投资策略、投资品种、对冲工具等相匹配，投资运作应当遵循基金合同的有关约定。

会计核算与估值方面，根据《证券投资基金会计核算业务指引》及相关法律法规，私募基金管理人需制定明确的会计核算规则，确保独立建账和独立核算，并保留完整的会计记录。非上市公司股权的估值需参照相关指引执行，管理人对估值方法和参数承担最终责任。上市公司股份的估值可参照私募证券投资基金的相关规定。此外，还涉及了流通受限股票和固定收益品种的估值，以及管理人在选择服务机构进行估值时的法律责任。

开立证券账户需明确不同产品类型(包括契约型、公司型和合伙型私募基金)的开户要求，以及账户名称规范，确保证券账户的名称能够恰当反映产品属性，并配合开户券商依据《中国证券登记结算有限责任公司证券账户业务指南》及《关于私募基金管理人开立证券账户有关事项的通知》等行业规范进行必要的信息披露及账户标识。

税收政策方面，私募基金涉及多层面的税负问题，以及创业投资基金可能享受的税收优惠政策。管理人需根据相关法律法规和税收政策，如《关于资管产品增值税政策有关问题的补充通知》及《关于资管产品增值税有关问题的通知》等，合理判断并适用相关税收政策，确保税务合规。

6. 基金退出

私募股权基金退出是指基金选择合适的时机，将被投资企业的股权变现，实现资本增值或收回投资成本的过程。这是基金投资生命周期中的关键环节，对基金而言至关重要。退出通常需要考虑法律法规、预期收益、实操程序等因素，以评估最佳退出路径并设计退出方式。退出方式大致可归为三类：转让退出、回购退出和清算退出，每种方式都有其特点和合规要求。

在转让退出中，私募股权基金通过转让其在被投企业中的权益来实现退出，需特别关注法律法规对于转让的限制或要求，以及投资文件中的相关条款。回购退出则通过被投企业回购私募股权基金所持权益的方式来实现退出，这通常涉及减资过程，并需遵守相应的法律法规和投资文件中的约定。清算退出则是在被投企业无法继续运营或达到约定条件时，通过清算程序分配剩余财产来实现退出。

对于基金本身的退出，投资人有权在基金合同约定的前提下，通过转让、减资或强制退出等方式在基金到期前退出基金。当基金到期且主要资产已分配完毕时，基金将按照合同约定或法律规定进行清算，并将剩余财产分配给投资人。若基金到期时仍有投资项目未退出或资产未分配完毕，则需根据法律法规和基金合同的约定进行清算和分配。

此外，在整个退出过程中，私募股权基金管理人需关注法律法规的遵守，以及投资文件中的相关条款，以确保退出流程的合法合规性。同时，管理人还需考虑税务、投资者关系等多个方面的因素，以确保退出的顺利进行。

7. 信息报送

私募基金管理人的信息报送工作至关重要，不仅要求及时性，还要求准确性，以避免可能的负面后果。通过提供清晰的操作流程和支持材料，相关平台帮助管理人有效履行其信息报送的责任。在资产管理业务综合报送平台（AMBERS）中，私募基金管理人负责确保每年至少进行一次，且不超过四次的定期信息更新，以维持信息的准确性。年度财务数据和审计报告必须在每年 4 月 30 日之前报送。对于任何重大变更，如管理人名称或高管团队的变动，必须在 10 个工作日内上报。此外，作为协会会员，还需完成特定的会员信息报送。

私募基金本身也需遵守定期更新的要求，每季度结束后 1 个月内更新基金的关键信息，包括认缴和实缴规模等。对于基金合同的变更或基金的清算等重大事项，必须在 5 个工作日内报送相关信息。若未及时报送，可能会面临新基金备案的暂停和机构被公示为异常的后果。

信息披露备份系统要求管理人根据《私募投资基金信息披露内容与格式指引 2 号》备份定期报告，并在基金发生重大事项时进行临时公告。此外，管理人还需利用该系统进行投资者定向披露。

在从业人员管理平台上，机构资格管理员负责处理从业人员的账号开立、信息维护和岗位信息的修改，同时处理离职事宜。从业人员则通过平台完成注册、信息变更和离职申请等操作。平台提供的视频课件和常见问题解答旨在帮助管理人熟悉整个操作流程。

此外，需留意中国证监会《私募投资基金信息披露和信息报送管理规定(征求意见稿)》及后续相关正式规定的要求。

第五章 私募股权行业发展趋势及发展建议

一、私募股权行业现阶段面临的挑战

私募股权投资作为金融市场的重要分支，自诞生以来便承担着为创新企业注入资本血液、推动产业转型升级的重任。然而，在当前复杂多变的经济环境中，私募股权行业正面临着一系列前所未有的挑战。

（一）私募股权行业面临的困难

1. 新基金成立数量与募资规模双降低

按照行业四大核心环节“募、投、管、退”首尾两端分析，根据清科研究院的数据[1]，均出现了下行趋势：从募资端看，虽然2021年我国股权投资募资金额首次超过2万亿元规模，但主要增量是政府平台基金、基建基金和产业基金等，此后的2022年和2023年募资金额均下降，详见图5-1。

根据来觅研究院发布的《2024年上半年PE/VC市场报告》数据，2024年上半年新成立的私募股权、创投基金数量为2063只，同比减少了47.5%，环比减少了42.3%；认缴规模为6649亿元，同比减少了28.3%，环比减少了27.7%。这一数据直观反映了私募股权投资行业在募资端的严峻形势。新基金成立数量的减

[1] 清科研究中心．百页PPT，回顾VC/PE的2023[EB/OL]．https：//mp.weixin.qq.com/s/CfbomK_klau70Ru2VBmK3Av，2024-02-04.

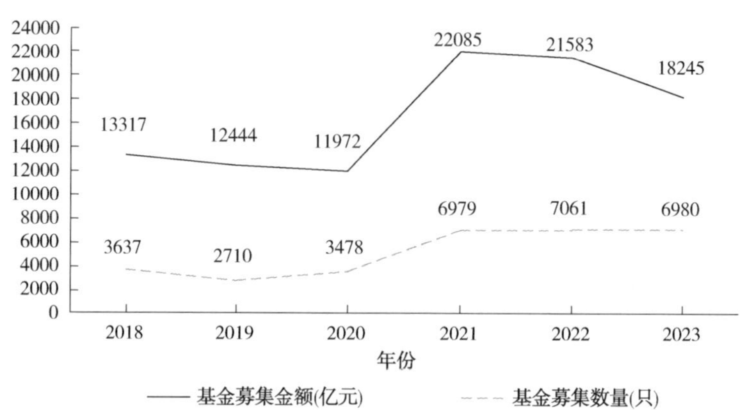

图 5-1　2018—2023 年中国股权投资基金募集情况

少意味着市场上的“新鲜血液”不足，而募资规模的下降则直接限制了私募股权投资机构的投资能力。

2. 投资活跃度下滑，优质项目稀缺

与募资端相呼应的是，私募股权投资在投资端的活跃度也出现了明显下降。IT 桔子数据显示，2024 年上半年国内一级市场私募股权融资事件数虽环比增长了 1. 56%，同比增长了 4. 56%，但考虑到基数效应及市场整体环境，这一增长并不足以掩盖投资活跃度下滑的事实。同时，优质项目的稀缺性进一步加大了私募股权投资机构的竞争压力。在“僧多粥少”的市场环境下，为了争夺有限的优质项目，私募股权投资机构不得不提高估值入场，这无疑增加了其投资风险。

3. 美元投资金额占比下降

从 2022 年 H1 的 26. 17%下降到 2024 年 H1 的 14. 23%，美元投资事件数量也大幅减少。这可能导致私募股权投资在资金来源和项目选择上受到更多限制。

4. 退出渠道收窄，收益不确定性增加

退出渠道是私募股权投资行业实现收益的关键环节。然而，近年来受 IPO 审核趋严、并购市场降温以及 S 基金市场尚不成熟等因素的影响，私募股权投资机构的退出渠道明显收窄。据公开数据，A 股市场 IPO 过会率持续走低，而港股和美股市场也对中概股上市设置了更高的门槛。这使得私募股权投资机构在退出时面临更大的不确定性，甚至可能出现“投资易、退出难”的尴尬局面。

5. 行业竞争加剧，马太效应显著

随着私募股权投资行业的不断发展，市场竞争日益激烈。头部机构凭借丰富的项目资源、强大的投资能力以及完善的退出机制，在市场中占据了绝对优势。而中小机构则由于资金实力有限、投资经验不足以及品牌影响力较弱等，在竞争中处于劣势地位。这种马太效应不仅加剧了行业内部的分化，也使得中小机构在募资、投资和退出等环节面临更多困难。

根据中国证券投资基金业协会的数据，我国私募股权、创业投资基金管理人数量，2014 年为 3366 家，发展至 2023 年末，增长至 12893 家，数量大约是美国的 4 倍，管理规模却仅为美国的一半。其中，无在管基金和在管基金规模 5 亿元以下的管理人占比高达 74%，大部分基金管理人只发行过一只基金产品或没有基金产品成功发行，行业质量仍有较大提高空间。

近年来，我国基金管理人正处于“洗牌”阶段，优胜劣汰是该阶段的明显特征，基金管理人数量已连续两年下降，2022 年较 2021 年减少了 709 家，2023 年较 2022 年减少了 1410 家。股权投资属于风险极高的资产配置类型，对管理人要求也极高，需要投资团队具有跨经济周期的投资视野、专业知识、行业经验和人脉资源。随着投资人逐步机构化、专业化，运营不合规、没有专业背景、投资业绩较差的管理人将逐步被市场淘汰。

6. 政策环境变化带来的不确定性

政策环境是影响私募股权投资行业发展的重要因素之一。近年来，随着国家对金融监管力度的加大以及对创新创业支持政策的调整，私募股权投资行业面临着更加复杂多变的政策环境。一方面，政府对私募股权投资行业的监管力度不断加大，合规性要求日益提高；另一方面，政府对创新创业的支持政策也在不断优化和完善。这种政策环境的变化给私募股权投资行业带来了更多不确定性，也对其发展提出了更高的要求。

（二）造成困难的结构性原因分析

1. 募资端

资金来源单一。目前，我国私募股权投资行业的资金来源主要包括政府引导基金、产业资本、高净值个人以及外资等。然而，随着政府对金融市场监管力度的加大以及外资流入限制的增加，私募股权投资机构的资金来源日益单一化。政府引导基金虽然为私募股权投资行业提供了一定的资金支持，但其投资方向和退出机制往往受到政策限制；产业资本和高净值个人则更倾向于投资熟悉的领域和项目；而外资则因受到政策限制和市场不确定性等因素的影响，对私募股权投资行业的投资意愿也在下降。这种资金来源的单一化不仅限制了私募股权投资机构的募资规模，也增加了其募资难度。

投资者风险偏好降低。近年来，随着全球经济形势的不确定性增加以及金融市场波动性的加剧，投资者的风险偏好普遍降低。在这种情况下，私募股权投资行业作为高风险、高收益的投资领域，其吸引力自然下降。投资者更倾向于选择稳健的投资方式以规避风险，这使得私募股权投资机构在募资时面临更大的挑战。

2. 投资端

市场竞争加剧。如前所述，随着私募股权投资行业的不断发展，市场竞争日益激烈。先进制造行业成为连续 5 个半年度最热门的投资行业，涉及集成电路、新能源、新材料等诸多领域。这些领域的投资热潮导致私募股权投资在争夺优质项目和资源方面面临更加激烈的竞争。同时，头部机构凭借其强大的投资能力和品牌影响力在市场上占据了绝对优势；而中小机构则由于资金实力有限、投资经验不足等在竞争中处于劣势地位。这种竞争态势不仅加剧了行业内部的分化，也加大了优质项目的筛选难度。

高估值项目难以消化。随着独角兽企业和估值达到 10 亿美元以上的创业公司数量不断增加，高估值项目在市场上的消化难度也在加大。这可能导致私募股权投资在退出机制上面临一定挑战，进而影响其投资收益和资金回流。

地域分布不均导致资源错配。从一级市场实际完成的投资交易事件来看，国内活跃度较高的城市主要集中在北上广深等一线城市及部分二线城市。然而，这种地域分布不均可能导致资源在某些地区过度集中，而在其他地区则相对匮乏，进而影响私募股权投资的整体投资布局和收益。

3. 退出端

过于依赖 IPO 市场实现退出。从退出端看，我国股权投资退出的主要路径是 IPO，有股权投资机构参与的企业 IPO 数量与当年新增 IPO 数量成正比，股票市场的表现直接影响了私募股权投资的退出，近年来，监管对于 IPO 数量收紧，二级市场表现不佳，使得一级市场退出承压。2018—2023 年中国 PE/VC 参与的 IPO 情况见图 5-2。

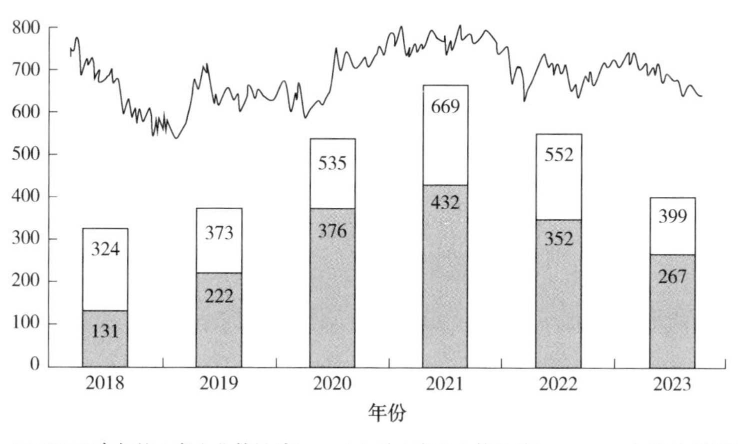

图 5-2 2018—2023 年中国 PE/VC 参与的 IPO 情况

根据第三方数据平台清科研究中心于 2023 年发布的横跨 20 年的《中国股权投资发展历程研究报告》数据，中国股权投资最主要的退出方式为 IPO，数量占比为 61%，其次为股权转让和并购，数量占比分别为 17%和 12%；反观相对成熟的美国股权投资市场，有 IPO、并购、股权转让、S 基金等多种退出渠道可选。

因此，IPO 难度增加，成为掣肘中国私募股权投资、呈现周期性承压的另一重要因素。尽管科创板、创业板、注册制的推出鼓励高科技创新企业 IPO，但一方面，上市过程复杂、排队周期漫长，导致私募股权投资基金面临资金回流困难；另一方面，一、二级股权市场出现估值“倒挂”现象，部分企业即便成功上市也无法为投资人带来收益，退出端问题传导至投资逻辑和投资决策，进而传导至募资端困难，影响整个行业的活跃度。

二、中国私募股权行业发展趋势

（一）美国私募股权行业发展周期的启示

美国的股权投资行业发展已超过 70 年，跨越了数个经济周期，各个时期涌现出来的科技创新企业都离不开股权投资的支持。“他山之石，可以攻玉。”我国目前正在经历股权投资行业的周期性调整阶段，参考借鉴成熟市场发展历程，提升我国股权投资行业发展质量，响应国家创新驱动发展战略，支持科技创新。

宽松的监管体系：2008 年全球金融危机爆发前，美国并未出台专门的私募基金管理办法，主要监管特征是注册豁免、鼓励发展和放松监管，美国政府对私募基金的监管理念是减少政府干预，为私募股权基金的自由发展创造了良好的空间。2010 年 7 月，《多德—弗兰克华尔街改革和消费者保护法案》(《金融监管改革法案》)出台，在多个方面推进改革，强化了对私募基金的监管，旨在防范系统性风险和保护金融消费者。值得注意的是，虽然美国《金融监管改革法案》在多方面加强了对私募基金的监管，但监管仍主要是通过信息披露、完善管理人规章制度、资金账户托管等方式实现的，并在对待小型私募基金、风险投资基金、家庭式私募基金等方面采取了注册豁免的监管策略。不难看出，美国监管部门是以“底线思维”看待该行业的，对于私募股权投资基金监管宽松的理念并未改变。

投资策略转变：2000 年互联网泡沫导致金融危机后，私募股权投资机构已开始布局手机行业；2008 年全球金融危机后，私募股权投资基金在移动互联网行业开启“扫货”模式；2018 年美国股市大调整，股权投资基金开始布局人工智能和芯片行业，并在 2021 年起的人工智能投资企业新周期获利颇丰。每一次经济下行，头部私募股权投资基金都会积极挖掘下一轮经济增长点，投资策略顺势而为，转危为机。

黑石、KKR 和凯雷等美国头部私募股权投资基金，自 2020 年新冠疫情暴发以来在投资策略上有所倾斜，近几年发行了数只面向美国和亚太地区的私募信贷（private debt）基金，通过有效的风险管理和多元化投资策略，成功地度过了市场低谷期，并为投资者带来了可观的回报。

投资人机构化转变：股权投资的流动性较差，投资周期长，需要长期资金的支持。1978 年，美国政府允许养老金以有限合伙人的身份投资私募股权投资基金，这一项改革大大促进了美国私募股权投资基金市场从个人投资者为主向机构投资者为主的转型，极大限度地拓展了基金募集规模，此后，国家主权财富基金、保险、大学捐赠基金、家族办公室等机构成为股权投资行业的主要投资人[1]。此类资金的注入，为股权投资市场的稳定和复苏提供了有力保障，即使在经济困难时期，仍拥有大量可投资资金，管理人拥有更大的灵活性和选择权，此时的标的资产溢价较低，为投资人增加了预期收益。

（二）中国私募股权投资行业未来发展趋势

构建高水平社会主义市场经济体制，是我国目前的主要任务，作为促进生产要素向新质生产力聚集的渠道及企业成长生命周期中的助力因素，中国私募股权投资行业在经济发展中不可或缺。

2024 年 6 月 19 日，国务院办公厅发布了《促进创业投资高质量发展的若干政策措施》；2024 年 7 月 18 日，中国共产党第二十届中央委员会第三次全体会议通过了《中共中央关于进一步全面深化改革、推进中国式现代化的决定》（以下简称《决定》），明确“鼓励和规范发展天使投资、风险投资、私募股权投资，更

---

[1] 新浪财经．借鉴美以经验完善中国股权投资机制赋能科技创新［EB/OL］．https：//baijiahao.baidu.com/s？id=1793546713050375221&wfr=spider&for=pc，2024-03-15.

好发挥政府投资基金作用，发展耐心资本”。我国的私募股权市场近 20 年来取得了显著发展，目前国家对于私募股权的态度是鼓励、正向，作为行业从业者或者准备加入该行业的求职者，应保持乐观的心态。

中国私募股权投资行业短期波动但长期向好。尽管近几年我国股权投资行业的基金募集规模、投资数量、退出收益均有所下降，但从中长期来看，仍有较大增长潜力和驱动因素，在复杂多变的宏观经济环境中保持稳健发展。

政府引导基金等耐心资本将发展为主要投资者。从募资端看，政府资金、保险资金等国家提倡的“耐心资本”给市场注入了一剂“强心针”，在市场低迷的时候缓解了部分基金管理人的募资压力。预计在未来一段时期内，政策型 LP 在市场上的占比会逐步提高。

带有政策属性的资金一方面需要肩负自身返投、招商引资的任务，另一方面需要探索释放更多空间以匹配市场化基金管理人的投资策略，例如深圳市政府按照投资阶段（如天使母基金、创投母基金）和产业方向（如“20+8”）设置了政府引导基金；保险资金和信托等金融机构的资产配置和投向也逐步从传统房地产领域抽离，转向股权投资。投资者优化资产配置效果的需求，支持国家发展战略的诉求，将促使私募股权投资基金在服务实体经济、推动高科技领域创新发展方面发挥更大作用。

专业化和精细化将成为未来发展趋势。基金管理人同质化情况越来越严重，意味着我国股权投资行业必须做出转变，不少具有前瞻性的基金管理人开始专业化和精细化运作，过去完全依赖我国经济高速增长的 β 作为基金业绩的模式已经被市场淘汰，管理人需要分析团队的自身经验和优劣势，找到擅长的投资赛道，加强人才储备，赋能投后、多元化退出渠道，通过提升基金 α 赚取收益，增加核心竞争力“护城河”的宽度和深度。

投资领域多元化发展。根据 2024 年 7 月 22 日华创证券研究所公布的研究报告《详拆三中百项改革任务》，党的二十届三中全会《决定》共提出超过 300 项重要改革举措，其中提到的重点产业涉及近 40 个细分行业。可以相信，这些行业将成为未来我国股权投资行业的主要投资方向。这些行业的发展不仅

将得到各个层级有关部门的支持，也将为私募股权投资提供多样化的投资机会。

三、私募基金发展新方向：快速发展的S基金和并购类私募基金

（一）S基金

1. S基金的发展历史

S基金(Secondary Fund)在私募基金二级市场交易中扮演活跃参与者的角色，是向投资者收购另类资产基金份额、出资承诺和投资组合的基金。S基金的交易标的是基金份额或企业股权，交易对手方是其他投资者；有别于传统私募基金的交易标的仅为企业股权，而交易的对手方是企业本身。通常情况下，S基金按照有无母基金业务机构又进一步分为专业独立S基金和承担配合角色的S基金两类。

按照上述两类角色，S基金的作用既可以是专业的通过折价收购、增值而取得投资回报，为私募基金释放流动性；也可以是辅助母基金旗下的其他基金实现战略目标。

私募股权二级市场起源于20世纪80年代的美国，由被称为"PE二级市场之父"的Dayton Carr买下其管理的PE基金，并最终将基金份额出售，成为海外市场上首笔私募股权的二级市场交易。1982年，美国风险投资基金集团(Venture Capital Fund of America)设立，并于1984年募集600万美元，这是历史上首只S基金。1988年，Coller Capital在英国设立了首只全球布局的S基金。2000年Coller Capital和Lexington Partners从NatWest Banks购买私募股权组合，这是全球首个价值超10亿美元的S基金交易❶。

从1988年到2017年，海外S基金增长规模超过两倍。2019年1月，全球两只S基金Ardian Secondary Fund Ⅷ和Lexington Capital Partners Ⅸ基金规模均达到

---

❶ 复旦发展研究院．金融学术前沿：我国S基金市场的多角度解析[EB/OL]. https://fddi.fudan.edu.cn/7b/a0/c18985a490400/page.htm，2023-05-05.

120 亿美元❶。

2020 年新冠疫情导致流动性放缓，大量金融资产进入下行通道，促使大量基金涌入 S 基金，进一步扩大了 S 基金的募集规模：2020 年 6 月，Ardian 完成第八期 PE 二级市场基金的募集，总规模达 190 亿美元。2021 年，S 基金全球交易额突破 1000 亿美元❷。

全球 S 交易市场规模从 2013 年的 280 亿美元到 2022 年的 1350 亿美元，CAGR 为 19%，Greenhill 和 Coller Capital 对全球 PE 二级交易市场的规模预计分别为 5000 亿美元和 5400 亿美元❸(图 5-3)。

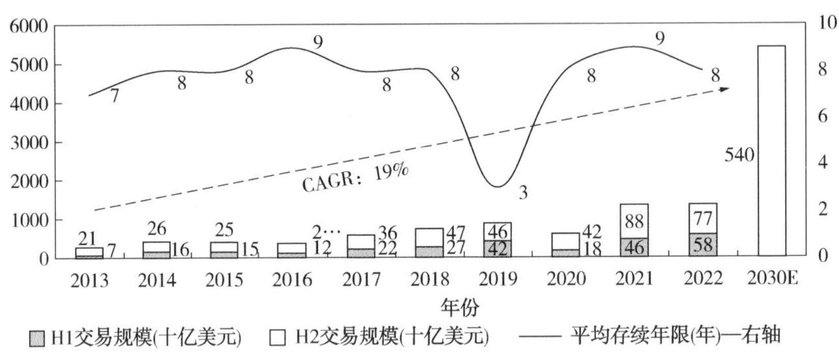

图 5-3　全球私募二级市场交易规模和标的基金存续年份

本土发展历史：中国的 S 基金起步比较晚，可以追溯到 2008 年，当时以 LGT 资本和 TR 资本为代表的外资 S 机构开始关注中国市场。2013 年起，随着中国的股权投资市场流动性提升，母基金开始试行“P(Primary 一级市场)+S(Secondary 二级市场)+D(Direct 直接投资)”的策略，S 基金在当时主要还是辅助资管配置的角色。从 2017 年开始，由于股权市场存量问题累积的退出问题，部分机构开始独立探索 S 策略。本土专业 S 基金专业团队开始逐渐从母基金剥离成为独

❶ 投资界 . 一文看懂 S 基金[EB/OL]. https：//news. pedaily. cn/202004/453985. shtml，2020-04-15.

❷ Deloitte. S 基金韬光养晦，顺势而起[EB/OL]. https：//www. deloitte. com/cn/zh/pages/finance/articles/secondary-fund-valuation. html，2024.

❸ FOFWEEKLY. 中国 S 市场最大症结[EB/OL]. https：//mp. weixin. qq. com/s/yGxUwlIdNXfOT8ngHk0ZfQ. 2023-12-31.

立机构，新设S机构也开始出现，专业买方开始进场。

2. S基金发展的现状和主要驱动因素

(1) 基金规模和交易量

根据母基金研究中心对S基金的定义和其发布的《2024年上半年中国母基金全景报告》，对S基金的统计口径一般为：

① 从基金的投资者手中收购基金份额或企业股权的母基金；

② 有专门的S基金管理团队；

③ S基金的存续管理规模不低于1亿元；

④ 已在主管部门或行业协会备案，全部为自有资金的除外。

截至2024年6月30日，我国共有在册S基金（只做S基金并无正常母基金业务的机构）9只，总管理规模28亿元[1]。

2024年上半年中国S基金投资规模（包括母基金进行S策略投资，以及只做S基金并无正常母基金业务的机构进行S投资）为203亿元，同比降幅为42.5%（2023年H1为353亿元），与上一个半年相比下降29.0%（2023年H2为286亿元）。

(2) S基金发展中的机会与挑战

IPO收紧导致私募基金退出困难，GP产生现金流压力退出通道客观受阻的情况下，S基金客观上为基金现金流变现提供了更多可能。但同时，标的基金底层项目包进行尽职调查的透明性不足、S基金存续期间有限、对基金DPI的紧迫要求等因素，导致S基金需要在较短的时间内对底层打包项目有足够深刻的认知和调查，这势必对S基金交易造成挑战；足够多的折扣降低了对尽职调查深度的要求，但是这也与希望收到最终能够溢价退出的优质资产形成了一对新的矛盾。

---

[1] 母基金研究中心.2024年上半年中国母基金全景报告[EB/OL].https://mp.weixin.qq.com/s/0CTxjBQzgAea0n4NrZWUUQ，2024-07-30.

3. S 基金的主要参与者(表 5-1)

表 5-1 中国主要 S 基金公司

省份	机构名称
江苏	博道新璟私募基金
北京	国科嘉和
北京	凯联资本
河南	上元资本
北京	尚合资本
广东	盛裕佳承私募股权基金
北京	首都科技发展集团
广东	新智资本
广东	诺致远

需要注意的是，S 基金只是 S 交易买方中的一员，买方群体中，中小型投资机构、家族办公室、企业及个人投资者仍然是 S 交易的主力军，2024 年开始国资引导基金、保险和 AMC 机构开始注重 S 策略，纷纷下场建立 S 子基金或执行 S 策略，此外，券商、银行、信托母基金以及 GP 主动下场参与 S 交易，助力流动性管理和募资。

4. S 基金的交易模式、估值及定价

(1) 交易模式❶

基金份额转让(Sale of fund interests)：主流模式，私募基金 LP 将其持有私募基金的全部或部分份额以流动性折价的形式出售给 S 基金，实现提前退出(图 5-4)。

捆绑型交易(Stapled secondary)：比基金份额转让多了一项附加 GP 新 S 基金的认购义务。

❶ 金融研究. 金融学术前沿：我国 S 基金市场的多角度解析[EB/OL]. https：//fddi. fudan. edu. cn/7b/a0/c18985a490400/page. htm，2023-05-05；Deloitte. S 基金韬光养晦，顺势而起[EB/OL]. https：//www. deloitte. com/cn/zh/pages/finance/articles/secondary-fund-valuation. html，2024.

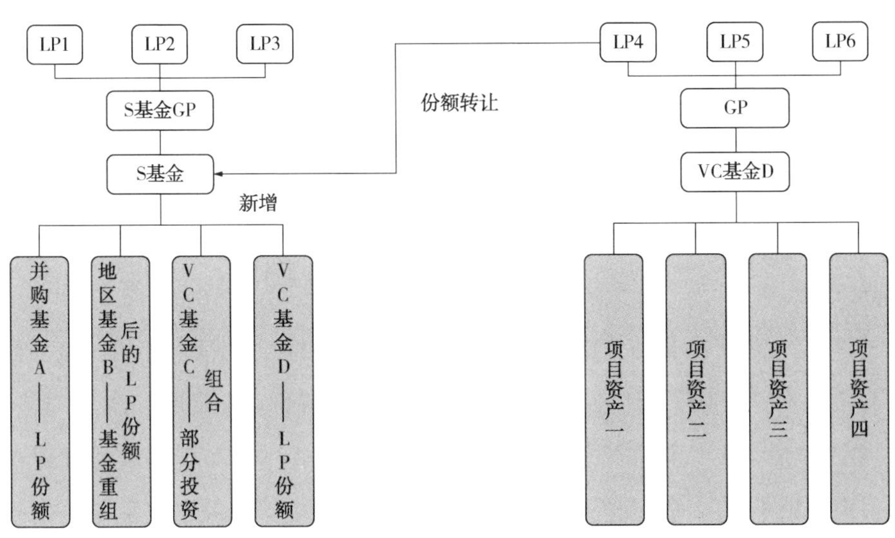

图 5-4 基金份额交易示意图

接续基金交易(Continuation fund deal)：GP 和 S 基金共同设立一只新的接续基金，收购 GP 现有基金的全部底层资产，原 LP 可以选择退出或者将权益转入新的基金份额。对 GP 而言，这种类型的交易方式可以打破基金原有的期限限制。例如，深创投 S 基金和华盖资本于 2021 年创立的首只人民币重组接续基金——厦门健康红土股权投资合伙企业(有限合伙)，基金规模近 800 亿元人民币。此项基金的投资人还包括了 TR 资本、上实盛世 S 基金及银行等，并成功促成华盖资本 6 个大健康项目的退出。

直投型交易(Direct secondary)：直接出售项目公司股权。目前来说，国家对资本有这个方向发展的偏好。例如，中国银河证券旗下的首只 S 基金——北京银河壹号基金，受让中金资本旗下相关基金。

收尾型交易(Tail-end sale)：基金到期后如果有个别项目无法按期退出，而私募基金投资者希望结束投资，则可选择将剩余基金权益转让给 S 基金，锁定基金回报。S 基金整体接盘以后，原有的基金 GP 和 LP 完全退出。

(2) 成熟市场惯例

资产估值公允是基于二级市场充分有效、充分披露、GP 公允(可比交易充足)和及时性来进行定价的。

然而，真实的二级私募基金市场中并不存在：一是底层项目能否充分披露取决于创始人和 GP 的配合度，而根据调研走访，项目创始人和 GP 与 LP 的交易频次较低，且基金业绩缺乏负向调整估值和完全披露的动力；二是底层项目估值耗时较长，存在时滞；三是项目为非标准资产，无法做到完全可比；四是退出延迟的资产往往意味着需要额外的资源整合和投入；五是流动性折价难以衡量，且不具备标准性。

折扣定义为实际交易价格/NAV(资产净值)=(基金份额真实价值-流动性折扣-交易成本)/[(GP 评估的企业价值×股权比例)-待付业绩提成]

参考全球二级私募市场定价的折价率，平均在 8~9 折(极端市场可到 5~6 折)，但是由于中国的二级私募市场比较年轻，缺乏有效市场、经验丰富的交易者以及透明及时的信用机制和估值体系，总体折扣的差异较大[1](图 5-5)。

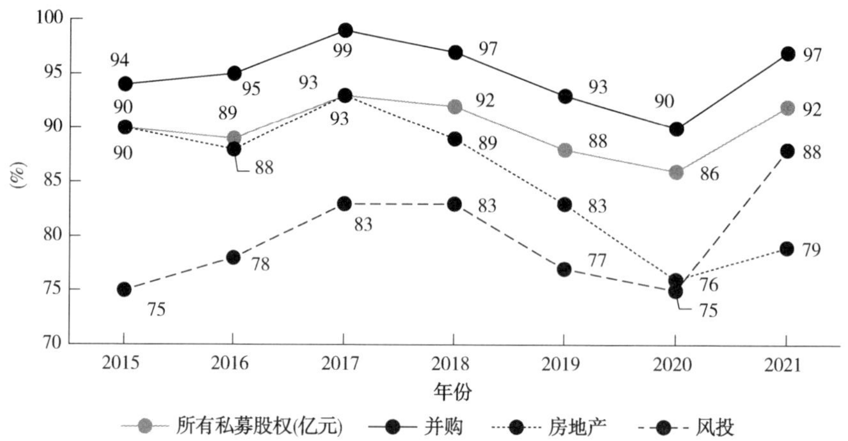

图 5-5　2015—2021 年私募股权基金二级市场交易均价(占资产净值比例)

(3) 估值方法

可比法：参考可比基金在私募二级市场中定价。

[1] FOFWeekly. S 交易到底应该打几折？[EB/OL] https://mp.weixin.qq.com/s/IkrMmflIVlxCnT7_uQnvPQ, 2024-08-26.

DCF 法：明确底层项目的估值和退出时点，了解项目包的整体现金流，并对其折现，核算 IRR 是否符合预期要求。

分段加总法：将基金分为实缴和未实缴部分(预估未来现金流)进行考量。

(4) 估值中的挑战与解决方案

将资产分类并估值，确定交易目标适配性，并计算合适的折扣率。

不同资产类别的估值方法见表 5-2。

表 5-2 不同资产类别的估值方法

资产类别	估值方法	预计退出时间
A 类(IPO) 提供 1~2 年 DPI	可比法；可比交易法； DCF 法	参考上市日期及解禁日期
S 类(预计 IPO 明确) 提供 3~4 年 DPI	可比法；可比交易法； DCF 法	参考 GP 预期时间，根据业务发展判断距离交割日期，仍需要一定时间实现退出
B 类(无 IPO 计划) 提供 5~6 年 DPI	可比法；可比交易法	参考 GP 预期时间，根据业务发展判断距离交割日期，仍需要一定时间实现退出
C/D 类(回购/清算) 减值项目	DCF 法	参考 GP 预期回购/清算日期

按照被交易的基金份额进行分类，又可以进一步分为：

Early S：2021 年之后成立的基金，布局更切合当前市场环境，估值和盈利能力相对健康，但因为所投项目较晚，DPI 不及另外两个阶段的 S 资产，投资主要看中账面浮盈和 GP 投资能力。

Mid S：大多数为 2018—2020 年建立的基金，刚刚进入退出期，流动性介于两种 S 资产中间，资本化进程更明确，为尽职调查提供更多明确性。

Late S：基金可能已经投出上市公司，受到 S 基金的青睐。

（5）选择适配的标的❶

由于基金成立的时间背景不同，其管理资产呈现如下特征：

Early S 交易因为时间比较充裕，关注硬科技，响应政策号召并顺应市场环境变化。

Mid S 交易选各板块垂直领域的核心资产。

Last S 交易需要保持流动性，主要关注已上市并有相对确定性的资产。

从资产类别的偏好来看：根据 2024 年和 2023 年上半年的同期 S 市场交易数据，可以看出 Late S、母基金交易交易种类和规模占比分别增加了 16% 和 24%，市场仍然偏向于 DPI 更好的 Late S 资产和倍数潜力更高的小规模基金（图 5-6）。

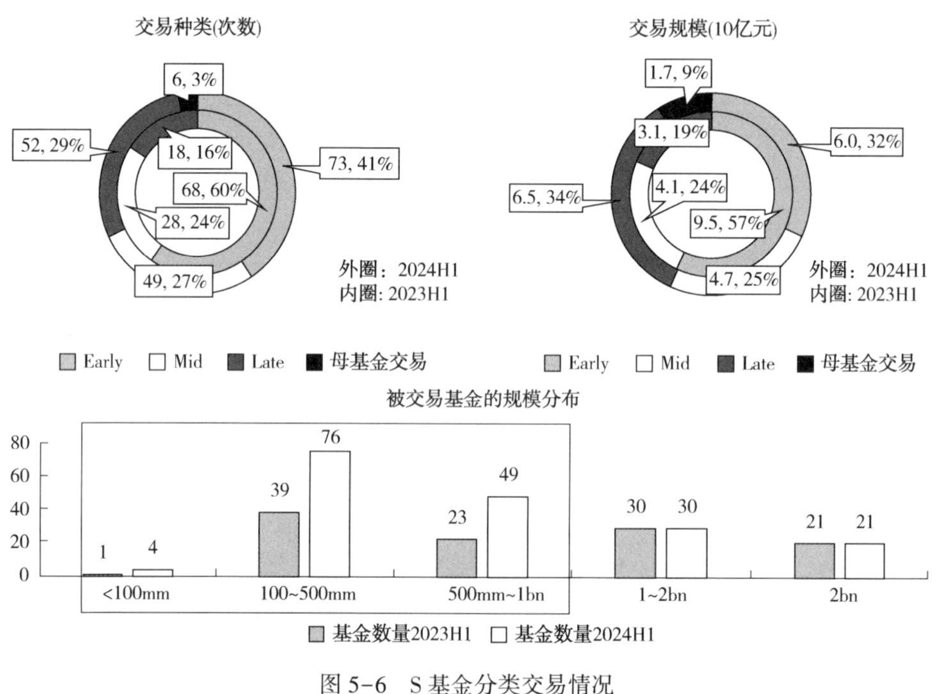

图 5-6　S 基金分类交易情况

S 基金和其他金融机构、民营个体投资者一样都偏好 Late S 这类成熟资产，而只有具备耐心的 GP 以及坚定促进国家产业升级的国资，才会偏好

❶ 赋航资本 . S 市场 2024 上半年分析报告[EB/OL]. https：//mp. weixin. qq. com/s/F93KECpsfhDfeSe9LbZ06A，2024-08-09.

Early S 类资产，他们的交易目的往往非财务投资，而是解决认缴资金到位的问题。

从行业偏好来看，硬科技仍然是主流，占到总体 S 基金投资的 49%。一方面，响应政策号召；另一方面，买方并没有很强的动力承接退出预期不够明朗的资产，所以会偏向于已经上市的高流动性资产，而 A 股本身倾向于硬科技企业，而消费行业因为估值倍数下调，占比已经大幅减弱(图 5-7)。

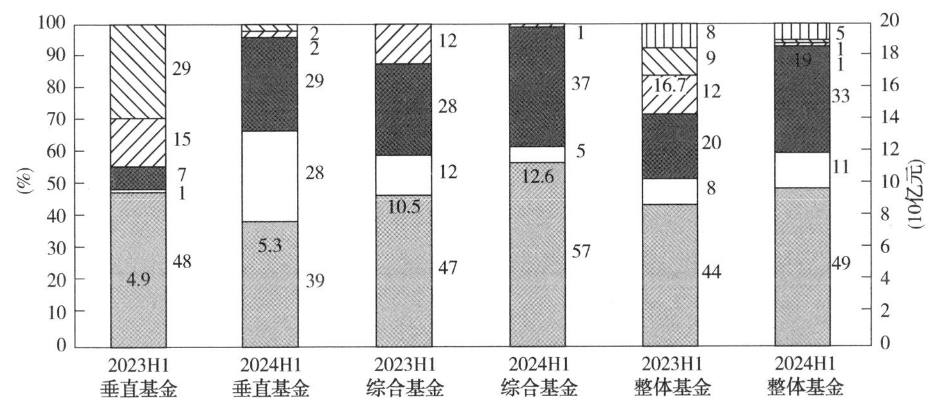

图 5-7 交易标的基金的投资赛道分布规模占比

注：基金投资单一行业的项目数量>70%定义为垂直基金，否则为综合基金。

（6）交易对手偏好

S 基金和 S 策略母基金偏好受让 GP、民营个体、信托和银行的资产标的份额，因为相对于国资和保险机构，以上交易对手群体议价空间比较广阔，容易满足 S 基金类买家决策周期和折价的要求。

5. S 基金实操上的困难

S 基金虽然近年来因为 IPO 收紧和退出通道收紧，逐渐被业界关注，但是 2024 年上半年同期的交易量却没有显著增长，除了前文提及的尽调难度和基金的较短期限，寻求折价和资产优质本身之间的天然矛盾给 S 基金的发展带来了很多挑战。

（1）市场认可度不高

S 基金在我国私募股权市场中的认可度仍然较低。一方面，由于 S 基金在我国的发展时间相对较短，许多投资者对其运作模式和潜在价值了解不足，导致其吸引力相对较低。另一方面，一些投资者将 S 基金与困境基金或秃鹰基金等概念混淆，对其存在误解和偏见。这种市场认知的偏差限制了 S 基金的募资和发展空间。

（2）专业人才短缺

S 基金的运作涉及多个专业领域的知识和技能，包括基金份额估值定价、底层资产评估判断、税务、法律以及结构交易设计等。然而，在我国，具备这些综合能力的复合型人才相对较少。S 基金团队既需要具备对基金份额估值定价的能力，又需要具备对底层资产评估判断的直投能力，同时还需要具备税务、法律、结构交易设计等方面的才能。因此，专业人才，尤其是复合型专业人才的短缺，成为制约 S 基金发展的重要因素。

（3）交易信息透明度不高

S 基金的交易过程往往涉及多个利益方和复杂的交易结构，导致交易信息的透明度不高。这增加了投资者的信息不对称风险，降低了其对 S 基金的信任度和投资意愿。同时，交易信息的不透明也增加了监管的难度，不利于市场的健康发展。为了提高交易信息的透明度，需要加强信息披露、加大监管力度，切实保障投资人的利益。

（4）配套退出体系不完善

S 基金的退出方式相对多样，包括 IPO、并购、基金份额转让等。然而，在我国，由于资本市场的不完善以及退出机制的不健全，S 基金的退出渠道相对有限。这限制了 S 基金的发展空间，降低了其吸引力。为了完善配套退出体系，需要深化资本市场改革、拓展退出通道、优化各种退出机制，为 S 基金提供更加便捷和高效的退出方式。

（5）制度建设不完善

S 基金在我国的发展还处于初级阶段，相关的法律法规和监管制度尚未完

善。这导致S基金在运作过程中可能面临一些法律风险和监管不确定性。为了保障S基金的健康发展，需要加强制度建设，完善相关的法律法规和监管政策，为S基金提供更加稳定和可靠的法律环境。

6. S基金的市场机会

随着二级市场IPO的放缓，越来越多的基金管理人面临退出压力。S基金作为一种非IPO的退出方式，为私募股权基金提供了更多的退出选择，满足了市场的退出需求。过去，虽然政府和相关监管机构对S基金的发展给予了越来越多的关注和支持，出台了一系列鼓励政策，为S基金的发展提供了良好的政策环境，但是在落地和兑现上一直存在问题。深圳发布的《深圳市促进创业投资高质量发展行动方案(2024—2026)(公开征求意见稿)》中，明确提出了引领发展“大胆资本”的政策导向。这一政策旨在通过优化政府性投资基金的引导带动作用，支持国资基金大胆试错，并提升财政资金的使用效能。这类国企的大胆尝试为行业开创了先例、制定了规范。另外，随着全球经济的不断发展和资本市场的互联互通，越来越多的国际资本流入中国S基金市场，为市场提供了更多的资金来源和投资机会。

需要注意的是，撰写团队在走访的过程中，发现业界并不认为S基金可以简单作为IPO或者并购交易的替代，而是一类独特的财务投资机构。因此客观上要求S基金对资产判断是基于项目本身而非仅仅是管理人的明星效应，同时也需要专业团队进行强有力支持。一部分有产业腹地的S基金管理人还需要具备产业整合资源的能力，以便产生投资和价值增值的闭环，而非赌概率，或者扎堆在已有明确上市议程的资产项目中，在实现财务回报的前提下也可以实现一定的产业意义。

(二) 并购基金

1. 并购基金的发展历史

并购基金(Buyout Fund)，是指将其投资方向定位于并购企业的一类基金，是由私募股权投资基金演变出来的一个分支。就业务演变来看，私募基金→私募股权投资基金→并购基金→上市公司参与设立的并购基金。

并购基金最早出现在20世纪50年代的美国，正值第三次并购浪潮兴起，在80年代得到快速发展。1955年发生了第一起杠杆收购(LBO)，1月，麦克莱恩工业公司(McLean Industries Inc)收购泛大西洋轮船公司(Pan-Atlantic Steamship Company)；同年5月，麦克莱恩工业公司继续收购沃特曼轮船公司(Waterman Steamship Corporation)。根据该交易条款，McLean动用4200万美元贷款，并通过发行优先股筹集额外700万美元。交易完成后，Waterman动用2000万美元现金和资产偿还了贷款债务❶。

1978年，KKR以3.8亿美元对价收购工业抽水机制造商乌达耶，支付了5%的现金，其余全靠无担保借款，引发了LBO的爆炸式增长。垃圾债券也是在这个时间段被发明出来募集并购所用的大量资金。之后敌意收购盛行，1985年Blackstone成立，主导和管理层共赢的友好收购。1992—2000年，美国第五次并购浪潮开启，以红杉资本为代表，机构开始以强强联合的产业并购为主要方向。2002年，宽松的货币政策加上低利率的垃圾债复苏，美国对上市公司施加烦琐管制，大量公司开始私有化。2004—2015年是美国第六轮并购浪潮。以凯雷为代表的机构以跨界并购为主要特征。2007年之后信贷危机，私募股权基金开始尝试多样化投资组合，投资上市公司参股权❷。

2024年新设关注中国本土的并购基金：PAG于4月设立首只规模为20亿元基金“太盟一号产业股权投资基金”；5月，凯辉和国贸控股、法国国际投资银行签订合作备忘录，拟设立规模为20亿欧元中法并购基金(三期)❸。

本土发展背景：2003年，我国的第一只并购基金是由弘毅投资成立的，主要投资成熟企业和新兴企业中的成长型。2006—2015年本土共有418只并购基金

---

❶ 晨哨并购. 并购时代来临，你还不懂杠杆收购？幸好我们做了一份系统性研究[EB/OL]. https://mp.weixin.qq.com/s/4yF0C0FK-8ssBmrc0pKiLA，2024-08-24.

❷ 华泰证券. 中国并购基金的现状、运作模式及发展前景[EB/OL]. https://xueqiu.com/2914593169/88267888，2017-07-05.

❸ 清科研究中心. 2024年上半年中国股权投资市场研究报告[EB/OL]. https://www.fxbaogao.com/detail/4516343，2024-08-15.

成立，募资规模达到千亿元水平。上市公司及其关联方与基金管理公司合作成立并购基金是从天堂硅谷与大康木业的合作开启的[1]。

2. 并购基金的市场格局

（1）主要行业结构

并购基金有辅助交易模式、参股型交易和控股型交易等三种交易策略（参股型交易也是成长型基金的重要选择）。

辅助交易模式中并购基金主要作为财务投资人，起到“夹层信贷”的作用，以上市公司+PE 的方式来开展业务，是一种比较常见的并购方式。

参股型并购基金在交易完成后不成为被投企业的股东，但是会选择联合产业投资者和目标管理层共同推进并购，未来通过转让持有股权获取财务收益，并购的主导方是企业，为其提供股权融资，协助主导方完成收购后的整合和股权架构调整，考验投资机构的战略眼光和投后综合服务能力；相对应的成长型基金则主要关注财务投资回报。[2]

控股型并购基金则会在收购后取得目标企业控制权，主导企业整合，未来通过股权转让或 IPO 的方式实现退出。这类基金的交易核心是杠杆收购，通过过桥贷款、夹层债、垃圾债来提高支付能力。这种并购交易对基金的资源整合能力要求很高，需要产业团队的支持。通常有产业运营和金融投资部门的大型企业更容易有动力成立这样的产业基金，实现投入、整合和运营的闭环。

不同类型的并购基金的资产端和资金端见表 5-3。

表 5-4 是十家主要的投资并购基金。

---

[1] 新财董. 中国上市公司并购基金深度研究［EB/OL］. https：//zhuanlan. zhihu. com/p/145258608，2020-06-02.

[2] 投资界. 中国并购开端之年［EB/OL］. https：//mp. weixin. qq. com/s/N9jYtHSLFeQ6k5zDpB1HKw，2024-07-29.

表 5-3　不同类型的并购基金的资产端和资金端

<table>
<tr><th>资产端</th><th>并购基金</th><th>资金端</th></tr>
<tr><td>被并购企业</td><td>独立并购基金</td><td>金融机构</td></tr>
<tr><td rowspan="5"> 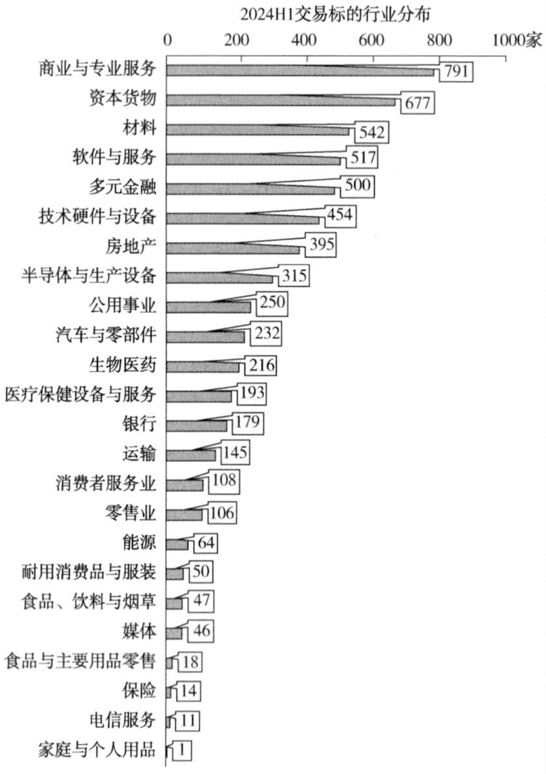2024H1交易标的行业分布
0 200 400 600 800 1000家
商业与专业服务 791
资本货物 677
材料 542
软件与服务 517
多元金融 500
技术硬件与设备 454
房地产 395
半导体与生产设备 315
公用事业 250
汽车与零部件 232
生物医药 216
医疗保健设备与服务 193
银行 179
运输 145
消费者服务业 108
零售业 106
能源 64
耐用消费品与服装 50
食品、饮料与烟草 47
媒体 46
食品与主要用品零售 18
保险 14
电信服务 11
家庭与个人用品 1</td><td>弘毅投资
鼎晖投资
高瓴资本
厚朴投资</td><td>以券商、银行、保险资金为主，如中信证券、国金证券等</td></tr>
<tr><td>产业合作并购基金</td><td>企业投资者</td></tr>
<tr><td>天堂硅谷
中信产业基金
复星系产业基金
国金鼎兴</td><td>以上市公司为代表，投资+合作属性，如博雅生物、联想控股、爱尔眼科、大康农业等</td></tr>
<tr><td>外资并购基金</td><td>主权基金</td></tr>
<tr><td>KKR
GoldmanSachs
TPG</td><td>SSF
TEMASEK
CPPInvestments</td></tr>
</table>

注：新浪财经 . 2024 年上半年中国并购市场交易榜 . https：//finance. sina. com. cn/wm/2024-07-05/doc-incazrqt4486833. shtml. 2024-07-05.

表 5-4　主要投资并购基金（排名不分先后）

名称	成立年份	资产管理规模	典型并购案例
KKR	1975	5500 亿美元	圣农发展，雷士照明中国照明业务
凯雷投资	1987	4250 亿美元	金拱门，艾迪康
贝恩投资	1984	1850 亿美元	秦淮数据，鞍石生物
高瓴投资	2005	5000 亿美元	百丽国际，飞利浦小家电

续表

名称	成立年份	资产管理规模	典型并购案例
PAG	2002	550 亿美元	盈德气体，腾讯音乐
CPE 源峰	2008	1400 亿美元	先瑞达，康恒环境
鼎晖投资	2002	1380 亿美元	百丽国际，SharkNinja
中信资本	2002	160 亿美元	金拱门，ISI Emerging Markets Group
DCP	2017	530 亿美元	通化东宝，MFS Technology
智路资本	2015	800 亿美元	安世半导体

（2）发展趋势

在调研走访中，投资人无一例外地提及并购会是未来投资界的主流方向。因为上市通道日臻成熟，合规性进一步提升，客观上会让很多创业企业失去退出的一条主要路径。而通过二级市场交易，容易产生折价，并购让大企业有了拓展新路径的可能，也让成长型企业找到了倍数实现的窗口，是行业实现深化整合、去除冗余产能的必由之路。

表 5-5 是一组数据对比。

表 5-5　中美并购投资基金的运作对比　　单位：%

占各类总量比	中国	美国
并购基金募资	3	68
并购投资	1	69
并购类退出	46	95

资料来源：投资界．中国并购开端之年．https：//mp. weixin. qq. com/s/N9jYtHSLFeQ6k5zDpB1HKw. 2024-07-29.

相对于成熟市场，中国的并购市场还有巨大的上升空间。

我国的并购进入行业整合阶段，从“机会成长型”向“系统性”转变。

3. 并购的主要方法

（1）主要并购方式

并购标的的方式比较丰富，通常情况下以协议收购为主。增发事件虽然少，但是涉及金额一般比较高。2024 年上半年，协议收购仍然是主流[1]（图 5-8）。

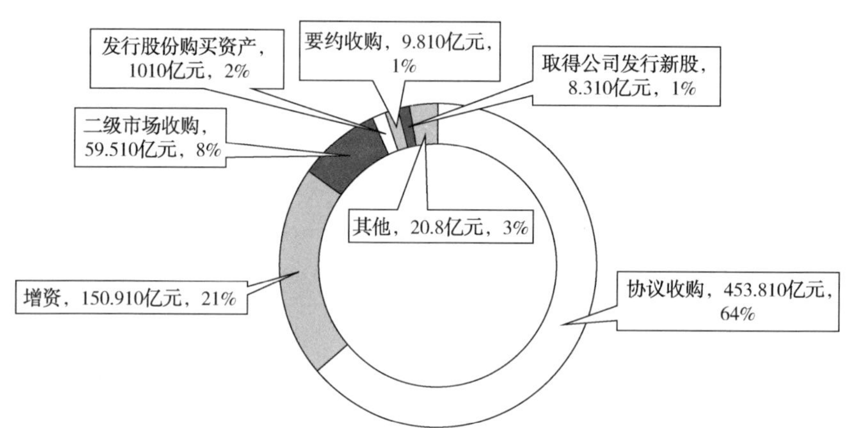

图 5-8　2024H1 并购方式分布

（2）收购的重要实现形式——杠杆收购

因为收购具有巨大的现金量要求，杠杆收购成为重要的实现形式。除了适量增发的股票和留存现金，高收益债、贷款、高级票据、夹层债（或者优先股）、次级债等一方面为收购弥补了资金量的不足，另一方面也撬动了收益来抗衡并购后可能出现的各种风险。并购完成后，公司的日常现金流会被用来偿还债务利息，也有让利息进行滚动，最后偿付（pay in kind）的操作方式。基本逻辑在于债务成本低于股权成本，所以利用债务可以降低总成本，但是相应地，如果收购之后公司表现不佳，并购基金就会因为固定流出的现金流而承受更大的风险。

主要优势在于：①保留现金；②增加债务能力和购买能力；③税收优惠（债务利息免税）；④形成“债务纪律”，举债可以迫使管理层执行平时不愿意实施的举措，比如剥离非核心业务、削减成本、技术升级等。

杠杆收购还有两个分支：管理层并购（MBO）和 S 并购（SBO）。

MBO 是现有管理层购入一部分股权，类似的 MBI 则是外部管理层寻求购入公司并取得控制权，核心定义在于由管理层发起并推动的并购。

---

[1] 新浪财经．2024 年上半年中国并购市场交易榜［EB/OL］．https：//finance. sina. com. cn/wm/2024-07-05/doc-incazrqt4486833. shtml，2024-07-05.

这类收购的原因可能是公司的所有者希望退休、期待把公司托付给管理层值得信赖的人；或者公司的所有者对公司未来失去信心，愿意把它转让给仍然坚信企业未来的管理层，保留企业的一些投资价值；管理层看到了所有者没有看到的其他方面的企业价值。

由于管理层缺乏足够的资金，所以管理层通常会引入并购基金。并购基金看重的是管理层在未来创造的价值和杠杆效应。

实际操作中，买方的双重身份会让交易价格区间显得非常重要：作为个人，希望对价越低越好，而他们又代表着雇员，雇主希望对价越高越好。所以企业原所有者和并购基金会分别和管理层约定：如果对价高于某个门槛，企业会向管理层提供一笔额外交易费用；如果对价低于某个门槛，并购基金会对管理团队提供一笔补偿金。

同时收购价格依据公司未来盈利能力来决定的 Earn-out 机制，也会适当降低收购的风险。

SBO 相比普通并购基金更加注重交易的便利性和流动性，交易流程比较简单，为投资理念改变的投资基金提供了便捷的退出通道，而且比起公开市场的普通，SBO 可能为并购方提供更有吸引力的选择，也为已经到达投资收益门槛的期待退出或者已经在退出/延长期的基金提供了一种选择。但 SBO 存在预期回报收益欠佳的问题，毕竟原投资组合公司可能已经实施了标准的运营和战略改进而仍然达不到回报目标。

4. 杠杆收购的标的和策略

（1）行业特征

非周期性，表现状况相对稳定；低增长；分散性，并非完全竞争市场，但技术壁垒往往意味着高研发支出；有经常性收入来支付杠杆收购后的利息流出；和并购方能形成某种形式的协同效应；行业趋势是向上的。

（2）标的特征

充足的经营性收入和自由现金流；高效率低成本；战略增值的机会；强大的管理团队；较低的购买倍数；具备运营改进的潜力。

（3）交易策略

通常的交易策略需要关注产业链重构(系统性交易机会)、管理层迭代机会、产业整合(平台标的)、业务分拆回购等特殊的交易机会。

5. 影响并购基金发展的主要挑战

（1）一、二级市场估值倒挂

在并购市场中，一级市场的估值逻辑往往与二级市场存在差异。一级市场中的某些行业，如新能源、半导体等，可能存在估值过高的情况，而二级市场目前无法消化如此估值。这导致并购基金在退出时可能面临估值倒挂的风险，即退出时的估值低于投资时的估值。目前，中国市场的估值平均水平在 20 倍，而某些热门行业(如半导体、人工智能等)出现了显著的估值泡沫。这导致企业与新进入的并购基金在关键问题上难以达成一致。

（2）杠杆收购的难度较大

中国在“去杠杆”的大前提下，对于大批量及频繁举债来完成收购可能会构成挑战。LBO 为并购提供了强大的工具支撑，但是其中会运用到各种杠杆工具。其中次级债或垃圾债在中国的信用系统中是以中小企业债的形式体现的，但是这个债券产品市场小，票面利率在 8%~10%，面临高违约率问题，很难成为长期依赖。其他的资金渠道则因为信用体系下的安全要求，为资金的来源带来了不确定性。

美国联邦监管机构于 2013 年 3 月发布的《机构间杠杆贷款指南》提到会对任何债务与 EBITDA 比率超过 6 倍的杠杆贷款进行额外审查，虽然人民银行规定可以配 60%的并购贷款，要求亦较为宽松，但是相比于美国机构更倾向于为并购提供更多信贷资源的态度(例如 2017 年 Advent International 并购 CCC Information Services 的杠杆率就为 7.5 倍~8.0 倍的 EBITDA)，我国银行的内部规定会更严格，大概在 4.5 倍 EBITDA 已属正常水平，最终达成 50%比例的并购贷款都已是理想状况，这无疑会降低并购市场对资金的吸引力。

（3）并购的交易结构一般较为复杂，实现难度大

并购基金的交易结构通常较为复杂，涉及多个利益相关方。在退出过程中，

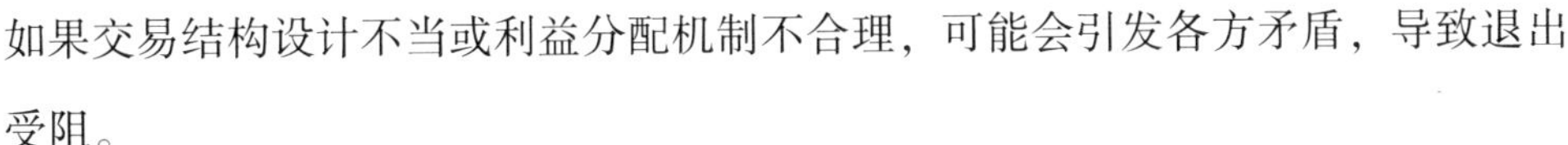

如果交易结构设计不当或利益分配机制不合理，可能会引发各方矛盾，导致退出受阻。

（4）整合能力要求

并购基金往往需要依靠大型企业整合产业链，一方面，要求并购基金认知自己的能力边界和管理团队的能力；另一方面，不能盲目信任合作方的权威性和专业性，团队不能盲目拼凑“大拿”，容易造成团队管理理念不合而分崩离析的局面，需要充分认知文化整合的难度，也不宜对并购后的收益盲目乐观，需要保持远距适时介入的投后管理艺术。

（5）并购有关的税收政策仍待明确

目前，我们的税收法规没有将所有与免税合并具有相似经济性质的交易列入免税范围，同时对于避税型并购的反避税规则还比较缺乏。例如，对于收购对价的分摊、并购费用处理以及潜在国际重复征税问题[1]。

（6）有关并购的政策需要平衡垄断的负面作用

新型创业企业在创立的过程中，无疑会寻求外界资金的协助，但是并购基金的介入可能有动机促使企业被最终并购给大厂企业，影响企业的独立创造力，虽然从产业结构来说，可能整合了产业链，但是对于企业的持续创新力会由于新的文化融合和团队协作而形成打击，并影响产业在深度上的进一步发展。有活力的创业企业可能会迅速被大企业吞并，造成强者恒强甚至垄断的局面，对《中华人民共和国反垄断法》的完善也提出了新的要求。

6. 并购基金的市场机会

基于前文论述的并购基金的发展空间和市场大环境的客观现实，未来并购基金会逐渐呈现上升趋势，现有的成长型基金会需要寻找有整合能力的团队/企业作为业务的着力点来逐步转型。同时行业的各项规章制度也会日臻完善，反向推动法律、金融系统增加韧性。

---

[1] 流动 PE. 中国有没有并购基金（三）——中美比较 & 领袖观点［EB/OL］. https：//mp. weixin. qq. com/s/Az4BY-R9rb4gvlJUKb7A1A，2023-08-26.

（1）政策引导投资标准

2024 年 9 月 24 日，证监会发布了《关于深化上市公司并购重组市场改革的意见》[1]（以下简称“并购六条”），受到市场广泛的关注。“并购六条”的出台旨在激励上市公司采取并购重组的方式，吸纳新兴产业中的佼佼者，以推动新生产力的成长，同时也为私募股权机构开辟了更为丰富的投资机遇与退出渠道。“并购六条”提出，对私募投资基金投资期限与重组取得股份的锁定期限实施“反向挂钩”，促进“募投管退”良性循环。这鼓励了私募基金积极做耐心资本，增强了其参与并购交易的信心。并且，已经有许多私募股权基金积极切入并购赛道。“并购六条”的出台，有利于私募股权基金拓宽退出渠道，发展并购型基金。首先，可以推进并购重组，这对私募股权行业来说好处就是拓宽了项目的退出渠道；其次，有助于并购基金的设立和投资，在全球范围内，私募股权并购基金市场表现活跃，特别是在美国等成熟市场，并购基金已经成为私募股权基金的主流模式之一。而在国内，由于市场环境和监管政策不同，私募股权并购基金的发展相对较晚，但近年来也呈现出快速增长的趋势。

“并购六条”也将对私募股权行业未来的投资方向产生影响，之前投资标准主要基于企业能否上市，未来可能重点考虑标的是否有并购价值，这也使得私募股权并购基金迎来了新的发展机遇。

（2）并购基金发展趋势

专业化与细分化。随着市场竞争加剧和投资者需求的多样化，私募股权并购基金将更加注重专业化和细分化，以提供更加精准和高效的投资服务。

国际化与跨境并购。随着全球化的深入发展，私募股权并购基金将更加注重国际化布局和跨境并购机会，以拓展更广阔的市场空间和投资机会。

科技与创新驱动。在科技创新的推动下，私募股权并购基金将更加注重科技和创新型企业的投资，以把握新兴产业的发展机遇和增长潜力。

---

[1] 中国证监会网站．中国证监会发布《关于深化上市公司并购重组市场改革的意见》[EB/OL]．https：//www.gov.cn/lianbo/bumen/202409/content_6976331.htm，2024-09-25.

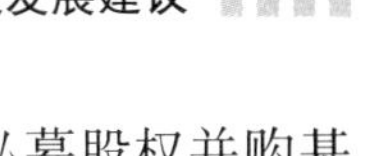

监管与合规。随着监管政策不断的完善和合规要求的提高，私募股权并购基金将更加注重合规经营和风险管理，以确保稳健和可持续的发展。

四、对私募股权投资机构及从业者的建议

国民经济高速发展，资产证券化迅速扩张的时代已经过去。以最典型的Pre-IPO投资策略为例，在十年前，被投企业上市后，投资回报率可以动辄以10倍为单位计算，到如今不时已有被投企业上市前后估值倒挂的情况产生。加之前述的募资问题，后续的私募股权基金将可能会逐步出清。为此，投资机构需要对行业发展现状具备清晰的认识，苦修内功，及时调整发展方向与预期，与被投企业共成长。

1. 市场需对投资回报有更长的时间预期

随着经济发展趋势以及政策支持模式的调整，长期主义和价值投资的回归将是必然趋势，原本靠政策套利空间生存的模式将成为历史，投资回报中来自企业的内在价值增长的部分逐步增多，而硬桥硬马的增长需要时间积累，这也意味着整个私募股权行业都需要具备更为理性的投资收益预期，并在我国鼓励科技发展的背景之下，抓住新时代发展方向，躬身入局，提升自身投资及资产管理能力。

2. 投资机构要形成差异化的投资策略和盈利模式

根据机构的特点和资源，在投资上形成差异化的投资策略。综合性的头部机构可以通过多行业、多阶段、多投资品类来分散风险，而中小机构则可以通过深耕某一赛道或特定投资阶段来站稳生态位。

从退出/实现盈利上看，传统股权投资私募基金以IPO退出为主要盈利模式，但在审核趋严的大势下，项目境内上市将更具难度。目前全国每年投资上万个项目，即使考虑全部境内外市场并忽略流动性，也无法全部承载，而随着项目退出呈现堰塞湖，“退”变成行业最集中的问题和矛盾。故并购退出变成下一阶段发展的自然选择，以消化存量项目，加快资金回笼周转。私募投资机构通过整合上

下游产业链，向并购、重组等盈利模式延伸成为行业发展趋势，而投资+投行、投资+赋能越来越成为综合性大基金的标配。

3. 对私募股权从业者的建议

目前，私募股权投资行业机遇与挑战并存，科技浪潮变化、自身的张弛周期、人口老龄化带来的经济转型、中国经济快速走向成熟的工业国均预示着行业从高速发展期进入成熟期，部分行业乱象已受到监管高度关注。

另外，即使行业回暖、政策放宽，放眼世界其他经济体，目前中国的私募股权投资机构也已相对较多，后续可能面临更多的职业发展调整。

在这一背景下，私募股权行业的从业者需要专注思考行业发展趋势，聚焦自身优势，向更具发展潜力的职业方向靠拢：

1）转型至一级市场相关领域：从业者可以考虑转向一级市场的相关领域，如财务顾问（FA）、家族办公室（FOF）、产业资本（CVC）、并购基金等。

2）转型至二级市场：从业者如在一级市场工作时对特定行业积累了足够的行业理解和人脉资源，也可考虑转型至二级市场。行业研究员可能是新职业生涯一个较好的起点。

3）回归审计/FDD行业：专业的财务能力是许多私募股权投资从业者入行的途径。以往常见的现象是从业者从四大审计开始，逐步转向财务尽职调查（FDD），最终成功跳槽至私募股权投资领域。当行业不景气时，从业者回归审计/FDD行业也不失为一个较好的选择。

4）转向投后管理：一方面，为帮助被投企业内含价值增长，投资机构越来越注重项目的投后赋能，包括对被投企业的人才招聘、数字化、品牌营销、财务顾问等方面。从业者可以考虑转向相关投后管理岗位。另一方面，项目退出的重要性也日渐提高，法律背景的从业者也可以考虑相关岗位扩张带来的机会。

5）走向海外：随着PE/VC机构表现出强烈的国际化布局意愿，有海外求学经历和工作背景的从业者可以考虑参与海外项目布局及海外办公室的设立。

6）数字化转型：PE/VC机构正加速落地AI、大数据等工具应用，从业者可

以考虑转向数字化相关的岗位，推动机构内部数字化转型升级。

7）转向S基金、并购基金等新型基金：S基金在国内刚刚起步，从业者可以考虑加入S基金，探索新的退出渠道和融资策略。并购基金及相关资金方类别的私募基金在我国尚在发展期，目前政策鼓励行业重组与并购，相关基金具备发展壮大空间。

参 考 文 献

[1] 戴金波，顾炜威，郭杰群，等．境外私募股权基金在科创投融资中的现状与展望：以上海为例[J]．清华金融评论，2023(11)：40-43. DOI：10.19409/j.cnki.thf-review.2023.11.004.

[2] 朱文韬．我国私募股权基金发展现状剖析及对策研究[J]．中国管理信息化，2023，26(3)：133-137.

[3] 唐祝敏．国内私募股权投资基金发展现状及对策[J]．现代企业，2022(10)：115-116.

[4] 于波．我国私募股权投资基金现状及风险管理策略[J]．商展经济，2022(2)：81-83. DOI：10.19995/j.cnki.CN10-1617/F7.2022.02.081.

[5] 张旭苗．现代市场竞争格局下私募股权机构发展现状与未来[J]．老字号品牌营销，2022(6)：111-113.

[6] 赵俐佳．我国私募股权投资基金发展现状及其对社会融资规模的影响初探[J]．中国管理信息化，2021，24(24)：171-172.

[7] 李江娜．私募股权基金的现状及问题研究[J]．现代经济信息，2020(13)：136-137.

[8] 陈金荣．境内私募股权投资机构收购A股上市公司控制权的现状、展望及建议[J]．清华金融评论，2020(5)：77-82. DOI：10.19409/j.cnki.thf-review.2020.05.021.

[9] 邱龙德．我国私募股权投资对上市公司绩效的影响研究[D]．兰州：兰州财经大学，2024.

[10] 罗霞．我国私募股权投资基金发展现状与前景探讨[J]．现代管理科学，2019(9)：112-114.

[11] 陈亚艳，邹燕．中国私募股权投资基金退出机制的现状与思考[J]．金融经济，2019(4)：79-82. DOI：10.14057/j.cnki.cn43-1156/f.2019.04.035.

后　　记

非常感谢本书的 33 名编委会成员。他们大多是 CFA 深圳协会持证人、创投机构的一线从业者。我想这次合作对于所有志愿者而言都是一次愉快的经历；大家对于私募股权基金行业的发展进行了多次深入讨论，写作过程中我们也加深了彼此的认知和对行业的理解。我们也访谈了多家不同类别的创投机构和行业协会，确保我们书中的信息来自一线的感知。

特别感谢深圳创投公会、英菲尼迪资本、启高资本、复星资产管理、老鹰基金、植德律师事务所等单位对于本书内容的支持！

希望我们的书能给私募股权基金行业带来一些启发。未来 CFA 深圳协会也会发布对另一个金融细分行业的研究和职业发展指南，敬请关注！